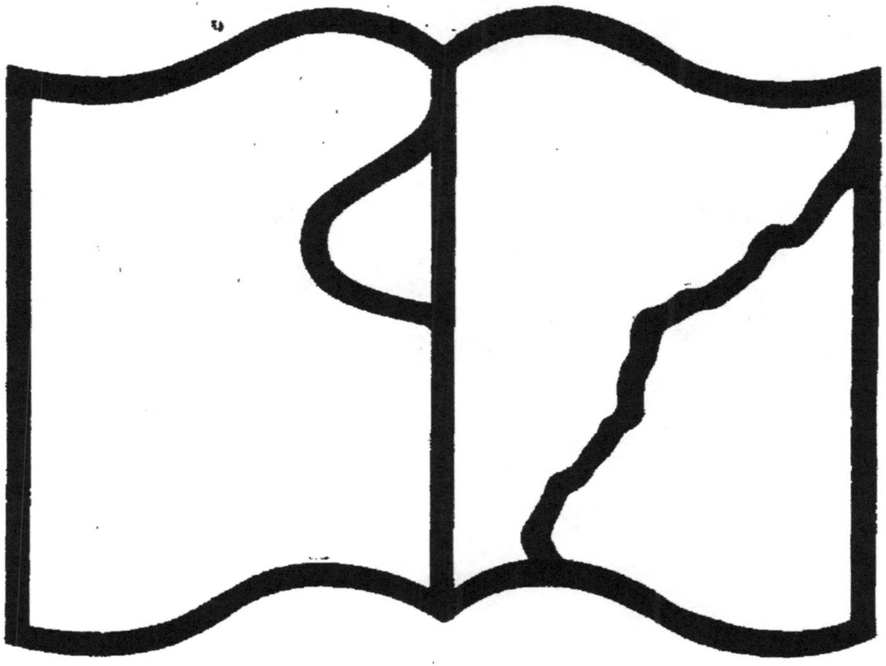

Texte détérioré — reliure défectueuse

NF Z 43-120-11

QUESTIONS

SUR

L'ENCYCLOPÉDIE,

PAR

DES AMATEURS.

TROISIEME PARTIE.

M. DCC. LXX.

QUESTIONS
SUR
L'ENCYCLOPEDIE.

BABEL.

ABEL signifiait, chez les Orientaux, DIEU *le père*, *la puissance de* DIEU, *la porte de* DIEU, selon que l'on prononçait ce nom. C'est de-là que Babilone fut la ville de DIEU, la ville sainte. Chaque capitale d'un état était la ville de DIEU, la ville sacrée. Les Grecs les appellèrent toutes *Hierapolis*, & il y en eut plus de trente de ce nom. La tour de Babel signifiait donc *la tour du père* DIEU.

Joseph à la vérité dit, que Babel signifiait *confusion*. Calmet prétend que *Bilba*, en caldéen, signifie *confondue*; mais tous les

Troisième partie.   A

Orientaux ont été d'un sentiment contraire. Le mot de *confusion* serait une étrange origine de la capitale d'un vaste empire. J'aime autant *Rabelais*, qui prétend que Paris fut autrefois appelé *Lutèce* à cause des blanches cuisses des dames.

Quoi qu'il en soit, les commentateurs se sont fort tourmentés pour savoir jusqu'à quelle hauteur les hommes avaient élevé cette fameuse tour de Babel. *St. Jérôme* lui donne vingt mille pieds. L'ancien livre juif intitulé *Jacult*, lui en donnait quatre-vingt & un mille. *Paul Lucas* en a vu les restes, & c'est bien voir à lui ; mais ces dimensions ne sont pas la seule difficulté qui ait exercé les doctes.

Genèse ch. x. ℣. 5.

Ch. xi. ℣. 2 & 4.

On a voulu savoir comment les enfans de Noé, ayant *partagé entre eux les isles des nations, s'établissant en divers pays où chacun eut sa langue, ses familles & son peuple particulier*, tous les hommes se trouvèrent ensuite *dans la plaine de Senaar pour y bâtir une tour ; en disant : Rendons notre nom célèbre avant que nous soyons dispersés dans toute la terre*.

La Genèse parle des états que les fils de *Noé* fondèrent. On a recherché comment les peuples de l'Europe, de l'Afrique, de l'Asie vinrent tous à Senaar, n'ayant tous qu'un même langage & une même volonté.

La vulgate met le déluge en l'année du monde 1656, & on place la construction de la tour de Babel en 1771 ; c'est-à-dire, cent quinze ans après la destruction du genre-humain, & pendant la vie même de *Noé*.

Les hommes purent donc multiplier avec une prodigieuse célérité ; tous les arts renaquirent en bien peu de tems. Si on réfléchit au grand nombre de métiers différens qu'il faut employer pour élever une tour si haute, on est effrayé d'un si prodigieux ouvrage.

Il y a bien plus : *Abraham* était né, selon la Bible, environ quatre cent ans après le déluge ; & déja on voyait une suite de rois puissans en Egypte & en Asie. *Bochart* & les autres doctes ont beau charger leurs gros livres de systêmes & de mots phéniciens & caldéens qu'ils n'entendent point ; ils ont beau prendre la Thrace pour la Cappadoce, la Grèce pour la Crète, & l'isle de Chypre pour Tyr ; ils n'en nagent pas moins dans une mer d'ignorance qui n'a ni fond ni rive. Il eût été plus court d'avouer que D<small>IEU</small> nous a donné, après plusieurs siécles, les livres sacrés pour nous rendre plus gens de bien, & non pour faire de nous des géographes & des chronologistes & des étymologistes.

Babel est Babilone ; elle fut fondée, selon les historiens Persans, par un prince nommé *Tâmurath*. La seule connaissance qu'on ait de *Voyez la Bibliothèque orientale.*

A ij

ſes antiquités, conſiſte dans les obſervations aſtronomiques de dix-neuf cent trois années, envoyées par *Calliſthène* par ordre d'*Alexandre*, à ſon précepteur *Ariſtote*. A cette certitude ſe joint une probabilité extrème qui lui eſt preſque égale ; c'eſt qu'une nation qui avait une ſuite d'obſervations céleſtes depuis près de deux mille ans, était raſſemblée en corps de peuple, & formait une puiſſance conſidérable pluſieurs ſiécles avant la première obſervation.

Il eſt triſte qu'aucun des calculs des anciens auteurs prophanes ne s'accorde avec nos auteurs ſacrés, & que même aucun nom des princes qui régnèrent après les différentes époques aſſignées au déluge, n'ait été connu ni des Egyptiens, ni des Syriens, ni des Babiloniens, ni des Grecs. Cet embarras afflige notre curioſité. *Hérodote* qui avait tant voyagé, ne parle ni de *Noé*, ni de *Sem*, ni de *Rébu*, ni de *Salé*, ni de *Nembrod*. Le nom de *Nembrod* eſt inconnu à toute l'antiquité prophane ; il n'y a que quelques Arabes & quelques Perſans modernes qui ayent fait mention de *Nembrod* en falſifiant les livres des Juifs. Il ne nous reſte, pour nous conduire dans ces ruines anciennes, que la foi à la Bible, ignorée de toutes les nations de l'univers pendant tant de ſiécles ; mais heureuſement c'eſt un guide infaillible.

BABEL.

Hérodote qui a mêlé trop de fables avec quelques vérités, prétend que de son tems, qui était celui de la plus grande puissance des Perses souverains de Babilone, toutes les citoyennes de cette ville immense étaient obligées d'aller une fois dans leur vie au temple de *Milyta*, déesse qu'il croit la même qu'*Aphrodite* ou *Vénus*, pour se prostituer aux étrangers; & que la loi leur ordonnait de recevoir de l'argent comme un tribut sacré qu'on payait à la déesse.

Ce conte des *mille & une nuits* ressemble à celui qu'*Hérodote* fait dans la page suivante, que *Cyrus* partagea le fleuve de l'Inde en trois cent soixante canaux, qui tous ont leur embouchure dans la mer Caspienne. Que diriez-vous de *Mézerai* s'il nous avait raconté que *Charlemagne* partagea le Rhin en trois cent soixante canaux qui tombent dans la Méditerranée, & que toutes les dames de sa cour étaient obligées d'aller une fois en leur vie se présenter à l'église de Ste. Geneviéve, & de se prostituer à tous les passans pour de l'argent?

Il faut remarquer qu'une telle fable est encor plus absurde dans le siécle des *Xerxès* où vivait *Hérodote*, qu'elle ne le serait dans celui de *Charlemagne*. Les Orientaux étaient mille fois plus jaloux que les Francs & les Gaulois. Les femmes de tous les grands seigneurs étaient soigneusement gardées par des eunuques. Cet usage subsistait de tems immémorial. On voit même dans l'*Histoire juive*, que lorsque cette petite nation veut, comme les autres, avoir un roi; *Samuel*, pour les en détourner & pour conserver son autorité, dit, qu'*un roi les tyrannisera, qu'il prendra la dixme des vignes & des blés pour donner à ses eunuques*. Les rois accomplirent cette prédiction, car il est dit dans le troisiéme livre des Rois, que le roi *Achab* avait des eunuques ; & dans le quatriéme, que *Joram*, *Jéhu*, *Joachin* & *Sédékias* en avaient aussi.

Livre 1. des Rois ch. VIII ℣. 15. ch XXII ℣. 9. ch. VIII ℣. 6 ch. IX ℣. 32. chap XXIV. ℣. 12. & ch. XXV. ℣. 19.

Il est parlé longtems auparavant dans la Genèse des eunuques du pharaon, & il est dit que *Putiphar*, à qui *Joseph* fut vendu, était eunuque du roi. Il est donc clair qu'on avait à Babilone une foule d'eunuques pour garder les femmes. On ne leur fesait donc pas un devoir d'aller coucher avec le premier venu pour de l'argent. Babilone, la ville de DIEU, n'était donc pas un vaste bordel comme on l'a prétendu.

chapitre XXXVII. ℣. 36.

Ces contes d'*Hérodote*, ainsi que tous les autre contes dans ce goût, sont aujourd'hui si décriés par tous les honnêtes gens, la raison a fait de si grand progrès, que les vieilles & les enfans mêmes ne croyent plus ces sotises ; *non est vetula quæ credat, nec pueri credunt, nisi qui nondum ære lavantur.*

Il ne s'est trouvé de nos jours qu'un seul homme qui, n'étant pas de son siécle, a voulu justifier la fable d'*Hérodote*. Cette infamie lui parait toute simple. Il veut prouver que les princesses Babiloniennes se prostituaient par piété au premier venu, parce qu'il est dit, dans la sainte Ecriture, que les Ammonites fesaient passer leurs enfans par le feu en les présentant à *Moloch*. Mais cet usage très peu connu de purifier ses enfans en les fesant passer légérement auprès des flammes, ou même d'en immoler, comme on le prétend, quelques-uns dans les grands dangers, a-t-il quelque rapport avec une prostitution si incroyable chez la nation la plus jalouse & la plus policée de tout l'Orient connu? Ce qui se passe chez les Iroquois sera-t-il parmi nous une preuve des usages de la cour d'Espagne ou de celle de France?

Il apporte encor en preuve la fête des Lupercales chez les Romains, pendant laquelle, dit-il, *des jeunes gens de qualité & des magistrats respectables couraient nuds par la ville, un fouet à la main, & frappaient de ce fouet des femmes de qualité qui se présentaient à eux sans rougir, dans l'espérance d'obtenir par-là une plus heureuse délivrance.*

Premiérement, il n'est point dit que ces Romains de qualité courussent tout nuds; *Plutarque*, au contraire, dit expressément dans ses *Demandes sur les Romains*, qu'ils étaient couverts de la ceinture en bas.

En second lieu, il semble à la manière dont s'exprime le défenseur des *coutumes infames*, que les dames Romaines se troussaient pour recevoir les coups de fouet sur leur ventre nud; ce qui est absolument faux.

Troisiémement, cette fête des Lupercales n'a aucun rapport à la prétendue loi de Babilone, qui ordonne aux femmes & aux filles du roi, des satrapes & des mages, de se vendre & de se prostituer par dévotion aux passans.

Quand on ne connaît ni l'esprit humain, ni les mœurs des nations; quand on a le malheur de s'être borné à compiler des passages de vieux auteurs qui presque tous se contredisent, il faut alors proposer son sentiment avec modestie; il faut savoir douter, secouer la poussière du collège, & ne jamais s'exprimer avec une insolence outrageuse.

Hérodote, ou *Ctésias*, ou *Diodore* de Sicile rapportent un fait; vous l'avez lu en grec; donc ce fait est vrai. Cette manière de raisonner n'est pas celle d'*Euclide*; elle est assez surprenante dans le siécle où nous vivons: mais tous les esprits ne se corrigeront pas si-tôt; & il y aura toûjours plus de gens qui compilent que de gens qui pensent.

Nous ne dirons rien ici de la confusion des langues arrivée tout d'un coup pendant la construction de la tour de Babel. C'est un miracle rapporté dans la sainte Écriture. Nous n'expliquons, nous n'examinons même aucun miracle: nous les croyons d'une foi vive & sincère comme tous les auteurs du grand ouvrage de l'Encyclopédie les ont crus.

Nous dirons seulement que la chûte de l'empire Romain a produit plus de confusion & plus de langues nouvelles que la chûte de la tour de Babel. Depuis le régne d'*Auguste* jusques vers le tems des *Attila*, des *Clodvic*, des *Goudebaud*, pendant six siécles, *terra erat unius labii*, la terre connue de nous était d'une seule *langue*. On parlait latin de l'Euphrate au mont Atlas. Les loix sous lesquelles vivaient cent nations, étaient écrites en latin; & le grec servait d'amusement: le jargon barbare de chaque province n'était que pour la populace. On plaidait en latin dans les tribunaux de l'Afrique comme à Rome. Un habitant de Cornouaille partait pour l'Asie mineure, sûr d'être entendu partout sur la route. C'était du moins un bien que la rapacité des Romains avait fait aux hommes. On se trouvait citoyen de toutes les villes, sur le Danube comme sur le Guadalquivir. Aujourd'hui un Bergamasque qui voyage dans les petits cantons Suisses, dont il n'est séparé que par une montagne, a besoin d'interprète comme s'il était à la Chine. C'est un des plus grands fléaux de la vie.

BACCHUS.

DE tous les perſonnages véritables ou fabuleux de l'antiquité prophane, *Bacchus* eſt le plus important pour nous. Je ne dis pas par la belle invention que tout l'univers, excepté les Juifs, lui attribua, mais par la prodigieuſe reſſemblance de ſon hiſtoire fabuleuſe avec les avantures véritables de *Moïſe*.

Les anciens poëtes font naître *Bacchus* en Egypte; il eſt expoſé ſur le Nil; & c'eſt delà qu'il eſt nommé *Miſœs* par le premier *Orphée*, ce qui veut dire en ancien égyptien *ſauvé des eaux*. Il eſt élevé vers une montagne d'Arabie nommée *Niſa*, qu'on a cru être le mont Sina. On feint qu'une déeſſe lui ordonna d'aller détruire une nation barbare, qu'il paſſa la mer Rouge à pié avec une multitude d'hommes, de femmes & d'enfans. Une autre fois le fleuve Oronte ſuſpendit ſes eaux à droite & à gauche pour le laiſſer paſſer; l'Hidaſpe en fit autant. Il commanda au ſoleil de s'arrêter; deux rayons lumineux lui ſortaient de la tête. Il fit jaillir une fontaine de vin en frappant la terre de ſon thirſe; il grava ſes loix ſur deux tables de marbre.

Il ne lui manque que d'avoir affligé l'Egypte de dix playes pour être la copie parfaite de *Moïse*.

Vossius est, je pense, le premier qui ait étendu ce parallèle. L'évêque d'Avranche *Huet* l'a poussé tout aussi loin; mais il ajoute, dans sa *Démonstration évangelique*, que non-seulement *Moïse* est *Bacchus*, mais qu'il est encor *Osiris* & *Tiphon*. Il ne s'arrête pas en si beau chemin; *Moïse*, selon lui, est *Esculape*, *Amphion*, *Apollon*, *Adonis*, *Priape* même. Il est assez plaisant que *Huet*, pour prouver que *Moïse* est *Adonis*, se fonde sur ce que l'un & l'autre ont gardé des moutons:

Et formosus oves ad flumina pavit Adonis.

Adonis & Moïse ont gardé les moutons.

Sa preuve qu'il est *Priape*, est qu'on peignait quelquefois *Priape* avec un âne, & que les juifs passèrent chez les gentils pour adorer un âne. Il en donne une autre preuve qui n'est pas canonique, c'est que la verge de *Moïse* pouvait être comparée au sceptre de Priape; *sceptrum tribuitur Priapo, virga Mosi*. Ces démonstrations ne sont pas celles d'*Euclide*.

Démonst. Evangel. page 79. 87. & 110.

Nous ne parlerons point ici des *Bacchus* plus modernes, tel que celui qui précéda de deux cent ans la guerre de Troye, & que les Grecs célébrèrent comme un fils de *Jupiter*, enfermé dans sa cuisse.

Nous nous arrêtons à celui qui passa pour être né sur les confins de l'Egypte, & pour avoir fait tant de prodiges. Notre respect pour les livres sacrés ne nous permet pas de douter que les Egyptiens, les Arabes, & ensuite les Grecs n'ayent voulu imiter l'histoire de *Moïse*. La difficulté consistera seulement à savoir comment ils auront pu être instruits de cette histoire incontestable.

A l'égard des Egyptiens, il est très vraisemblable qu'ils n'ont jamais écrit les miracles de *Moïse*, qui les auraient couverts de honte. S'ils en avaient dit un mot, l'historien *Joseph* & *Philon* n'auraient pas manqué de se prévaloir de ce mot. *Joseph* dans sa *réponse* à *Appion* se fait un devoir de citer tous les auteurs d'Egypte qui ont fait mention de *Moïse*; & il n'en trouve aucun qui rapporte un seul de ces miracles. Aucun juif n'a jamais cité un auteur Egyptien qui ait dit un mot des dix playes d'Egypte, du passage miraculeux de la mer Rouge &c. Ce ne peut donc être chez les Egyptiens qu'on ait trouvé de quoi faire ce parallèle scandaleux du divin *Moïse* avec le prophane *Bacchus*.

Les Arabes qui ont toûjours aimé le merveilleux, sont probablement les premiers auteurs des fables inventées sur *Bacchus*, adoptées bientôt & embellies par les Grecs. Mais comment les Arabes & les Grecs ont-ils puifé chez les Juifs ? On fait que les Hébreux ne communiquèrent leurs livres à perfonne jufqu'au tems des *Ptolomées*; ils regardaient cette communication comme un facrilège ; & *Jofeph* même, pour juftifier cette obftination à cacher le Pentateuque au refte de la terre, dit que DIEU avait puni tous les étrangers qui avaient ofé parler des hiftoires juives. Si on l'en croit, l'hiftorien *Théopompe* ayant eu feulement deffein de faire mention d'eux dans fon ouvrage, devint fou pendant trente jours; & le poëte tragique *Théodecte* devint aveugle pour avoir fait prononcer le nom des juifs dans une de fes tragédies. Voilà les excufes que *Flavien Jofeph* donne dans fa *réponfe* à *Appion* de ce que l'hiftoire juive a été fi longtems inconnue.

Ces livres étaient d'une fi prodigieufe rareté, qu'on n'en trouva qu'un feul exemplaire fous le roi *Jofias*; & cet exemplaire encor avait été longtems oublié dans le fond d'un coffre, au rapport de *Saphan* fcribe du pontife *Helcias*, qui le porta au roi.

Cette avanture arriva, felon le quatriéme livre des Rois, fix cent vingt-quatre ans avant notre ère vulgaire, quatre cent ans après *Homère*, & dans les tems les plus floriffans de la Grèce. Les Grecs favaient alors à peine qu'il y eût des Hébreux au monde. La captivité des Juifs à Babilone augmenta encor leur ignorance de leurs propres livres. Il falut qu'*Esdras* les restaurât au bout de soixante & dix ans; & il y avait déja plus de cinq cent ans que la fable de *Bacchus* courait toute la Grèce.

Si les Grecs avaient puisé leurs fables dans l'histoire juive, ils y auraient pris des faits plus intéressans pour le genre-humain. Les avantures d'*Abraham*, celles de *Noé*, de *Mathusalem*, de *Seth*, d'*Abel*, d'*Adam* & d'*Eve*, tous ces noms leur ont été de tout tems inconnus : & ils n'eurent une faible connaissance du peuple Juif que longtems après la révolution que fit *Alexandre* en Asie & en Europe. L'historien *Joseph* l'avoue en termes formels. Voici comme il s'exprime dès le commencement de sa réponse à *Appion* qui (par parenthèse) était mort quand il lui répondit : car *Appion* mourut sous l'empereur *Claude*; & *Joseph* écrivit sous *Vespasien*.

Réponse de *Joseph*. Traduction d'*Arnaud d'Andilli*. chap. v.
„ Comme le pays que nous habitons est
„ éloigné de la mer, nous ne nous appliquons
„ point au commerce, & n'avons point de
„ communication avec les autres nations.
„ Nous nous contentons de cultiver nos ter-
„ res qui sont très fertiles, & travaillons
„ principalement à bien élever nos enfans,
„ parce que rien ne nous paraît si nécessaire
„ que de les instruire dans la connaissance

„ de nos saintes loix, & dans une véritable
„ piété qui leur inspire le desir de les obser-
„ ver. Ces raisons ajoutées à ce que j'ai dit
„ & à cette manière de vie qui nous est
„ particulière, font voir que dans les siécles
„ passés nous n'avons point eu de communi-
„ cation avec les Grecs, comme ont eu les
„ Egyptiens & les Phéniciens...... Y a-t-il
„ donc sujet de s'étonner que notre nation n'é-
„ tant point voisine de la mer, n'affectant point
„ de rien écrire, & vivant en la manière que
„ je l'ai dit, elle ait été peu connue ? "

Après un aveu aussi authentique du juif le plus entêté de l'honneur de sa nation qui ait jamais écrit, on voit assez qu'il est impossible que les anciens Grecs eussent pris la fable de *Bacchus* dans les livres sacrés des Hébreux, ni même aucune autre fable, comme le sacrifice d'*Iphigénie*, celui du fils d'*Idomenée*, les travaux d'*Hercule*, l'avanture d'*Euridice* &c. : la quantité d'anciens récits qui se ressemblent est prodigieuse. Comment les Grecs ont-ils mis en fables ce que les Hébreux ont mis en histoire ? Serait-ce par le don de l'invention ? Serait-ce par la facilité de l'imitation ? Serait-ce parce que les beaux esprits se rencontrent ? Enfin, DIEU l'a permis ; cela doit suffire. Qu'importe que les Arabes & les Grecs ayent dit les mêmes choses que les Juifs ? Ne lisons l'ancien Testament que pour nous préparer au nouveau ; & ne cherchons dans l'un & dans l'autre que des leçons de bienfaisance, de modération, d'indulgence, & d'une véritable charité.

DE BACON,
ET DE L'ATTRACTION.

LE plus grand service peut-être que *François Bacon* ait rendu à la philosophie, a été de deviner l'attraction.

Il disait sur la fin du seiziéme siécle, dans son livre de *la nouvelle méthode de savoir*,

„ Il faut chercher s'il n'y aurait point une
„ espèce de force magnétique qui opère entre
„ la terre & les choses pesantes, entre la lune
„ & l'océan, entre les planètes.... Il faut
„ ou que les corps graves soient poussés vers
„ le centre de la terre, ou qu'ils en soient
„ mutuellement attirés ; &, en ce dernier cas,
„ il est évident que plus les corps en tom-
„ bant s'approchent de la terre, plus forte-
„ ment ils s'attirent..... Il faut expérimen-
„ ter si la même horloge à poids ira plus
„ vîte sur le haut d'une montagne ou au
„ fond d'une mine. Si la force des poids di-
„ minue sur la montagne & augmente dans
„ la

„ la mine, il y a apparence que la terre a
„ une vraie attraction. "

Environ cent ans après, cette attraction, cette gravitation, cette propriété universelle de la matière, cette cause qui retient les planètes dans leurs orbites, qui agit dans le soleil, & qui dirige un fétu vers le centre de la terre, a été trouvée, calculée & démontrée par le grand *Newton*; mais quelle sagacité dans *Bacon* de Verulam de l'avoir soupçonnée lorsque personne n'y pensait ?

Ce n'est pas là de la matière subtile produite par des échancrures de petits dés qui tournèrent autrefois sur eux-mêmes quoique tout fût plein; ce n'est pas de la matière globuleuse formée de ces dés; ni de la matière canelée. Ces grotesques furent reçus pendant quelque tems chez les curieux; c'était un très mauvais roman; non-seulement il réussit comme *Cyrus* & *Pharamond*, mais il fut embrassé comme une vérité par des gens qui cherchaient à penser. Si vous en exceptez *Bacon*, *Galilée*, *Toricelli* & un très petit nombre de sages, il n'y avait alors que des aveugles en physique.

Ces aveugles quittèrent les chimères grecques pour les chimères des tourbillons & de la matière canelée; & lorsqu'enfin on eut découvert & démontré l'attraction, la gravi-

Troisième partie. B

tation & ses loix, on cria aux qualités occultes. Hélas ! tous les premiers ressorts de la nature, ne sont-ils pas pour nous des qualités occultes ? Les causes du mouvement, du ressort, de la génération, de l'immutabilité des espèces, du sentiment, de la mémoire, de la pensée, ne sont-elles pas très occultes ?

Bacon soupçonna, *Newton* démontra l'existence d'un principe jusqu'alors inconnu. Il faut que les hommes s'en tiennent là, jusqu'à ce qu'ils deviennent des dieux. *Newton* fut assez sage en démontrant les loix de l'attraction pour dire qu'il en ignorait la cause ; il ajouta que c'était peut-être une impulsion, peut-être une substance légère prodigieusement élastique, répandue dans la nature. Il tâchait apparemment d'apprivoiser par ces *peut-être*, les esprits effarouchés du mot d'*attraction*, & d'une propriété de la matière qui agit dans tout l'univers sans toucher à rien.

Le premier qui osa dire (du moins en France) qu'il est impossible que l'impulsion soit la cause de ce grand & universel phénomène, s'expliqua ainsi, lors même que les tourbillons & la matière subtile étaient encor fort à la mode.

„ L'or, le plomb, le papier, la plume „ tomber également vîte & arriver au fond

„ du récipient en même tems dans la machine pneumatique.

„ Ceux qui tiennent encor pour le plein de *Descartes*, pour les prétendus effets de la matière subtile, ne peuvent rendre aucune bonne raison de ce fait ; car les faits sont leurs écueils. Si tout était plein, quand on leur accorderait qu'il pût y avoir alors du mouvement, (ce qui est absolument impossible) au-moins cette prétendue matière subtile remplirait exactement le récipient, elle y serait en aussi grande quantité que de l'eau ou du mercure qu'on y aurait mis : elle s'opposerait au-moins à cette descente si rapide des corps : elle résisterait à ce large morceau de papier selon la surface de ce papier, & laisserait tomber la balle d'or ou de plomb beaucoup plus vite. Mais ces chûtes se font au même instant ; donc il n'y a rien dans le récipient qui résiste ; donc cette prétendue matière subtile ne peut faire aucun effet sensible dans ce récipient ; donc il y a une autre force qui fait la pesanteur.

„ En vain dirait-on qu'il reste une matière subtile dans ce récipient, puisque la lumière le pénètre. Il y a bien de la différence ; la lumière qui est dans ce vase de verre n'en occupe certainement pas la cent millième partie ; mais, selon les cartésiens, il faut que leur matière imaginaire remplisse

„ bien plus exactement le récipient que si je
„ le supposais rempli d'or, car il y a beau-
„ coup de vide dans l'or ; & ils n'en admet-
„ tent point dans leur matière subtile.

„ Or, par cette expérience, la piéce d'or
„ qui pèse cent mille fois plus que le mor-
„ ceau de papier, est descendue aussi vîte que
„ le papier ; donc la force qui l'a fait des-
„ cendre a agi cent mille fois plus sur lui que
„ sur le papier ; de même qu'il faudra cent
„ fois plus de force à mon bras pour remuer
„ cent livres que pour remuer une livre ; donc
„ cette puissance qui opère la gravitation agit
„ en raison directe de la masse des corps. Elle
„ agit en effet tellement sur la masse des
„ corps, non selon les surfaces, qu'un mor-
„ ceau d'or réduit en poudre, descend dans la
„ machine pneumatique aussi vîte que la
„ même quantité d'or étendue en feuille. La
„ figure du corps ne change ici en rien leur
„ gravité; ce pouvoir de gravitation agit donc
„ sur la nature interne des corps, & non
„ en raison des superficies.

„ On n'a jamais pu répondre à ces vérités
„ pressantes que par une supposition aussi
„ chimérique que les tourbillons. On suppose
„ que la matière subtile prétendue, qui rem-
„ plit tout le récipient, ne pèse point. Etrange
„ idée, qui devient absurde ici ; car il ne s'a-
„ git pas dans le cas présent d'une matière
„ qui ne pèse pas, mais d'une matière qui

„ ne réſiſte pas. Toute matière réſiſte par ſa
„ force d'inertie. Donc ſi le récipient était
„ plein, la matière quelconque qui le rempli-
„ rait réſiſterait infiniment ; cela paraît dé-
„ montré en rigueur.

„ Ce pouvoir ne réſide point dans la pré-
„ tendue matière ſubtile. Cette matière ſerait
„ un fluide ; tout fluide agit ſur les ſolides
„ en raiſon de leurs ſuperficies ; ainſi le vaiſ-
„ ſeau préſentant moins de ſurface par ſa
„ proue, fend la mer qui réſiſterait à ſes flancs.
„ Or quand la ſuperficie d'un corps eſt le
„ quarré de ſon diamètre, la ſolidité de ce
„ corps eſt le cube de ce même diamètre ; le
„ même pouvoir ne peut agir à la fois en
„ raiſon du cube & du quarré ; donc la pe-
„ ſanteur, la gravitation n'eſt point l'effet
„ de ce fluide. De plus, il eſt impoſſible que
„ cette prétendue matière ſubtile ait d'un côté
„ aſſez de force pour précipiter un corps de
„ cinquante-quatre mille pieds de haut en
„ une minute, (car telle eſt la chûte des
„ corps) & que de l'autre elle ſoit aſſez im-
„ puiſſante pour ne pouvoir empêcher le pen-
„ dule du bois le plus léger de remonter de
„ vibration en vibration dans la machine
„ pneumatique dont cette matière imaginaire
„ eſt ſuppoſée remplir exactement tout l'eſ-
„ pace. Je ne craindrai donc point d'affirmer,
„ que, ſi l'on découvrait jamais une impul-
„ ſion, qui fût la cauſe de la peſanteur des

„ corps vers un centre, en un mot, la cause
„ de la gravitation, de l'attraction univer-
„ selle, cette impulsion ferait d'une toute
„ autre nature que celle qui nous est connue."

Cette philosophie fut d'abord très mal reçue ; mais il y a des gens dont le premier aspect choque & auxquels on s'accoutume.

La contradiction est utile ; mais l'auteur du *Spectacle de la nature*, n'a-t-il pas un peu outré ce service rendu à l'esprit humain, lorsqu'à la fin de son *Histoire du ciel* il a voulu donner des ridicules à *Newton*, & ramener les tourbillons sur les pas d'un écrivain nommé *Privat de Molière ?*

Tom. II. *Il vaudrait mieux*, dit-il, *se tenir en repos*
pag. 299. *que d'exercer laborieusement sa géométrie à calculer & à mesurer des actions imaginaires, & qui ne nous apprennent rien, &c.*

Il est pourtant assez reconnu que *Galilée*, *Kepler* & *Newton* nous ont appris quelque chose. Ce discours de Mr. *Pluche* ne s'éloigne pas beaucoup de celui que Mr. *Algarotti* rapporte dans le *Neutonianismo per le dame*, d'un brave Italien qui disait : *Souffrirons-nous qu'un Anglais nous instruise ?*

Pag. 300. *Pluche* va plus loin, il raille ; il demande comment un homme dans une encoignure de l'église Notre-Dame n'est pas attiré & colé à la muraille ?

Hugens & *Newton* auront donc en vain démontré, par le calcul de l'action des forces centrifuges & centripètes, que la terre est un peu applatie vers les poles. Vient un *Pluche* qui vous dit froidement, que les terres ne doivent être plus hautes vers l'équateur qu'afin que *les vapeurs s'élèvent plus dans l'air, & que les Nègres de l'Afrique ne soient pas brulés de l'ardeur du soleil.* Pag. 319.

Voilà, je l'avoue, une plaisante raison. Il s'agissait alors de savoir si, par les loix mathématiques, le grand cercle de l'équateur terrestre surpasse le cercle du méridien d'un cent soixante & dix-huitiéme; & on veut nous persuader que si la chose est ainsi, ce n'est point en vertu de la théorie des forces centrales, mais uniquement pour que les Nègres ayent environ cent soixante & dix-huit gouttes de vapeurs sur leurs têtes tandis que les habitans du Spitzberg n'en auront que cent soixante & dix-sept.

Le mème *Pluche* continuant ses railleries de collège, dit ces propres paroles: „ Si l'at-
„ traction a pu élargir l'équateur.... qui em-
„ pêchera de demander si ce n'est pas l'attrac-
„ tion qui a mis en saillie le devant du globe
„ de l'œil, ou qui a élancé au milieu du vi-
„ sage de l'homme ce morceau de cartilage
„ qu'on appelle *le nez ? a)* "

---

a) En effet, *Maupertuis*, dans un petit livre intitulé *la Vénus physique*, avança cette étrange opinion.

Ce qu'il y a de pis, c'est que l'*Histoire du ciel* & le *Spectacle de la nature* contiennent de très bonnes choses pour les commençans, & que les erreurs ridicules prodiguées à côté de vérités utiles, peuvent aisément égarer des esprits qui ne sont pas encor formés.

BADAUT.

Quand on dira que *badaut* vient de l'italien *badare*, qui signifie *regarder*, *s'arrêter*, *perdre son tems*, on ne dira rien que d'assez vraisemblable. Mais il serait ridicule de dire avec le Dictionnaire de Trévoux que *badaut* signifie sot, niais, ignorant, *stolidus*, *stupidus*, *burdus*, & qu'il vient du mot latin *badaldus*.

Si on a donné ce nom au peuple de Paris plus volontiers qu'à un autre, c'est uniquement parce qu'il y a plus de monde à Paris qu'ailleurs, & par conséquent plus de gens inutiles qui s'attroupent pour voir le premier objet auquel ils ne sont pas accoutumés, pour contempler un charlatan, ou deux femmes du peuple qui se disent des injures, ou un charretier dont la charrette sera renversée, & qu'ils ne reléveront pas. Il y a des badauts partout, mais on a donné la préférence à ceux de Paris.

BAISER.

J'En demande pardon aux jeunes gens &
aux jeunes demoiselles ; mais ils ne trouveront point ici peut-être ce qu'ils chercheront. Cet article n'est que pour les savans &
les gens sérieux auxquels il ne convient
guères.

Il n'est que trop question de baiser dans
les comédies du tems de *Molière*. Champagne,
dans la comédie de la *Mère coquette*, demande
des baisers à Laurette : elle lui dit ;

Tu n'es donc pas content ? vraiment c'est une honte ;
Je t'ai baisé deux fois.

Champagne lui repond,

Quoi, tu baises par compte ?

Les valets demandaient toûjours des baisers aux soubrettes ; on se baisait sur le théâtre. Cela était d'ordinaire très fade & très insupportable, surtout dans des acteurs assez
vilains, qui fesaient mal au cœur.

Si le lecteur veut des baisers, qu'il en
aille chercher dans le *Pastor Fido* ; il y
a un chœur entier où il n'est parlé que de

baisers *a*); & la piéce n'est fondée que sur un baiser que *Mirtillo* donna un jour à la belle *Amarilli* au jeu du Colin-Maillart, *un baccio molto saporito*.

On connaît le chapitre sur les baisers, dans lequel *Jean de la Caza* archevêque de Benevent dit, qu'on peut se baiser de la tête aux pieds. Il plaint les grands nez qui ne peuvent s'approcher que difficilement; & il conseille aux dames qui ont le nez long d'avoir des amans camus.

Le baiser était une manière de saluer très ordinaire dans toute l'antiquité. *Plutarque* rapporte que les conjurés avant de tuer *César*, lui baisèrent le visage, la main & la poitrine. *Tacite* dit, que lorsque son beau-père *Agricola* revint de Rome, *Domitien* le reçut avec un froid baiser, ne lui dit rien, & le laissa confondu dans la foule. L'inférieur qui ne pou-

---

a) *Bacci pur bocca curiosa e scaltra*
　　O seno, ô fronte, ô mano : unqua non fia
　　Che parte alcuna in bella donna bacci,
　　Che bacciatrice sia
　　Se non la bocca ; ove l'una alma & l'altra
　　Corre, e si baccia anche ella, e con vivaci
　　Spiriti pellegrini
　　Dà vita al bel' tesauro,
　　Di bacianti rubini &c.

vait parvenir à saluer son supérieur en le baisant, appliquait sa bouche à sa propre main, & lui envoyait ce baiser qu'on lui rendait de même si on voulait.

On employait même ce signe pour adorer les Dieux. *Job*, dans sa *parabole*, qui est peut-être le plus ancien de nos livres connus, dit, „ qu'il n'a point adoré le soleil & la lune „ comme les autres Arabes, qu'il n'a point „ porté sa main à sa bouche en regardant „ ces astres. *Job* chap. XXXI.

Il ne nous est resté, dans notre Occident, de cet usage si antique, que la civilité *puérile & honnête*, qu'on enseigne encor dans quelques petites villes aux enfans, de baiser leur main droite quand on leur donne quelque sucrerie.

C'était une chose horrible de trahir en baisant; c'est ce qui rend l'assassinat de *César*

Il y a quelque chose de semblable dans ces vers français dont on ignore l'auteur.

De cent baisers dans votre ardente flamme,
Si vous pressez belle gorge & beaux bras,
C'est vainement; ils ne le rendent pas.
Baisez la bouche, elle répond à l'ame.
L'ame se colle aux lèvres de rubis,
Aux dents d'yvoire, à la langue amoureuse,
Ame contre ame alors est fort heureuse.
Deux n'en font qu'une; & c'est un paradis.

encor plus odieux. Nous connaissons assez les baisers de *Judas* ; ils sont devenus proverbe.

Joab, l'un des capitaines de *David*, étant fort jaloux d'*Amaza* autre capitaine, lui dit ; *Bon jour mon frère, & il prit de sa main le menton d'Amaza pour le baiser, & de l'autre main il tira sa grande épée & l'assassina d'un seul coup, si terrible que toutes ses entrailles lui sortirent du corps.*

<small>Livre II. des Rois ch. 11.</small>

On ne trouve aucune baiser dans les autres assassinats assez fréquens qui se commirent chez les Juifs, si ce n'est peut-être les baisers que donna *Judith* au capitaine *Holoferne* avant de lui couper la tête dans son lit lorsqu'il fut endormi ; mais il n'en est pas fait mention, & la chose n'est que vraisemblable.

Dans une tragédie de *Shakespear* nommée *Othello*, cet *Othello* qui est un Nègre, donne deux baisers à sa femme avant de l'étrangler. Cela paraît abominable aux honnêtes gens ; mais des partisans de *Shakespear* disent que c'est la belle nature, surtout dans un Nègre.

Lorsqu'on assassina *Jean Galeas Sforza* dans la cathédrale de Milan le jour de St. Etienne ; les deux *Médicis* dans l'église de la Reparata, l'amiral *Coligni*, le prince d'*Orange*, le maréchal d'*Ancre*, les frères de *With*, & tant d'autres ; du moins on ne les baisa pas.

Il y avait chez les anciens je ne fais quoi de fimbolique & de facré attaché au baifer, puifqu'on baifait les ftatues des Dieux & leurs barbes, quand les fculpteurs les avaient figurés avec de la barbe. Les initiés fe baifaient aux myftères de *Cérés* en figne de concorde.

Les premiers chrétiens & les premières chrétiennes fe baifaient à la bouche dans leurs agapes. Ce mot fignifiait *repas d'amour*. Ils fe donnaient le faint baifer, le baifer de paix, le baifer de frère & de fœur, *agion filéma*. Cet ufage dura plus de quatre fiécles, & fut enfin aboli à caufe des conféquences. Ce furent ces baifers de paix, ces agapes d'amour, ces noms de *frère* & de *fœur*, qui attirèrent longtems aux chrétiens peu connus, ces imputations de débauche dont les prêtres de *Jupiter* & les prêtreffes de *Vefta* les chargèrent. Vous voyez dans *Pétrone* & dans d'autres auteurs prophanes que les diffolus fe nommaient *frère* & *fœur*. On crut que chez les chrétiens les mêmes noms fignifiaient les mêmes infamies. Ils fervirent innocemment eux-mêmes à répandre ces accufations dans l'empire Romain.

Il y eut dans le commencement dix-fept fociétés chrétiennes différentes, comme il y en eut neuf chez les Juifs en comptant les deux efpèces de Samaritains. Les fociétés qui fe flattaient d'être les plus orthodoxes accufaient les autres des impuretés les plus inconcevables. Le terme de *gnostique* qui fut d'abord si honorable & qui signifiait *savant*, *éclairé*, *pur*, devint un terme d'horreur & de mépris, un reproche d'hérésie. *St. Epiphane* au troisiéme siécle prétendait qu'ils se chatouillaient d'abord les uns les autres, hommes & femmes, qu'ensuite ils se donnaient des baisers fort impudiques, & qu'ils jugaient du degré de leur foi par la volupté de ces baisers ; que le mari disait à sa femme, en lui présentant un jeune initié, *Fais l'agape avec mon frère* ; & qu'ils fesaient l'agape.

Nous n'osons répéter ici dans la chaste langue française *b)* ce que *St. Epiphane* ajoute en grec. Nous dirons seulement que peut-être on en imposa un peu à ce saint, qu'il se laissa trop emporter à son zèle ; & que tous les hérétiques ne sont pas de vilains débauchés.

La secte des piétistes, en voulant imiter les premiers chrétiens, se donne aujourd'hui des

---

b) En voici la traduction latine.

Epiphane contra hæref liv. I. tom. II.
" Postquam enim inter se permixti fuerunt per
" scortationis affectum, insuper blasphemiam suam
" in coelum extendunt. Et suscipit quidem muliercula, itemque vir fluxum à masculo in proprias
" suas manus, & stant ad coelum intuentes, &
" immundiciam in manibus habentes, & precantur nimirum stratiotici quidem & gnostici appellati, ad patrem, ut aiunt, universorum, offerentes ipsum hoc quod in manibus habent & di-

BAISER. 31

baisers de paix en sortant de l'assemblée, &
en s'appellant *mon frère*, *ma sœur*; c'est ce
que m'avoua, il y a vingt ans, une piétiste
fort jolie & fort humaine. L'ancienne coutume de baiser sur la bouche, les piétistes l'ont
soigneusement conservée.

Il n'y avait point d'autre manière de saluer
les dames en France, en Allemagne, en Italie, en Angleterre; c'était le droit des cardinaux de baiser les reines sur la bouche, &
même en Espagne. Ce qui est singulier, c'est
qu'ils n'eurent pas la même prérogative en
France où les dames eurent toûjours plus
de liberté que par tout ailleurs; mais *chaque
pays a ses cérémonies*, & il n'y a point d'usage
si général, que le hazard & l'habitude n'y
ayent mis quelque exception. C'eût ôté une
incivilité, un affront, qu'une dame honnête,
en recevant la première visite d'un seigneur,
ne le baisât pas à la bouche malgré ses moustaches. *C'est une déplaisante coutume*, dit Liv. III,
Montagne, *& injurieuse à nos dames d'avoir* ch. v.

„ cunt: offerimus tibi hoc donum corpus CHRISTI.
„ Et sic ipsum edunt, assumentes suam ipsorum
„ immundiciam, & dicunt, hoc est corpus CHRISTI,
„ & hoc est pascha. Ideo patiuntur corpora nostra,
„ & coguntur confiteri passionem CHRISTI. Eodem
„ verò modo etiam de fœmina, ubi contigerit ip-
„ sam in sanguinis fluxu esse, menstruum collec-
„ tum ab ipsa immunditiei sanguinem acceptum in
„ communi edunt, & hic est (inquiunt) sanguis
„ CHRISTI.

à prêter leurs lèvres à quiconque a trois valets à sa suite, pour mal plaisant qu'il soit. Cette coutume était pourtant la plus ancienne du monde.

S'il est désagréable à une jeune & jolie bouche de se coler par politesse à une bouche vieille & laide, il y avait un grand danger entre des bouches fraiches & vermeilles de vingt à vingt-cinq ans ; & c'est ce qui fit abolir enfin la cérémonie du baiser dans les myſtères & dans les agapes. C'est ce qui fit enfermer les femmes chez les Orientaux, afin qu'elles ne baiſaſſent que leurs pères & leurs frères. Coutume longtems introduite en Espagne par les Arabes.

Voici le danger : il y a un nerf de la cinquième paire qui va de la bouche au cœur, & de là plus bas ; tant la nature a tout préparé avec l'induſtrie la plus délicate ; les petites glandes des lèvres, leur tiſſu ſpongieux, leurs mammelons veloutés, leur peau fine, chatouilleuſe, leur donne un ſentiment caquis & voluptueux, lequel n'eſt pas ſans analogie avec une partie plus cachée & plus ſenſible encore. La pudeur peut ſouffrir d'un baiſer longtems ſavouré entre deux piétiſtes de dix-huit ans.

Il est à remarquer que l'eſpèce humaine, les tourterelles & les pigeons, ſont les ſeules qui connaiſſent les baiſers ; de-là eſt venu chez les chez les Latins le mot *columbatim*, que notre langue n'a pu rendre. Il n'y a rien dont on n'ait abusé. Le baiser destiné par la nature à la bouche, a été prostitué souvent à des membranes qui ne semblaient pas faites pour cet usage. On sait de quoi les templiers furent accusés.

Nous ne pouvons honnêtement traiter plus au long ce sujet intéressant, quoique Montagne dise, *Il en faut parler sans vergogne ; nous prononçons hardiment tuer, dérober, trahir, & nous n'oserions prononcer qu'entre les dents choses agréables.*

BANNISSEMENT.

BAnnissement à tems ou à vie, peine à laquelle on condamne les délinquans, ou ceux qu'on veut faire passer pour tels.

On bannissait, il n'y a pas bien longtems, du ressort de la jurisdiction, un petit voleur, un petit faussaire, un coupable de voie de fait. Le résultat était qu'il devenait grand voleur, grand faussaire, & meurtrier dans une autre jurisdiction. C'est comme si nous jettions dans les champs de nos voisins les pierres qui nous incommoderaient dans les nôtres.

Troisième partie. C

Ceux qui ont écrit sur le droit des gens, se font fort tourmentés, pour savoir au juste si un homme qu'on a banni de sa patrie est encor de sa patrie. C'est à-peu-près comme si on demandait si un joueur qu'on a chassé de la table du jeu est encor un des joueurs.

S'il est permis à tout homme par le droit naturel de se choisir sa patrie, celui qui a perdu le droit de citoyen peut à plus forte raison se choisir une patrie nouvelle. Mais peut-il porter les armes contre ses anciens concitoyens ? Il y en a mille exemples. Combien de protestans Français naturalisés en Hollande, en Angleterre, en Allemagne, ont servi contre la France, & contre des armées où étaient leurs parens & leurs propres frères ! Les Grecs qui étaient dans les armées du roi de Perse ont fait la guerre aux Grecs leurs anciens compatriotes. On a vu les Suisses au service de la Hollande tirer sur les Suisses au service de la France. C'est encor pis que de se battre contre ceux qui vous ont banni ; car après tout, il semble moins malhonnête de tirer l'épée pour se venger, que de la tirer pour de l'argent.

BANQUEROUTE.

ON connaissait peu de banqueroutes en France avant le seiziéme siécle. La grande raison c'est qu'il n'y avait point de banquiers. Des Lombards, des juifs prêtaient sur gages au denier dix : on commerçait argent comptant. Le change, les remises en pays étranger étaient un secret ignoré de tous les juges.

Ce n'est pas que beaucoup de gens ne se ruinassent ; mais cela ne s'appellait point *banqueroute* ; on disait *déconfiture* ; ce mot est plus doux à l'oreille. On se servait du mot de *rompture* dans la coutume du Boulonnais ; mais rompture ne sonne pas si bien.

Les banqueroutes nous viennent d'Italie, *bancorotto, bancarotta, gambarotta & la justicia non impicar*. Chaque négociant avait son banc dans la place du change ; & quand il avait mal fait ses affaires, qu'il se déclarait *fallito*, & qu'il abandonnait son bien à ses créanciers moiennant qu'il en retînt une bonne partie pour lui, il était libre & réputé très galant homme. On n'avait rien à lui dire, son banc était cassé, *banco rotto, banca rotta* ; il pouvait même dans certaines villes garder tous ses biens & frustrer ses créanciers, pourvu qu'il s'affît le derrière nud fur une pierre en préfence de tous les marchands. C'était une dérivation douce de l'ancien proverbe romain *folvere aut in ære aut in cute*, payer de fon argent ou de fa peau. Mais cette coutume n'exifte plus ; les créanciers ont préféré leur argent au derrière d'un banqueroutier.

En Angleterre & dans d'autres pays, on fe déclare banqueroutier dans les gazettes. Les affociés & les créanciers s'affemblent en vertu de cette nouvelle, qu'on lit dans les caffés, & ils s'arrangent comme ils peuvent.

Comme parmi les banqueroutes il y en a fouvent de frauduleufes, il a falu les punir. Si elles font portées en juftice, elles font partout regardées comme un vol, & les coupables partout condamnés à des peines ignominieufes.

Il n'eft pas vrai qu'on ait ftatué en France peine de mort contre les banqueroutiers fans diftinction. Les fimples faillites n'emportent aucune peine ; les banqueroutiers frauduleux furent foumis à la peine de mort aux états d'Orléans fous *Charles IX*, & aux états de Blois en 1586 ; mais ces édits renouvellés par *Henri IV* ne furent que comminatoires.

Il eft trop difficile de prouver qu'un homme s'eft deshonoré exprès, & a cédé volontairement tous fes biens à fes créanciers pour les tromper. Dans le doute, on s'eſt contenté de mettre le malheureux au pilori, ou de l'envoyer aux galères, quoique d'ordinaire un banquier ſoit un fort mauvais forçat.

Les banqueroutiers furent fort favorablement traités la dernière année du règne de *Louis XIV*; &, pendant la régence. Le triſte état où l'intérieur du royaume fut réduit, la multitude des marchands qui ne pouvaient ou qui ne voulaient pas payer, la quantité d'effets invendus ou invendables, la crainte de l'interruption de tout commerce obligèrent le gouvernement en 1715, 1716, 1718, 1721, 1722 & 1726 à faire ſuſpendre toutes les procédures contre tous ceux qui étaient dans le cas de la faillite. Les diſcutions de ces procès furent renvoyées aux juges conſuls; c'eſt une juriſdiction de marchands très experts dans ces cas, & plus faite pour entrer dans ces détails de commerce que des parlemens qui ont toûjours été plus occupés des loix du royaume que de la finance. Comme l'état feſait alors banqueroute, il eût été trop dur de punir les pauvres bourgeois banqueroutiers.

Nous avons eu depuis des hommes conſidérables, banqueroutiers frauduleux; mais ils n'ont pas été punis.

Un homme de lettres de ma connaiſſance perdit quatre-vingt mille francs à la banqueroute d'un magiſtrat *important*, qui avait eu pluſieurs millions net en partage de la ſucceſſion de monſieur ſon père, & qui, outre *l'importance* de ſa charge & de ſa perſonne, poſſédait encor une dignité aſſez *importante* à la cour. Il mourut malgré tout cela. Et monſieur ſon fils, qui avait acheté auſſi une charge *importante*, s'empara des meilleurs effets.

L'homme de lettres lui écrivit, ne doutant pas de ſa loiauté, attendu que cet homme avait une dignité d'homme de loi. L'*important* lui manda qu'il protégerait toûjours les gens de lettres, s'enfuit & ne paya rien.

BAPTÊME.

Nous ne parlons point du baptême en théologiens; nous ne ſommes que de pauvres gens de lettres qui n'entrons jamais dans le ſanctuaire.

Les Indiens, de tems immémorial, ſe plongeaient, & ſe plongent encor dans le Gange. Les hommes qui ſe conduiſent toûjours par les ſens, imaginèrent aiſément que ce qui lavait le corps lavait auſſi l'ame. Il y avait de grandes cuves dans les ſouterrains des temples d'Egypte pour les prêtres & pour les initiés.

O nimium faciles qui tristia crimina cædis
Fluminea tolli posse putatis aqua.

Le vieux *Boudier*, à l'âge de quatre-vingt ans, traduisit comiquement ces deux vers :

C'est une drole de maxime
Qu'une lessive efface un crime.

Comme tout signe est indifférent par lui-même, DIEU daigna consacrer cette coutume chez le peuple Hébreu. On baptisait tous les étrangers qui venaient s'établir dans la Palestine ; ils étaient appellés *prosélites de domicile.*

Ils n'étaient pas forcés à recevoir la circoncision ; mais seulement à embrasser les sept préceptes des noachides, & à ne sacrifier à aucun Dieu des étrangers. Les prosélites de justice étaient circoncis & baptisés ; on baptisait aussi les femmes prosélites, toutes nues, en présence de trois hommes.

Les juifs les plus dévots venaient recevoir le baptême de la main des prophètes les plus vénérés par le peuple. C'est pourquoi on courut à *St. Jean* qui baptisait dans le Jourdain.

JESUS-CHRIST même qui ne baptisa jamais personne, daigna recevoir le baptême de *Jean.* Cet usage ayant été longtems un accessoire de la religion judaïque, reçut une nouvelle dignité, un nouveau prix de notre Sauveur même ; il devint le principal rite &

le sceau du christianisme. Cependant les quinze premiers évêques de Jérusalem furent tous juifs. Les chrétiens de la Palestine conservèrent très longtems la circoncision. Les chrétiens de *St. Jean* ne reçurent jamais le baptême du CHRIST.

Plusieurs autres sociétés appliquèrent un cautère au baptisé avec un fer rouge, déterminées à cette étonnante opération par ces paroles de *St. Jean-Baptiste*, rapportées par St. Luc ; *Je baptise par l'eau, mais celui qui vient après moi baptisera par le feu.*

Les seleuciens, les herminiens & quelques autres en usaient ainsi. Ces paroles, *il baptisera par le feu*, n'ont jamais été expliquées. Il y a plusieurs opinions sur le baptême de feu dont *St. Luc* & *St. Matthieu* parlent. La plus vraisemblable, peut-être, est que c'était une allusion à l'ancienne coutume des dévots à la déesse de Syrie, qui après s'être plongés dans l'eau s'imprimaient sur le corps des caractères avec un fer brûlant. Tout était superstition chez les misérables hommes ; & JESUS substitua une cérémonie sacrée, un symbole efficace & divin à ces superstitions ridicules. *a)*

a) On s'imprimait ces stigmates principalement au cou & au poignet, afin de mieux faire savoir par ces marques apparentes, qu'on était initié & qu'on appartenait à la déesse. Voyez le chapitre

Dans les premiers siécles du christianisme, rien n'était plus commun que d'attendre l'agonie pour recevoir le baptême. L'exemple de l'empereur *Constantin* en est une assez forte preuve. *St. Ambroise* n'était pas encor baptisé quand on le fit évêque de Milan. La coutume s'abolit bientôt d'attendre la mort pour se mettre dans le bain sacré.

DU BAPTÊME DES MORTS.

On baptisa aussi les morts. Ce baptème est constaté par ce passage de *St. Paul* dans sa lettre aux Corinthiens : *Si on ne ressuscite point, que feront ceux qui reçoivent le baptême pour les morts ?* C'est ici un point de fait. Ou l'on baptisait les morts mêmes, ou l'on recevait le baptême en leur nom, comme on a reçu depuis des indulgences pour délivrer du purgatoire les ames de ses amis & de ses parens.

St. Epiphane & *St. Chrysostome* nous apprennent que dans quelques sociétés chrétiennes, & principalement chez les marcionites, on mettait un vivant sous le lit d'un mort ; on lui demandait s'il voulait être baptisé ; le vivant répondait oui ; alors on prenait le mort, & on le plongeait dans une

de la déesse de Syrie écrit par un initié & inféré dans *Lucien*. *Plutarque*, dans son *Traité de la superstition*, dit, que cette déesse donnait des ulcères au gras des jambes de ceux qui mangeaient des cuve. Cette coutume fut bientôt condamnée; *St. Paul* en fait mention, mais il ne la condamne pas; au contraire, il s'en fert comme d'un argument invincible qui prouve la réfurrection.

DU BAPTÊME D'ASPERSION.

Les Grecs confervèrent toûjours le baptème par immerfion. Les Latins, vers la fin du huitiéme fiécle, ayant étendu leur religion dans les Gaules & la Germanie, & voyant que l'immerfion pouvait faire périr les enfans dans des pays froids, fubftituèrent la fimple afperfion; ce qui les fit fouvent anathématifer par l'églife grecque.

On demanda à *St. Cyprien* évêque de Carthage, fi ceux-là étaient réellement baptifés, qui s'étaient fait feulement arrofer tout le corps? Il répond dans fa foixante & feiziéme lettre, „ que plufieurs églifes ne croyaient pas „ que ces arrofés fuffent chrétiens; que pour „ lui il penfe qu'ils font chrétiens, mais „ qu'ils ont une grace infiniment moindre

---

viandes défendues. Cela peut avoir quelque rapport avec le Deutéronome, qui après avoir défendu de manger de l'ixion, du grifon, du chameau, de l'anguille &c., dit, *Si vous n'obfervez pas ces commandemens vous ferez maudits &c... Le Seigneur vous donnera des ulcères malins dans les genoux & dans les gras des jambes.* C'eft ainfi que le menfonge était en Syrie l'ombre de la vérité hébraique.

Chapitre XXVIII. ⱴ. 35.

» que ceux qui ont été plongés trois fois
» selon l'usage. «

On était initié chez les chrétiens dès qu'on avait été plongé ; avant ce tems on n'était que cathécumène. Il falait pour être initié avoir des répondans, des cautions, qu'on appellait d'un nom qui répond à *parains*, afin que l'église s'assurât de la fidélité des nouveaux chrétiens, & que les mystères ne fussent point divulgués. C'est pourquoi, dans les premiers siécles, les gentils furent généralement aussi mal instruits des mystères des chrétiens que ceux-ci l'étaient des mystères d'*Isis* & de *Cérès Eleusine*.

Cyrille d'Alexandrie, dans son écrit contre l'empereur *Julien*, s'exprime ainsi: *Je parlerais du baptême, si je ne craignais que mon discours ne parvînt à ceux qui ne sont pas initiés.* Il n'y avait alors aucun culte qui n'eût ses mystères, ses associations, ses cathécumènes, ses initiés, ses profès. Chaque secte exigeait de nouvelles vertus, & recomman-

---

Le baptême par le feu, c'est-à-dire ces stigmates, étaient presque partout en usage. Vous lisez dans Ezéchiel ; *Tuez tout, vieillards, enfans, filles, excepté ceux qui seront marqués du thau.* Voyez dans l'Apocalypse, *Ne frappez point la terre, la mer & les arbres jusqu'à ce que nous ayons marqué les serviteurs de* DIEU *sur le front. Et le nombre des marqués était de cent quarante-quatre mille.* chap. IX. ℣. 9. ch. VII. ℣. 4 & 5.

dait à ſes pénitens une nouvelle vie. *Initium nova vitæ*, & de-là le mot d'*initiation*. L'initiation des chrétiens & des chrétiennes était d'être plongés tout nuds dans une cuve d'eau froide; la rémiſſion de tous les péchés était attachée à ce ſigne. Mais la différence entre le baptême chrétien & les cérémonies grecques, ſyriennes, égyptiennes, romaines, était la même qu'entre la vérité & le menſonge. Jesus-Christ était le grand-prêtre de la nouvelle loi.

Dès le ſecond ſiécle, on commença à baptiſer des enfans; il était naturel que les chrétiens déſiraſſent que leurs enfans, qui auraient été damnés ſans ce ſacrement, en fuſſent pourvus. On conclut enfin, qu'il falait le leur adminiſtrer au bout de huit jours; parce que, chez les Juifs, c'était à cet âge qu'ils étaient circoncis. L'égliſe grecque eſt encor dans cet uſage.

Ceux qui mouraient dans la première ſemaine étaient damnés, ſelon les pères de l'égliſe les plus rigoureux. Mais *Pierre Chriſologue* au cinquiéme ſiécle imagina les *limbes*, eſpèce d'enfer mitigé, & proprement bord d'enfer, fauxbourg d'enfer, où vont les petits enfans morts ſans baptême, & où les patriarches reſtaient avant la deſcente de Jesus-Christ aux enfers. De ſorte que l'opinion que Jesus-Christ était deſcendu aux limbes, & non aux enfers, a prévalu depuis.

Il a été agité si un chrétien dans les deserts d'Arabie pouvait être baptisé avec du sable ? On a répondu que non. Si on pouvait baptiser avec de l'eau-rose ? & on a décidé qu'il falait de l'eau pure ; que cependant on pouvait se servir d'eau bourbeuse. On voit aisément que toute cette discipline a dépendu de la prudence des premiers pasteurs qui l'ont établie.

L'empereur *Julien* le philosophe, dans son immortelle satyre des *Césars*, met ces paroles dans la bouche de *Constance* fils de *Constantin* : „Quiconque se sent coupable de „ viol, de meurtre, de rapine, de sacrilège „ & de tous les crimes les plus abomina- „ bles, dès que je l'aurai lavé avec cette eau, „ il sera net & pur. " Cette critique paraît très injuste ; car non-seulement chez les chrétiens, mais chez tous les autres peuples qui recevaient l'initiation du baptême, il falait que le baptême fût accompagné du repentir & d'une pénitence ; l'eau ne lavait l'ame qu'en qualité de symbole ; c'était la vertu qui devait la purifier. Voyez *Expiation*.

A l'égard des enfans incapables de pécher, le baptême seul les purifiait. Il ne faut pas oublier que dans le siécle passé il s'éleva une petite secte de quelques fanatiques qui prétendirent qu'on devait tuer tous les enfans nouvellement baptisés, que c'était leur faire le plus grand bien possible, en les préservant des crimes qu'ils auraient commis s'ils avaient vécu, & en leur procurant la vie éternelle. On sait assez qu'il n'y a rien de si saint que les hommes n'ayent corrompu.

Les anabaptistes & quelques autres communions qui sont hors du giron, ont cru qu'il ne falait baptiser, initier personne qu'en connaissance de cause. Vous faites promettre, disent-ils, qu'on sera de la société chrétienne; mais un enfant ne peut s'engager à rien. Vous lui donnez un répondant, un parain: mais c'est un abus d'un ancien usage. Cette précaution était très convenable dans le premier établissement. Quand des inconnus, hommes faits, femmes & filles adultes venaient se présenter aux premiers disciples pour être reçus dans la société, pour avoir part aux aumônes, ils avaient besoin d'une caution qui répondît de leur fidélité; il falait s'assurer d'eux; ils juraient d'être à vous: mais un enfant est dans un cas diamétralement opposé. Il est arrivé souvent qu'un enfant baptisé par des Grecs à Constantinople, a été ensuite circoncis par des Turcs; chrétien à huit jours, musulman à treize ans, il a trahi les sermens de son parain. C'est une des raisons que les anabaptistes peuvent alléguer; mais cette raison qui serait bonne en Turquie, n'a jamais été admise dans des pays chrétiens, où le baptême assure l'état d'un citoyen. Il faut se conformer aux loix & aux rites de sa patrie.

Les Grecs rebaptisent les Latins qui passent d'une de nos communions latine à la communion grecque ; l'usage était dans le siécle passé que ces cathécumènes prononçassent ces paroles : *Je crache sur mon père & ma mère qui m'ont fait mal baptiser.* Peut-être cette coutume dure encore & durera longtems dans les provinces.

BARAC ET DÉBORA,

ET PAR OCCASION DES CHARS DE GUERRE.

NOus ne prétendons point discuter ici en quel tems *Barac* fut chef du peuple Juif, pourquoi étant chef, il laissa commander son armée par une femme ; si cette femme nommée *Débora* avait épousé *Lapidoth* ; si elle était la parente ou l'amie de *Barac*, ou même sa fille ou sa mère; ni quel jour se donna la bataille du Thabor en Galilée entre cette *Débora* & le capitaine *Sizara* général des armées du roi *Jabin*, lequel *Sizara* commandait vers la Galilée une armée de trois cent mille fantassins, dix mille cavaliers & trois mille chars armés en guerre, si l'on en croit l'historien *Joseph*.

<small>Antiq. jud. liv. V.</small>

Nous laisserons même ce *Jabin* roi d'un village nommé Azor, qui avait plus de troupes que le grand Turc. Nous plaignons beaucoup la destinée de son grand-visir *Sizara* qui ayant perdu la bataille en Galilée, sauta de son chariot à quatre chevaux & s'enfuit à pied pour courir plus vite. Il alla demander l'hospitalité à une sainte femme juive qui lui donna du lait, & qui lui enfonça un grand clou de charrette dans la tête, quand il fut endormi. Nous en sommes très fâchés ; mais ce n'est pas cela dont il s'agit : nous voulons parler des chariots de guerre.

C'est au pied du mont Thabor, auprès du torrent de Cison, que se donna la bataille. Le mont Thabor est une montagne escarpée dont les branches un peu moins hautes s'étendent dans une grande partie de la Galilée. Entre cette montagne & les rochers voisins est une petite plaine semée de gros cailloux, & impraticable aux évolutions de la cavalerie. Cette plaine est de quatre à cinq cent pas. Il est à croire que le capitaine *Sizara* n'y rangea pas ses trois cent mille hommes
en

en bataille ; ses trois mille chariots auraient difficilement manœuvré dans cet endroit.

Il est à croire que les Hébreux n'avaient point des chariots de guerre dans un pays uniquement renommé pour les ânes : mais les Asiatiques s'en servaient dans les grandes plaines.

Confucius, ou plutôt *Confutsé* dit positive- Livre 3. ment, que de tems immémorial les vice-rois des provinces de la Chine étaient tenus de fournir à l'empereur chacun mille chariots de guerre attelés de quatre chevaux.

Les chars devaient être en usage longtems avant la guerre de Troye, puisqu'*Homère* ne dit point que ce fût une invention nouvelle ; mais ces chars n'étaient point armés comme ceux de Babilone ; les roues ni l'essieu ne portaient point de fers tranchans.

Cette invention dut être d'abord très formidable dans les grandes plaines, surtout quand les chars étaient en grand nombre & qu'ils couraient avec impetuosité, garnis de longues piques & de faulx : mais quand on y fut acoutumé, il parut si aisé d'éviter leur choc, qu'ils cessèrent d'être en usage par toute la terre.

On proposa, dans la guerre de 1741, de renouveller cette ancienne invention & de la rectifier.

Troisième partie. D

Un ministre d'état fit construire un de ces chariots qu'on essaya. On prétendait que dans des grandes plaines comme celles de Lutzen, on pourait s'en servir avec avantage, en les cachant derrière la cavalerie, dont les escadrons s'ouvriraient pour les laisser passer, & les suivraient ensuite. Les généraux jugèrent que cette manœuvre serait inutile & même dangereuse, dans un tems où le canon seul gagne les batailles. Il fut repliqué qu'il y aurait dans l'armée à chars de guerre, autant de canons pour les protéger, qu'il y en aurait dans l'armée ennemie pour les fracasser. On ajouta que ces chars seraient d'abord à l'abri du canon derrière les bataillons ou escadrons, que ceux-ci s'ouvriraient pour laisser courir ces chars avec impétuosité, que cette attaque inattendue pourait faire un effet prodigieux. Les généraux n'opposèrent rien à ces raisons; mais ils ne voulurent point jouer à ce jeu renouvellé des Perses.

BARBE.

Tous les naturalistes nous assurent que la sécrétion qui produit la barbe, est la même que celle qui perpétue le genre humain. Les eunuques, dit-on, n'ont point de barbe ; parce qu'on leur a ôté les deux bouteilles dans lesquelles s'élaborait la liqueur procréatrice qui devait à la fois former des hommes, & de la barbe au menton. On ajoute que la plûpart des impuissans n'ont point de barbe, par la raison qu'ils manquent de cette liqueur, laquelle doit être repompée par des vaisseaux absorbans, s'unir à la lymphe nourricière, & lui fournir de petits oignons de poils sous le menton, sur les joues, &c. &c.

Il y a des hommes velus de la tête aux pieds comme les singes ; on prétend que ce sont les plus dignes de propager leur espèce, les plus vigoureux, les plus prêts à tout ; & on leur fait souvent beaucoup trop d'honneur, ainsi qu'à certaines dames qui sont un peu velues, & qui ont ce qu'on appelle *une belle palatine*. Le fait est que les hommes & les femmes sont tous velus de la tête aux pieds ; blondes ou brunes, bruns ou blonds, tout cela est égal. Il n'y a que la paume de la main & la plante du pied qui soient absolument sans poil. La seule différence, surtout dans nos climats froids, c'est que les poils des dames, & surtout des blondes, sont plus folets, plus doux, plus imperceptibles. Il y a aussi beaucoup d'hommes, dont la peau semble très unie ; mais il en est d'autres qu'on prendrait de loin pour des ours, s'ils avaient une queue.

Cette affinité conftante entre le poil & la liqueur féminale, ne peut guère fe contefter dans notre hémifphère. On peut feulement demander pourquoi les eunuques & les impuiffans étant fans barbe ont pourtant des cheveux ? La chevelure ferait-elle d'un autre genre que la barbe, & que les autres poils ? N'aurait-elle aucune analogie avec cette liqueur féminale ? Les eunuques ont des fourcils & des cils aux paupières ; voilà encor une nouvelle exception. Cela pourait nuire à l'opinion dominante que l'origine de la barbe eft dans les tefticules. Il y a toûjours quelques difficultés qui arrêtent tout court les fuppofitions les mieux établies. Les fyftêmes font comme les rats qui peuvent paffer par vingt petits trous, & qui en trouvent enfin deux ou trois qui ne peuvent les admettre.

Il y a un hémifphère entier qui femble dépofer contre l'union fraternelle de la barbe & de la femence. Les Américains de quelque contrée, de quelque couleur, de quelque ftature qu'ils foient, n'ont ni barbe au menton, ni aucun poil fur le corps, excepté les fourcils & les cheveux. J'ai des atteftations juridiques d'hommes en place qui ont vécu, converfé, combattu avec trente nations de l'Amérique feptentrionale ; ils atteftent qu'ils ne leur ont jamais vu un poil fur le corps, & ils se moquent, comme ils le doivent, des écrivains qui, se copiant les uns les autres, disent que les Américains ne sont sans poil que parce qu'ils se l'arrachent avec des pinces ; comme si *Christophe Colomb*, *Fernand Cortez* & les autres conquérans avaient chargé leurs vaisseaux de ces petites pincettes avec lesquelles nos dames arrachent leurs poils folets, & en avaient distribué dans tous les cantons de l'Amérique.

J'avais cru longtems que les Esquimaux étaient exceptés de la loi générale du nouveau monde : mais on m'assure qu'ils sont imberbes comme les autres. Cependant on fait des enfans au Chili, au Pérou, en Canada, ainsi que dans notre continent barbu. La virilité n'est point attachée en Amérique à des poils tirant sur le noir ou sur le jaune. Il y a donc une différence spécifique entre ces bipèdes & nous, de même que leurs lions, qui n'ont point de crinière, ne sont pas de la même espèce que nos lions d'Afrique.

Il est à remarquer que les Orientaux n'ont jamais varié sur leur considération pour la barbe. Le mariage chez eux a toûjours été, & est encor l'époque de la vie où l'on ne se rase plus le menton. L'habit long & la barbe imposent du respect. Les Occidentaux ont presque toûjours changé d'habit, &, si on l'ose dire, de menton. On porta des moustaches sous *Louis XIV* jusques vers l'année 1672. Sous *Louis XIII* c'était une petite barbe en pointe. *Henri IV* la portait quarrée. *Charles-Quint*, *Jules II*, *François I* remirent en honneur à leur cour la large barbe, qui était depuis longtems paſſée de mode. Les gens de robe alors, par gravité & par reſpect pour les uſages de leurs pères, ſe feſaient raſer, tandis que les courtiſans en pourpoint & en petit manteau portaient la barbe la plus longue qu'ils pouvaient. Les rois alors, quand ils voulaient envoyer un homme de robe en ambaſſade, priaient ſes confrères de ſouffrir qu'il laiſſât croître ſa barbe ſans qu'on ſe moquât de lui dans la chambre des comptes, ou des enquêtes. En voilà trop ſur les barbes.

BATAILLON.

Ordonnance militaire.

LA quantité d'hommes dont un bataillon a été ſucceſſivement compoſé, a changé depuis l'impreſſion de l'Encyclopédie, & on changera encor, les calculs par leſquels pour tel nombre donné d'hommes on doit trouver les côtés du quarré, les moyens de faire ce quarré plein ou vide, & de faire d'un bataillon un triangle à l'imitation du cuneus des anciens, qui n'était cependant point un triangle. Voilà ce qui eſt déja à l'article *Bataillon*, & nous n'ajouterons que quelques remarques ſur les propriétés, ou ſur les défauts de cette ordonnance.

La méthode de ranger les bataillons ſur quatre hommes de hauteur, leur donne, ſelon pluſieurs officiers, un front fort étendu, & des flancs très faibles : le flottement, ſuite néceſſaire de ce grand front, ôte à cette ordonnance les moyens d'avancer légerément ſur l'ennemi, & la faibleſſe de ſes flancs l'expoſe à être battu toutes les fois que ſes flancs ne ſont pas appuiés ou protégés ; alors il eſt obligé de ſe mettre en quarré, & il devient preſque immobile : voilà, dit-on, ſes défauts.

Ses avantages, ou plutôt ſon ſeul avantage, c'eſt de donner beaucoup de feu, parce que tous les hommes qui le compoſent peuvent tirer ; mais on croit que cet avantage ne compenſe pas ſes défauts, ſurtout chez les Français.

La façon de faire la guerre aujourd'hui eſt toute différente de ce qu'elle était autrefois. On range une armée en bataille pour être en butte à des milliers de coups de canon ; on avance un peu plus enſuite pour donner & recevoir des coups de fuſil, & l'armée, qui la première s'ennuie de ce tapage, a perdu la bataille. L'artillerie françaife eft très bonne, mais le feu de fon infanterie eft rarement fupérieur & fort fouvent inférieur à celui des autres nations. On peut dire avec autant de vérité que la nation Françaife attaque avec la plus grande impétuofité, & qu'il eft très difficile de réfifter à fon choc : le même homme qui ne peut pas fouffrir patiemment des coups de canon pendant qu'il eft immobile, & qu'il aura peur même, volera à la batterie, ira avec rage, s'y fera tuer ou enclouera le canon ; c'eft ce qu'on a vu plufieurs fois. Tous les grands généraux ont jugé de même des Français. Ce ferait augmenter inutilement cet article que de citer des faits connus ; on fait que le maréchal de *Saxe* voulait réduire toutes les affaires à des affaires de pofte. Pour cette même raifon, *les Français l'emporteront fur leurs ennemis*, dit Folard, *fi on les abandonne deffus, mais ils ne valent rien fi on fait le contraire.*

On a prétendu qu'il faudrait croifer la bayonnette avec l'ennemi, &, pour le faire avec plus d'avantage, mettre les bataillons fur un front moins étendu, & en augmenter la profondeur ; fes flancs feraient plus fûrs, fa marche plus prompte, & fon attaque plus forte.

(*Cet article eft de Mr. D. P. officier de l'état major.*).

BATAILLON.

ADDITION.

Remarquons que l'ordre, la marche, les évolutions des bataillons, tels à-peu-près qu'on les met aujourd'hui en ufage, ont été rétablis en Europe par un homme qui n'était point militaire, par *Machiavel* fecrétaire de Florence. Bataillons fur trois, fur quatre, fur cinq de hauteur ; bataillons marchans à l'ennemi ; bataillons quarrés pour n'ètre point entamés après une déroute ; bataillons de quatre de profondeur foutenus par d'autres en colonne ; bataillons flanqués de cavalerie, tout eft de lui : il apprit à l'Europe l'art de la guerre. On la fefait depuis longtems, mais on ne la favait pas.

Le grand duc voulut que l'auteur de la *Mandragore* & de *Clitie* commandât l'exercice à fes troupes, felon fa méthode nouvelle. *Machiavel* s'en donna bien de garde ; il ne voulut pas que les officiers & les foldats fe moquaffent d'un général en manteau noir : les officiers exercèrent les troupes en fa préfence, & il fe réferva pour le confeil.

C'eft une chofe fingulière, que toutes les qualités qu'il demande dans le choix d'un foldat. Il exige d'abord la *gagliardia*, & cette gaillardife fignifie *vigueur alerte* ; il veut des yeux vifs & affurés dans lefquels il y ait même de la gayeté ; le cou nerveux, la poitrine large, le bras musculeux, les flancs arrondis, peu de ventre, les jambes & les pieds secs, tous signes d'agilité & de force.

Mais il veut surtout que le soldat ait de l'honneur, & que ce soit par honneur qu'on le mène. ,, La guerre, dit-il, ne corrompt que ,, trop les mœurs, & il rappelle le proverbe ,, italien, qui dit, *La guerre forme les vo-* ,, *leurs, & la paix leur dresse des potences.*

Machiavel fait très peu de cas de l'infanterie Française; & il faut avouer que jusqu'à la bataille de Rocroi elle a été fort mauvaise. C'était un étrange homme que ce *Machiavel*, il s'amusait à faire des vers, des comédies, à montrer de son cabinet l'art de se tuer régulièrement, & à enseigner aux princes l'art de se parjurer, d'assassiner & d'empoisonner dans l'occasion ; grand art que le pape *Alexandre VI*, & son bâtard *César Borgia* pratiquaient merveilleusement sans avoir besoin de ces leçons.

Observons que dans tous les ouvrages de *Machiavel*, sur tant de différens sujets, il n'y a pas un mot qui rende la vertu aimable, pas un mot qui parte du cœur. C'est une remarque qu'on a faite sur *Boileau* même. Il est vrai qu'il ne fait pas aimer la vertu; mais il la peint comme nécessaire.

BÂTARD.

NOus n'ajouterons que deux mots à l'article *Bâtard* de l'Encyclopédie.

En Espagne, les bâtards ont toûjours hérité. Le roi *Henri de Transtamare* ne fut point regardé comme roi illégitime, quoiqu'il fût enfant illégitime ; & cette race de bâtards, fondue dans la maison d'Autriche, a régné en Espagne jusqu'à *Philippe V*.

La race d'*Arragon*, qui régnait à Naples du tems de *Loüis XII*, était bâtarde. Le comte de Dunois signait, *le bâtard d'Orléans*, & l'on a conservé longtems des lettres du duc de Normandie roi d'Angleterre signées, *Guillaume le bâtard*. (Voyez à l'article *Loi* comme toutes les loix & tous les usages se contredisent.)

BAYLE.

MAis se peut-il que *Loüis Racine* ait traité Bayle de *cœur cruel & d'homme affreux* dans une épître à *Jean-Batiste Roußeau*, qui est assez peu connue, quoi qu'imprimée ?

Il compare *Bayle*, dont la profonde dialectique fit voir le faux de tant de fyſtèmes, à *Marius* affis fur les ruines de Carthage.

    Ainfi d'un œil content, Marius dans fa fuite,
    Contemplait les debris de Carthage détruite.

Voilà une fimilitude bien peu reſſemblante, comme dit Pope, *fimilé unlike*. Marius n'avait point détruit Carthage comme *Bayle* avait détruit de mauvais argumens. *Marius* ne voyait point ces ruines avec plaifir; au contraire, pénétré d'une douleur fombre & noble, en contemplant la viciffitude des choſes humaines, il fit cette mémorable réponſe, *Dis au proconful d'Afrique que tu as vu Marius fur les ruines de Carthage*. a)

    Nous demandons en quoi *Marius* peut reſſembler à *Bayle*?

On confent que *Louïs Racine* donne le nom de *cœur affreux* & *d'homme cruel* à Marius, à Sylla, aux trois triumvirs &c. &c. &c.

---

a) Il femble que ce grand mot foit au-deſſus de la penfée de Lucain.

    Solatia fati
Carthago Mariafque tulit, pariterque jacentes,
Ignovera Deis.

    Carthage & Marius couchés fur le même fable fe confolèrent & pardonnèrent aux Dieux; mais ils ne font contens ni dans *Lucain*, ni dans la réponfe du Romain.

Mais à Bayle! *détestable plaisir, cœur cruel, homme affreux!* il ne falait pas mettre ces mots dans la sentence portée par *Louïs Racine*, contre un philosophe qui n'est convaincu que d'avoir pesé les raisons des manichéens, des pauliciens, des ariens, des eutichiens, & celles de leurs adversaires. *Louïs Racine* ne proportionnait pas les peines aux délits. Il devait se souvenir que *Bayle* combattit *Spinosa* trop philosophe, & *Jurieu* qui ne l'était point du tout. Il devait respecter les mœurs de *Bayle*, & apprendre de lui à raisonner. Mais il était janséniste, c'est-à-dire, il savait les mots de la langue du jansénisme & les employait au hazard.

Vous appelleriez avec raison *cruel & affreux*, un homme puissant qui commanderait à ses esclaves sous peine de mort, d'aller faire une moisson de froment où il aurait semé des chardons; qui donnerait aux uns trop de nourriture, & qui laisserait mourir de faim les autres, qui tuerait son fils ainé pour laisser un gros héritage au cadet. C'est-là ce qui est affreux & cruel; *Louïs Racine*! On prétend que c'est-là le Dieu de tes jansénistes: mais je ne le crois pas.

O gens de parti! gens attaqués de la jaunisse, vous verrez toûjours tout jaune.

Et à qui l'héritier non-penseur d'un père qui avait cent fois plus de goût que de philosophie, adressait-il sa malheureuse épître dévote contre le vertueux *Bayle* ? A *Rousseau*, à un poëte qui pensait encor moins, à un homme dont le principal mérite avait consisté dans des épigrammes qui révoltent l'honnêteté la plus indulgente, à un homme qui s'était étudié à mettre en rimes riches la sodomie & la bestialité, qui traduisait tantôt un pseaume & tantôt une ordure du moyen de parvenir, à qui il était égal de chanter JESUS-CHRIST ou *Giton*. Tel était l'apôtre à qui *Louïs Racine* déférait *Bayle* comme un scélérat. Quel motif avait pu faire tomber le frère de *Phèdre* & d'*Iphigénie* dans un si prodigieux travers ? Le voici ; *Rousseau* avait fait des vers pour les jansénistes qu'il croyait alors en crédit.

C'est tellement la rage de la faction qui s'est déchainée sur *Bayle*, que vous n'entendez aucun des chiens qui ont heurlé contre lui, aboyer contre *Lucrèce*, *Cicéron*, *Senéque*, *Epicure*, ni contre tant de philosophes de l'antiquité. Ils en veulent à *Bayle* ; il est leur concitoyen, il est de leur siécle ; sa gloire les irrite. On lit *Bayle*, on ne lit point *Nicole* ; c'est la source de la haine janséniste. On lit *Bayle*, on ne lit ni le révérend père *Croiset* ni le révérend père *Caussin*. C'est la source de la haine jésuitique.

En vain un parlement de France lui a fait le plus grand honneur, en rendant son testament valide malgré la sévérité de la loi. La démence de parti ne connait ni honneur ni justice. Je n'ai donc point inséré cet article pour faire l'éloge du meilleur des Dictionnaires, éloge qui sied pourtant si bien dans celui-ci; mais dont *Bayle* n'a pas besoin. Je l'ai écrit pour rendre, si je puis, l'esprit de parti odieux & ridicule.

BEAU.

Puisque nous avons cité *Platon* sur l'amour, pourquoi ne le citerions-nous pas sur le beau; puisque le beau se fait aimer? On sera peut-être curieux de savoir, comment un Grec parlait du beau, il y a plus de deux mille ans.

,, L'homme expié dans les mystères sacrés,
,, quand il voit un beau visage décoré d'une
,, forme divine, ou bien quelque espèce in-
,, corporelle, sent d'abord un frémissement se-
,, cret, & je ne sais quelle crainte respec-
,, tueuse; il regarde cette figure comme une
,, divinité........ quand l'influence de la
,, beauté entre dans son ame par les yeux, il
,, s'échauffe; les aîles de son ame sont arrosées,
,, elles perdent leur dureté qui retenait leur

„ germe, elles se liquefient ; ces germes en-
„ flés dans les racines de ses aîles s'efforcent
„ de sortir par toute l'espèce de l'ame, (car
„ l'ame avait des aîles autrefois.) &c. "

Je veux croire que rien n'est plus beau que ce discours de *Platon*; mais il ne nous donne pas des idées bien nettes de la nature du beau.

Demandez à un crapaud ce que c'est que la beauté, le grand beau, le to kalon ? il vous répondra que c'est sa crapaude avec deux gros yeux ronds sortans de sa petite tête, une gueule large & plate, un ventre jaune, un dos brun. Interrogez un nègre de Guinée, le beau est pour lui une peau noire huileuse, des yeux enfoncés, un nez épaté.

Interrogez le diable, il vous dira que le beau est une paire de cornes, quatre griffes & une queüe. Consultez enfin les philosophes, ils vous répondront par du galimatias ; il leur faut quelque chose de conforme à l'archétipe du beau en essence, au to kalon.

J'assistais un jour à une tragédie auprès d'un philosophe ; Que cela est beau ! disait-il. Que trouvez-vous là de beau ? lui dis-je ; C'est, dit-il, que l'auteur a atteint son but. Le lendemain il prit une médecine qui lui fit du bien. Elle a atteint son but, lui dis-je ; voilà une belle médecine ? Il comprit qu'on ne peut dire qu'une médecine est belle, &
que

que pour donner à quelque chose le nom de *beauté*, il faut qu'elle vous cause de l'admiration & du plaisir. Il convint que cette tragédie lui avait inspiré ces deux sentimens, & que c'était-là le to kalon, le beau.

Nous fimes un voyage en Angleterre : on y joüa la même piéce, parfaitement traduite; elle fit bâiller tous les spectateurs. Oh oh ! dit-il, le to kalon n'est pas le même pour les Anglais & pour les Français. Il conclut après bien des refléxions, que le beau est souvent très rélatif, comme ce qui est décent au Japon est indécent à Rome ; & ce qui est de mode à Paris ne l'est pas à Pekin ; & il s'épargna la peine de composer un long traité sur le beau.

Il y a des actions que le monde entier trouve belles. Deux officiers de *César*, ennemis mortels l'un de l'autre, se portent un défi, non à qui répandra le sang l'un de l'autre derrière un buisson en tierce & en quarte comme chez nous ; mais à qui défendra le mieux le camp des Romains, que les barbares vont attaquer. L'un des deux, après avoir repoussé les ennemis, est prêt de succomber ; l'autre vole à son secours, lui sauve la vie & achève la victoire.

Un ami se dévoue à la mort pour son ami ; un fils pour son père ;..... l'Algonquin, le Français, le Chinois diront tous que cela est

Troisiéme partie. E

fort *beau*, que ces actions leur font plaisir, qu'ils les admirent.

Ils en diront autant des grandes maximes de morale ; de celle-ci de Zoroastre ; *dans le doute si une action est juste, abstien-toi....* ; de celle-ci de Confucius ; *oublie les injures, n'oublie jamais les bienfaits*.

Le Nègre aux yeux ronds, au nez épaté, qui ne donnera pas aux dames de nos cours le nom de *Belles*, le donnera fans héfiter à ces actions & à ces maximes. Le méchant homme même reconnaîtra la beauté des vertus qu'il n'ofe imiter. Le beau qui ne frappe que les fens, l'imagination & ce qu'on appelle l'*efprit*, est donc fouvent incertain. Le beau qui parle au cœur ne l'eft pas. Vous trouverez une foule de gens qui vous diront qu'ils n'ont rien trouvé de *beau* dans les trois quarts de l'*Iliade* ; mais perfonne ne vous niera que le dévouement de *Codrus* pour fon peuple ne foit fort beau, fuppofé qu'il foit vrai.

Le frère *Attiret*, jéfuite, natif de Dijon, était employé comme deffinateur dans la maifon de campagne de l'empereur *Camhi*, à quelques *lis* de Pekin.

Cette maifon des champs, dit-il dans une de fes lettres à Mr. *Daffaut*, eft plus grande que la ville de Dijon. Elle eft partagée en mille corps de logis, fur une même ligne ; chacun de ces palais a fes cours, fes parterres, ses jardins & ses eaux; chaque façade est ornée d'or, de vernis & de peintures. Dans le vaste enclos du parc on a élevé à la main des collines hautes de vingt jusqu'à soixante pieds. Les vallons sont arrosés d'une infinité de canaux qui vont au loin se rejoindre pour former des étangs & des mers. On se promène sur ces mers dans des barques vernies & dorées de douze à treize toises de long sur quatre de large. Ces barques portent des sallons magnifiques; & les bords de ces canaux, de ces mers & de ces étangs sont couverts de maisons toutes dans des goûts différens. Chaque maison est accompagnée de jardins & de cascades. On va d'un vallon dans un autre par des allées tournantes ornées de pavillons & de grottes. Aucun vallon ne se ressemble; le plus vaste de tous est entouré d'une colonade, derrière laquelle sont des bâtimens dorés. Tous les appartemens de ces maisons répondent à la magnificence du dehors; tous les canaux ont des ponts de distance en distance; ces ponts sont bordés de balustrades de marbre blanc sculptées en bas-relief.

Au milieu de la grande mer on a élevé un rocher, & sur ce rocher un pavillon quarré, où l'on compte plus de cent appartemens. De ce pavillon quarré on découvre tous les palais, toutes les maisons, tous les jardins de cet enclos immense; il y en a plus de quatre cent.

E ij

Quand l'empereur donne quelque fête, tous ces bâtimens sont illuminés en un inſtant ; & de chaque maiſon on voit un feu d'artifice.

Ce n'eſt pas tout ; au bout de ce qu'on appelle *la mer*, eſt une grande foire que tiennent les officiers de l'empereur. Des vaiſſeaux partent de la grande mer pour arriver à la foire. Les courtiſans ſe déguiſent en marchands, en ouvriers de toute eſpèce ; l'un tient un caffé, l'autre un cabaret ; l'un fait le métier de filou, l'autre d'archer qui court après lui. L'empereur, l'impératrice & toutes les dames de la cour viennent marchander des étoffes ; les faux marchands les trompent tant qu'ils peuvent. Ils leur diſent qu'il eſt honteux de tant diſputer ſur le prix, qu'ils font de mauvaiſes pratiques. Leurs majeſtés répondent qu'ils ont affaire à des fripons ; les marchands ſe fâchent & veulent s'en aller ; on les appaiſe : l'empereur achète tout & en fait des loteries pour toute ſa cour. Plus loin ſont des ſpectacles de toute eſpèce.

Quand frère *Attiret* vint de la Chine à Verſailles, il le trouva petit & triſte. Des Allemands qui s'extaſiaient en parcourant les boſquets, s'étonnaient que frère *Attiret* fût ſi difficile. C'eſt encor une raiſon qui me détermine à ne point faire un traité du *beau*.

BÉKER,

OU DU MONDE ENCHANTÉ, ET DU DIABLE.

CE *Baltazar Béker*, très bon homme, grand ennemi de l'enfer éternel & du diable, & encor plus de la précision, fit beaucoup de bruit en son tems par son gros livre du *Monde enchanté*.

Un *Jaques-George de Chaufepié*, prétendu continuateur de *Bayle*, assure que *Béker* apprit le grec à Groningue. *Niceron* a de bonnes raisons pour croire que ce fut à Franeker. On est fort en doute à la cour sur ce point d'histoire.

Le fait est que du tems de *Béker* ministre du St. Evangile, (comme on dit en Hollande) le diable avait encor un crédit prodigieux chez les théologiens de toutes les espèces au milieu du dix-septiéme siécle, malgré *Bayle* & les bons esprits qui commençaient à éclairer le monde. La sorcellerie, les possessions, & tout ce qui est attaché à cette belle théologie, étaient en vogue dans toute l'Europe, & avaient souvent des suites funestes.

Il n'y avait pas un siécle que le roi *Jaques* lui-même, surnommé par Henri IV, *Maître Jaques*, ce grand ennemi de la communion romaine, & du pouvoir papal, avait fait imprimer sa *Démonologie* (quel livre pour un roi!) & dans cette Démonologie *Jaques* reconnait des enforcellemens, des incubes, des succubes; il avoue le pouvoir du diable & du pape, qui, selon lui, a le droit de chasser *Satan* du corps des possedés, tout comme les autres prêtres.

Croirait-on bien qu'à Genève on fit brûler en 1652, du tems de ce même *Béker*, une pauvre fille nommée *Magdelaine Chaudron*, à qui on persuada qu'elle était sorcière?

Voici la substance très exacte de ce que porte le procès verbal de cette sotise affreuse, qui n'est pas le dernier monument de cette espèce.

,, *Michelle* ayant rencontré le diable en
,, sortant de la ville, le diable lui donna un
,, baiser, reçut son hommage, & imprima
,, sur sa lèvre supérieure & à son teton droit,
,, la marque qu'il a coutume d'appliquer à
,, toutes les personnes qu'il reconnait pour
« ses favorites. Ce sceau du diable est un
,, petit seing qui rend la peau insensible,
,, comme l'affirment tous les jurisconsultes
,, démonographes.

,, Le diable ordonna à *Michelle Chaudron*
,, d'enforceler deux filles. Elles obéit à son
,, seigneur ponctuellement. Les parens des
,, filles l'accusèrent juridiquement de dia-
,, blerie; les filles furent interrogées & con-

» frontées avec la coupable. Elles atteſtèrent
» qu'elles ſentaient continuellement une four-
» millière dans certaines parties de leur corps,
» & qu'elles étaient poſſedées. On appella
» les médecins, ou du moins ceux qui paſ-
» ſaient alors pour médecins. Ils viſitèrent
» les filles ; ils cherchèrent ſur le corps de
» *Michelle* le ſceau du diable, que le pro-
» cès verbal appelle les *marques ſataniques.*
» Ils y enfoncèrent une longue aiguille, ce
» qui était déja une torture douloureuſe. Il
» en ſortit du ſang, & *Michelle* fit connaître
» par ſes cris que les marques ſataniques ne
» rendent point inſenſible. Les juges ne
» voyant pas de preuve complette que *Mi-*
» *chelle Chaudron* fût ſorcière, lui firent don-
» ner la queſtion, qui produit infailliblement
» ces preuves : cette malheureuſe cédant à
» la violence des tourmens, confeſſa enfin
» tout ce qu'on voulut.

» Les médecins cherchèrent encor la mar-
» que ſatanique. Ils la trouvèrent à un petit
» ſeing noir ſur une de ſes cuiſſes. Ils y en-
» foncèrent l'aiguille ; les tourmens de la
» queſtion avaient été ſi horribles, que cette
» pauvre créature expirante ſentit à peine
» l'aiguille ; elle ne cria point : ainſi le crime
» fut avéré. Mais comme les mœurs com-
» mençaient à s'adoucir, elle ne fut brûlée
» qu'après avoir été pendue & étranglée. "

Tous les tribunaux de l'Europe chrétienne retentissaient encor de pareils arrêts. Cette imbécillité barbare a duré si longtems, que de nos jours, à Vurtzbourg en Franconie, on a encor brûlé une sorcière en 1750.

De telles horreurs dont l'Europe était pleine, déterminèrent le bon *Béker* à combattre le diable. On eut beau lui dire, en prose & en vers, qu'il avait tort de l'attaquer, attendu qu'il lui ressemblait beaucoup, étant d'une laideur horrible; rien ne l'arrêta; il commença par nier absolument le pouvoir de *Satan*, & s'enhardit même jusqu'à soutenir qu'il n'existe pas. „S'il y avait un „ diable, disait-il, il se vengerait de la „ guerre que je lui fais. "

Béker ne raisonnait que trop bien, en disant que le diable le punirait s'il existait. Les ministres ses confrères prirent le parti de *Satan* & déposèrent *Béker*.

> Car l'hérétique excommunie aussi
> Au nom de Dieu. Genève imite Rome
> Comme le singe est copiste de l'homme.

Béker entre en matière dès le second tome. Selon lui, le serpent qui séduisit nos premiers parens n'était point un diable, mais un vrai serpent; comme l'âne de *Balaam* était un âne véritable, & comme la baleine qui engloutit *Jonas* était une baleine réelle. C'était si bien un vrai serpent, que toute son espèce qui marchait auparavant fur fes pieds, fut condamnée à ramper fur le ventre. Jamais ni serpent, ni autre bête n'est appellée *Satan* ou *Belzébuth* ou *Diable* dans le Pentateuque. Jamais il n'y est queition de *Satan*.

Le Hollandais destructeur de *Satan*, admet à la vérité des anges, mais en même tems il assure qu'on ne peut prouver par la raison qu'il y en ait ; *& s'il y en a*, dit-il dans son chapitre huitiéme du tome second, *il est difficile de dire ce que c'est. L'Ecriture ne nous dit jamais ce que c'est, en tant que cela concerne la nature, ou en quoi consiste la nature d'un esprit..... La Bible n'est pas faite pour les anges, mais pour les hommes.* JESUS *n'a pas été fait ange pour nous, mais homme.*

Si *Béker* a tant de scrupule sur les anges, il n'est pas étonnant qu'il en ait sur les diables ; & c'est une chose assez plaisante de voir toutes les contorsions où il met son esprit pour se prévaloir des textes qui lui semblent favorables, & pour éluder ceux qui lui sont contraires.

Il fait tout ce qu'il peut pour prouver que le diable n'eut aucune part aux afflictions de *Job*, & en cela il est plus prolixe que les amis mêmes de ce saint homme.

Il y a grande apparence qu'on ne le condamna que par le dépit d'avoir perdu son tems à le lire. Et je fuis perfuadé que si le diable lui-même avait été forcé de lire le *Monde enchanté* de *Béker*, il n'aurait jamais pû lui pardonner de l'avoir si prodigieusement ennuié.

Un des plus grands embarras de ce théologien Hollandais, est d'expliquer ces paroles : JESUS *fut transporté par l'esprit au desert pour être tenté par le diable, par le Knathbull.* Il n'y a point de texte plus formel. Un théologien peut écrire contre *Belzébuth* tant qu'il voudra, mais il faut de nécessité qu'il l'admette ; après quoi il expliquera les textes difficiles comme il poura.

Que si on veut savoir précisément ce que c'est que le diable, il faut s'en informer chez le jésuite *Schotus* ; personne n'en a parlé plus au long. C'est bien pis que *Béker*.

En ne consultant que l'histoire, l'ancienne origine du diable est dans la doctrine des Perses. *Hariman* ou *Arimane* le mauvais principe, corrompt tout ce que le bon principe a fait de salutaire. Chez les Egyptiens *Typhon* fait tout le mal qu'il peut, tandis qu'*Oshireth*, que nous nommons *Osiris*, fait avec *Ishet* ou *Isis* tout le bien dont il est capable.

Avant les Egyptiens & les Perses, *Moizazor* chez les Indiens, s'était révolté contre DIEU, & était devenu le diable ; mais enfin DIEU lui avait pardonné. Si *Béker* & les sociniens avaient fu cette anecdote de la chûte des anges indiens & de leur rétablissement, ils en auraient bien profité pour soutenir leur opinion que l'enfer n'est pas perpétuel, & pour faire espérer leur grace aux damnés qui liront leurs livres.

On est obligé d'avouer que les Juifs n'ont jamais parlé de la chûte des anges dans l'ancien Testament ; mais il en est question dans le nouveau.

On attribua vers le tems de l'établissement du christianisme, un livre à *Enoch septiéme homme après Adam*, concernant le diable & ses associés. *Enoch* dit, que le chef des anges rebelles, était *Semiaxah* ; qu'*Araciel, Atareulf. Ozampsifer* étaient ses lieutenans : que les capitaines des anges fidèles étaient *Raphael, Gabriel, Uriel* &c. ; mais il ne dit point que la guerre se fit dans le ciel ; au contraire, on se battit sur une montagne de la terre, & ce fut pour des filles. *St. Jude* cite ce livre dans son épître ; DIEU *a gardé*, dit-il, *dans les ténèbres enchaînés jusqu'au jugement du grand jour les anges qui ont dégénéré de leur origine, & qui ont abandonné leur propre demeure. Malheur à ceux qui ont suivi les traces de Caïn, desquels Enoch septiéme homme après Adam a prophétisé.*

St. Pierre, dans sa seconde épître, fait allusion au livre d'*Enoch*, en s'exprimant ainsi:

Dieu n'a pas épargné les anges qui ont péché; mais il les a jettés dans le tartare avec des cables de fer.

Il était difficile que *Béker* résistât à des passages si formels.

On peut demander aujourd'hui pourquoi nous appellons Lucifer *l'esprit malin*, que la traduction hébraïque & le livre attribué à *Enoch* appellent *Semiaxah* ou, si on veut, *Semexiah* ? C'est que nous entendons mieux le latin que l'hébreu.

On a trouvé dans *Isaïe* une parabole contre un roi de Babilone. *Isaïe* lui-même l'appelle *parabole*. Il dit dans son quatorziéme chapitre au roi de Babilone ; *A ta mort on a chanté à gorge déployée ; les sapins se sont réjouïs, tes commis ne viendront plus nous mettre à la taille. Comment ta hautesse est-elle descendue au tombeau malgré les sons de tes musettes ? Comment es-tu couché avec les vers & la vermine ? Comment es-tu tombée du ciel étoile du matin, Helel ? toi qui pressais les nations, tu es abattue en terre !*

On traduisit ce mot caldéen hébraïsé *Helel*, par Lucifer. Cette étoile du matin, cette étoile de *Vénus* fut donc le diable, *Lucifer*, tombé du ciel, & précipité dans l'enfer. C'est ainsi que les opinions s'établissent, & que souvent un seul mot, une seule sillabe mal entendus, une lettre changée ou supprimée ont été l'origine de la croyance de tout un peuple. Du mont *Soracté* on a fait *St. Oreste*, du mot *Rabboni* on a fait *St. Rabboni*, qui rabonnit les maris jaloux, ou qui les fait mourir dans l'année ; de *Semo sancus* on a fait *St. Simon* le magicien. Ces exemples font innombrables.

Mais que le diable foit l'étoile de *Vénus*, ou le *Semiaxah* d'Enoch, ou le *Satan* des Babiloniens, ou le *Moizazor* des Indiens, ou le *Typhon* des Egyptiens, Béker a raifon de dire qu'il ne falait pas lui attribuer une fi énorme puiffance que celle dont nous l'avons cru revêtu jufqu'à nos derniers tems. C'eft trop que de lui avoir immolé la femme de Vurtzbourg, *Magdelaine Chaudron*, le curé *Gaufredi*, la maréchale *d'Ancre*, & plus de cent mille forciers en treize cent années dans les états chrétiens. Si *Baltazar Béker* s'en était tenu à rogner les ongles au diable, il aurait été très bien reçu ; mais quand un curé veut anéantir le diable, il perd fa cure.

BETHSAMÈS,

ou BETHSHEMESH.

LEs gens du monde feront peut-être étonnés que ce mot foit le fujet d'un article ; mais on ne s'adreffe qu'aux favans, & on leur demande des inftructions.

BETHSAMÈS.

Bethshemesh ou Bethfamès, était un village appartenant au peuple de DIEU, fitué à deux milles au nord de Jérufalem, felon les commentateurs.

Les Phéniciens ayant battu les Juifs du tems de *Samuël*, & leur ayant pris leur arche d'alliance dans la bataille, où ils leur tuèrent trente mille hommes, en furent févérement punis par le Seigneur. *Percuffit eos in fecretiori parte natium & ebullierunt villæ & agri..... & nati funt mures, & facta est confufio mortis magna in civitate.* Mot-à-mot, *Il les frappa dans la plus fecrette partie des feffes, & les granges & les champs bouillirent, & il nàquit des rats, & une grande confufion de mort fe fit dans la cité.*

Livre de Samuel ou 1. des Rois ch. V & VI.

Les prophètes des Phéniciens ou Philiftins, les ayant avertis qu'ils ne pouvaient fe délivrer de ce fléau qu'en donnant au Seigneur cinq rats d'or & cinq anus d'or, & en lui renvoyant l'arche juive, ils accomplirent cet ordre, & renvoyèrent, felon l'exprès commandement de leurs prophètes, l'arche avec les cinq rats & les cinq anus, fur une charrette attelée de deux vaches qui nouriffaient chacune leur veau, & que perfonne ne conduifait.

Ces deux vaches amenèrent d'elles-mêmes, l'arche & les préfens droit à Bethfamès; les Bethfamites s'approchèrent & voulurent regarder l'arche. Cette liberté fut punie encor plus févérement que ne l'avait été la prophanation des Phéniciens. Le Seigneur frappa de mort fubite foixante & dix perfonnes du peuple, & cinquante mille hommes de la populace.

Le révérend docteur *Kennicott* Irlandais, a fait imprimer en 1768 un commentaire français fur cette avanture, & l'a dédié à fa grandeur l'évêque d'Oxford. Il s'intitule à la tête de ce commentaire, *docteur en théologie, membre de la fociété royale de Londres, de l'académie Palatine, de celle de Gottingue & de l'académie des infcriptions de Paris.* Tout ce que je fais, c'eft qu'il n'eft pas de l'académie des infcriptions de Paris. Peut-être en eft-il correfpondant. Sa vafte érudition a pu le tromper; mais les titres ne font rien à la chofe.

Il avertit le public que fa brochure fe vend à Paris chez *Saillant* & chez *Molini*; à Rome chez *Monaldini*, à Venife chez *Pafquali*, à Florence chez *Cambiagi*, à Amfterdam chez *Marc-Michel Rey*, à la Haye chez *Goffe*, à Leyde chez *Jaquau*, à Londres chez *Béquet*, qui reçoivent les foufcriptions.

Il prétend prouver dans fa brochure, appellée en anglais *Panphlet*, que le texte de l'Ecriture eft corrompu. Il nous permettra de n'être pas de fon avis. Prefque toutes les bibles s'accordent dans ces expreffions, foixante & dix hommes du peuple, & cinquante mille de la populace ; *de populo septuaginta viros, & quingenta millia plebis.*

Le révérend docteur *Kennicott* dit au révérend mylord évêque d'Oxford, *qu'autrefois il avait de forts préjugés en faveur du texte hébraïque, mais que depuis dix-sept ans sa grandeur & lui sont bien revenus de leurs préjugés après la lecture réfléchie de ce chapitre.*

Nous ne ressemblons point au docteur *Kennicott*, & plus nous lisons ce chapitre, plus nous respectons les voies du Seigneur qui ne sont pas nos voies.

Il est impossible, dit Kennicott, *à un lecteur de bonne foi, de ne se pas sentir étonné & affecté à la vue de plus de cinquante mille hommes détruits dans un seul village, & encor c'était cinquante mille hommes occupés à la moisson.*

Nous avouons que cela supposerait environ cent mille personnes au moins dans ce village. Mais Mr. le docteur doit-il oublier que le Seigneur avait promis à *Abraham*, que sa postérité se multiplierait comme le sable de la mer ?

Les juifs & les chrétiens, ajoute-t-il, *ne se sont point fait de scrupule d'exprimer leur répugnance à ajouter foi à cette destruction de cinquante mille soixante & dix hommes.*

Nous

Nous répondons que nous sommes chrétiens, & que nous n'avons nulle répugnance *à ajouter foi* à tout ce qui est dans les saintes Ecritures. Nous répondrons avec le révérend père *Dom Calmet*, que s'il falait *rejetter tout ce qui est extraordinaire & hors de la portée de notre esprit, il faudrait rejetter toute la Bible.* Nous sommes persuadés que les Juifs étant conduits par DIEU même, ne devaient éprouver que des événemens marqués au sceau de la Divinité, & absolument différens de ce qui arrive aux autres hommes. Nous osons même avancer que la mort de ces cinquante mille soixante & dix hommes est une des choses des moins surprenantes qui soient dans l'ancien Testament.

On est saisi d'un étonnement encor plus respectueux, quand le serpent d'*Eve* & l'âne de *Balaam* parlent, quand l'eau des cataractes s'élève avec la pluie quinze coudées au dessus de toutes les montagnes, quand on voit les playes de l'Egypte & six cent trente mille Juifs combattans fuir à pied à travers la mer ouverte & suspendue, quand *Josué* arrête le soleil & la lune à midi, quand *Samson* tue mille Philistins avec une machoire d'âne... tout est miracle sans exception dans ces tems divins ; & nous avons le plus profond respect pour tous ces miracles, pour ce monde ancien qui n'est pas notre monde, pour cette nature qui n'eſt pas notre nature ; pour un livre divin qui ne peut avoir rien d'humain.

Mais ce qui nous étonne, c'eſt la liberté que prend Mr. *Kennicott* d'appeller *déïſtes* & *athées* ceux qui en révérant la Bible plus que lui, ſont d'une autre opinion que lui. On ne croira jamais qu'un homme qui a de pareilles idées ſoit de l'académie des inſcriptions & médailles. Peut-être eſt-il de l'académie de Bedlam, la plus ancienne, la plus nombreuſe de toutes, & dont les colonies s'étendent dans toute la terre.

BIBLIOTHÈQUE.

UNe grande bibliothèque a cela de bon, qu'elle effraye celui qui la regarde. Deux cent mille volumes découragent un homme tenté d'imprimer ; mais malheureuſement il ſe dit bientôt à lui-même : on ne lit point la plûpart de ces livres-là ; & on pourra me lire. Il ſe compare à la goute d'eau qui ſe plaignait d'être confondue & ignorée dans l'océan ; un génie eut pitié d'elle ; il la fit avaler par une huitre. Elle devint la plus belle perle de l'Orient, & fut le principal ornement du trône du grand-Mogol. Ceux qui ne ſont que compilateurs, imitateurs, commentateurs, éplucheurs de phraſes, critiques à la petite femaine ; enfin ceux dont un génie n'a point eu pitié refteront toûjours goutes d'eau.

Notre homme travaille donc au fond de fon galetas avec l'efpérance de devenir perle.

Il eft vrai que dans cette immenfe collection de livres, il y en a environ cent quatre-vingt-dix-neuf mille qu'on ne lira jamais, du-moins de fuite ; mais on peut avoir befoin de les confulter une fois en fa vie. C'eft un grand avantage, pour quiconque veut s'inftruire, de trouver fous fa main dans le palais des rois le volume & la page qu'il cherche fans qu'on le faffe attendre un moment. C'eft une des plus nobles inftitutions. Il n'y a point eu de dépenfe plus magnifique, & plus utile.

La bibliothèque publique du roi de France eft la plus belle du monde entier, moins encore par le nombre & la rareté des volumes, que par la facilité, & la politeffe avec laquelle les bibliothécaires les prêtent à tous les favans. Cette bibliothèque eft fans contredit le monument le plus précieux qui foit en France.

Cette multitude étonnante de livres ne doit point épouvanter. On a déja remarqué que Paris contient fept cent mille hommes, qu'on ne peut vivre avec tous, & qu'on choifit trois ou quatre amis. Ainfi il ne faut pas plus se plaindre de la multitude des livres, que de celle des citoyens.

Un homme, qui veut s'instruire un peu de son être, & qui n'a pas de tems à perdre, est bien embarrassé. Il voudrait lire à la fois *Hobbes*, *Spinosa*, *Bayle* qui a écrit contre eux, *Leibnitz* qui a disputé contre *Bayle*, *Clarke* qui a disputé contre *Leibnitz*, *Mallebranche* qui diffère d'eux tous, *Loke* qui passe pour avoir confondu *Mallebranche*, *Stillingfleet* qui croit avoir vaincu *Loke*, *Cudworth* qui pense être au dessus d'eux tous, parce qu'il n'est entendu de personne. On mourrait de vieillesse avant d'avoir feuilleté la centiéme partie des romans métaphysiques.

On est bien aise d'avoir les plus anciens livres, comme on recherche les plus anciennes médailles. C'est-là ce qui fait l'honneur d'une bibliothèque. Les plus anciens livres du monde sont les cinq *King* des Chinois, le *Shastabah* des brames, dont Mr. *Holwell* nous a fait connaître des passages admirables ; ce qui peut rester de l'ancien *Zoroastre*, les fragmens de *Sanchoniaton* qu'*Eusèbe* nous a conservés, & qui portent les caractères de l'antiquité la plus reculée. Je ne parle pas du Pentateuque qui est au dessus de tout ce qu'on en pourait dire.

Nous avons encore la prière du véritable *Orphée*, que le hiérophante récitait dans les anciens mystères des Grecs. *Marchez dans la voie de la justice, adorez le seul maître de l'univers. Il est un; il est seul par lui-même. Tous les êtres lui doivent leur existence; il agit dans eux & par eux. Il voit tout, & jamais n'a été vu des yeux mortels.*

St. Clément d'Alexandrie, le plus savant des pères de l'église, ou plutôt le seul savant dans l'antiquité prophane, lui donne presque toûjours le nom d'*Orphée de Thrace*, d'*Orphée le théologien*, pour le distinguer de ceux qui ont écrit depuis sous son nom. Il cite de lui ces vers qui ont tant de rapport à la formule des mystères : *Strom. liv. v.*

Lui seul il est parfait, tout est sous son pouvoir.
Il voit tout l'univers, & nul ne peut le voir.

Nous n'avons plus rien ni de *Musée*, ni de *Linus*. Quelques petits passages de ces prédécesseurs d'*Homère* orneraient bien une bibliothèque.

Auguste avait formé la bibliothèque nommée *Palatine*. La statue d'*Apollon* y présidait. L'empereur l'orna des bustes des meilleurs auteurs. On voyait vingt-neuf grandes bibliothèques publiques à Rome. Il y a maintenant plus de quatre mille bibliothèques considérables en Europe. Choisissez ce qui vous convient, & tâchez de ne vous pas ennuier. Voyez *Livres*.

SOUVERAIN BIEN.

LE bien-être est rare. Le souverain bien en ce monde ne pourait il pas être regardé comme souverainement chimérique ? Les philosophes Grecs discutèrent longuement à leur ordinaire cette question. Ne vous imaginez-vous pas, mon cher lecteur, voir des mendians qui raisonnent sur la pierre philosophale ?

Le souverain bien ! quel mot ! autant aurait-il valu demander ce que c'est que le souverain bleu, ou le souverain ragoût, le souverain marcher, le souverain lire, &c.

Chacun met son bien où il peut, & en a autant qu'il peut à sa façon, & a bien petite mesure.

Quid dem, quid non dem, renuis tu quod jubet alter.
Castor gaudet equis, ovo prognatus eodem
Pugnis &c.

Castor veut des chevaux, Pollux veut des lutteurs :
Comment concilier tant de goûts, tant d'humeurs !

Le plus grand bien est celui qui vous délecte avec tant de force, qu'il vous met dans l'impuissance totale de sentir autre chose, comme le plus grand mal est celui qui va jusqu'à nous priver de tout sentiment. Voilà les deux extrèmes de la nature humaine, & ces deux momens sont courts.

Il n'y a ni extrêmes délices, ni extrêmes tourmens qui puissent durer toute la vie : le souverain bien & le souverain mal sont des chimères.

Nous avons là belle fable de *Crantor* ; il fait comparaître aux jeux olimpiques la richesse, la volupté, la santé, la vertu ; chacune demande la pomme : la richesse dit, c'est moi qui suis le souverain bien, car avec moi on achète tous les biens : la volupté dit, la pomme m'appartient, car on ne demande la richesse que pour m'avoir : la santé assure que sans elle il n'y a point de volupté, & que la richesse est inutile : enfin la vertu représente qu'elle est au-dessus des trois autres, parce qu'avec de l'or, des plaisirs & de la santé, on peut se rendre très misérable si on se conduit mal. La vertu eut la pomme.

La fable est très ingénieuse ; elle le serait encor plus si *Crantor* avait dit que le souverain bien est l'assemblage des quatre rivales réunies, vertu, santé, richesse, volupté : mais cette fable ne resout ni ne peut resoudre la question absurde du souverain bien. La vertu n'est pas un bien : c'est un devoir ; elle est d'un genre différent, d'un ordre supérieur. Elle n'a rien à voir aux sensations douloureuses ou agréables. Un homme vertueux avec la pierre & la goutte, sans appui, sans amis, privé du nécessaire, persécuté, enchaîné par un tyran voluptueux qui se porte bien, est très malheureux ; & le persécuteur insolent qui caresse une nouvelle maîtresse sur son lit de pourpre est très heureux. Dites que le sage persécuté est préférable à son indigne persécuteur ; dites que vous aimez l'un, & que vous détestez l'autre ; mais avouez que le sage dans les fers enrage. Si le sage n'en convient pas, il vous trompe, c'est un charlatan.

BIENS D'ÉGLISE.

Section première.

L'Evangile défend à ceux qui veulent atteindre à la perfection, d'amasser des trésors & de conserver leurs biens temporels. *Nolite thesaurisare vobis thesauros in terra. — Si vis perfectus esse, vade, vende quæ habes, & da pauperibus. — Et omnis qui reliquerit domum vel fratres, aut sorores, aut filios, aut agros propter nomen meum, centuplum accipiet, & vitam æternam possidebit.*

Matth. ch. vi. ⱴ. 19. ibid. ⱴ. 25. ibid. ⱴ. 29.

Les apôtres & leurs premiers successeurs ne recevaient aucun immeuble, ils n'en acceptaient que le prix ; & après avoir prélevé ce qui était nécessaire pour leur subsistance, ils distribuaient le reste aux pauvres. *Sa-*

phire & *Ananie* ne donnèrent pas leurs biens à *St. Pierre*, mais ils le vendirent & lui en apportèrent le prix. *Vende quæ habes & da pauperibus.*

L'églife poffédait déja des biens fonds confidérables fur la fin du troifiéme fiécle, puifque *Dioclétien* & *Maximien* en prononcèrent la confifcation en 302.

Dès que *Conftantin* fut fur le trône des Céfars, il permit de doter les églifes comme l'étaient les temples de l'ancienne religion; & dès-lors l'églife acquit de riches terres. *St. Jérôme* s'en plaignit dans une de fes lettres à *Euftochie*; ,, Quand vous les voyez, dit-il,
,, aborder d'un air doux & fanctifié les riches
,, veuves qu'ils rencontrent, vous croiriez
,, que leur main ne s'étend que pour leur
,, donner des bénédictions, mais c'eft au
,, contraire, pour recevoir le prix de leur
,, hypocrifie. "

Les faints prêtres recevaient fans demander. *Valentinien I* crut devoir défendre aux eccléfiaftiques de rien recevoir des veuves & des femmes par teftament, ni autrement. Cette loi, que l'on trouve au *Code Théodofien*, fut révoquée par *Martien* & par *Juftinien*.

Juftinien, pour favorifer les eccléfiaftiques, défendit aux juges par fa novelle XVIII. chap. II. d'annuller les teftamens faits en faveur de l'église, quand même ils ne feraient pas revêtus des formalités prescrites par les loix.

Anaſtaſe avait ſtatué en 491, que les biens d'égliſe ſe preſcriraient par quarante ans. *Juſtinien* inſéra cette loi dans ſon code ; mais ce prince qui changea continuellement la juriſprudence, étendit cette preſcription à cent ans. Alors quelques eccléſiaſtiques, indignes de leur profeſſion, ſuppoſèrent de faux titres ; ils tirèrent de la pouſſière de vieux teſtamens, nuls ſelon les anciennes loix, mais valables ſuivant les nouvelles. Les citoyens étaient dépouillés de leur patrimoine par la fraude. Les poſſeſſions qui juſques-là avaient été regardées comme ſacrées, furent envahies par l'égliſe. Enfin, l'abus fut ſi criant, que *Juſtinien* lui-même fut obligé de rétablir les diſpoſitions de la loi d'*Anaſtaſe* par ſa novelle CXXXI. chap. VI.

<small>Cod. tit. de fund. patrimon.
Cod. loi XXIV. de ſacro ſanctis eccleſiis.</small>

Les tribunaux français ont longtems adopté le chap. XI de la novelle XVIII, quand les legs faits à l'égliſe n'avaient pour objet que des ſommes d'argent, ou des effets mobiliers ; mais depuis l'ordonnance de 1735 les legs pieux n'ont plus ce privilège en France.

Pour les immeubles, preſque tous les rois de France depuis *Philippe le hardi*, ont défendu aux égliſes d'en acquérir ſans leur permiſſion. Mais la plus efficace de toutes les loix, c'eſt l'édit de 1749, rédigé par le chancelier d'*Aguesseau*. Depuis cet édit, l'église ne peut recevoir aucun immeuble, foit par donation, par teftament, ou par les lettres-patentes du roi enrégiftrées au parlement.

SECTION SECONDE.

Les biens d'églife pendant les cinq premiers fiécles de notre ère, furent régis par des diacres qui en fefaient la diftribution aux clercs & aux pauvres. Cette communauté n'eut plus lieu dès la fin du cinquiéme fiécle ; on partagea les biens de l'églife en quatre parts ; on en donna une aux évêques, une autre aux clercs, une autre à la fabrique, & la quatriéme fut affignée aux pauvres.

Bientôt après ce partage, les évêques fe chargèrent feuls des quatre portions ; & c'eft pourquoi le clergé inférieur eft en général très pauvre.

Le parlement de Touloufe rendit un arrêt le 18 Avril 1651, qui ordonnait que dans trois jours les évêques du reffort pourvoiraient à la nourriture des pauvres, paffé lequel tems faifie ferait faite du fixiéme de tous les fruits que les évêques prennent dans les paroiffes dudit reffort, &c.

En France l'églife n'aliéne pas valablement fes biens fans de grandes formalités, & fi elle ne trouve pas de l'avantage dans l'aliénation, on juge que l'on peut prescrire sans titre, par une possession de quarante ans, les biens d'église ; mais s'il paraît un titre, & qu'il soit défectueux, c'est-à-dire, que toutes les formalités n'y ayent pas été observées, l'acquéreur, ni ses héritiers ne peuvent jamais prescrire. Et de-là cette maxime, *melius est non habere titulum, quam habere vitiosum*. On fonde cette jurisprudence sur ce que l'on présume que l'acquéreur dont le titre n'est pas en forme est de mauvaise foi, & que suivant les canons, un possesseur de mauvaise foi ne peut jamais prescrire. Mais celui qui n'a point de titres ne devrait-il pas plutôt être présumé usurpateur ? Peut-on prétendre que le défaut d'une formalité que l'on a ignorée soit une présomption de mauvaise foi ? Doit-on dépouiller le possesseur sur cette présomption ? Doit-on juger que le fils qui a trouvé un domaine dans l'hoirie de son père, le possède avec mauvaise foi, parce que celui de ses ancêtres qui acquit ce domaine n'a pas rempli une formalité ?

Les biens de l'église nécessaires au maintien d'un ordre respectable, ne sont point d'une autre nature que ceux de la noblesse & du tiers-état ; les uns & les autres devraient être assujettis aux mêmes règles. On se raproche aujourd'hui autant qu'on le peut de cette jurisprudence équitable.

Il semble que les prêtres & les moines qui aspirent à la perfection évangelique, ne devraient jamais avoir de procès ; *& ei qui vult tecum judicio contendere, & tunicam tuam tollere, dimitte ei & pallium.* — Matthieu ch. v. ⅴ. 40.

St. Basile entend sans doute parler de ce passage, lorsqu'il dit, qu'il y a dans l'Evangile une loi expresse, qui défend aux chrétiens d'avoir jamais aucun procès. *Salvien* a entendu de même ce passage. *Jubet Christus ne litigemus nec solum jubet, sed in tantum hoc jubet ut ipsa nos de quibus lis est, relinquere jubeat, dum modo litibus exuamur.* — Homel. de legend. græc. De gubern. Dei lib. III. p. 47. édit. de Paris 1645.

Le quatriéme concile de Carthage a aussi réitéré ces défenses. *Episcopus nec provocatus de rebus transitoriis litiget.*

Mais d'un autre côté il n'est pas juste qu'un évêque abandonne ses droits ; il est homme, il doit jouïr du bien que les hommes lui ont donné ; il ne faut pas qu'on le vole parce qu'il est prêtre.

(*Ces deux sections sont de Mr. C.. avocat au parlement de Bezançon.*)

DE LA PLURALITÉ DES BÉNÉFICES ET DES ABBAYES EN COMMANDE.

SECTION TROISIÉME.

Il en est de la pluralité des gros bénéfices, archevêchés, évêchés, abbayes, de trente, quarante, cinquante, soixante mille florins d'Empire, comme de la pluralité des femmes ; c'est un droit qui n'appartient qu'aux hommes puissans.

Un prince de l'Empire, cadet de sa maison, serait bien peu chrétien s'il n'avait qu'un seul évêché ; il lui en faut quatre ou cinq pour constater sa catholicité. Mais un pauvre curé qui n'a pas de quoi vivre, ne peut guères parvenir à deux bénéfices ; du moins rien n'est plus rare.

Le pape qui disait qu'il était dans la règle ; qu'il n'avait qu'un seul bénéfice, & qu'il s'en contentait, avait très grande raison.

On a prétendu qu'un nommé *Ebrouin* évêques de Poitiers, fut le premier qui eut à la fois une abbaye & un évêché. L'empereur *Charles le chauve* lui fit ces deux présens. L'abbaye était celle de St. Germain-des-Prés-les-Paris. C'était un gros morceau, mais pas si gros qu'aujourd'hui.

Avant cet *Ebrouin* nous voyons force gens d'église posséder plusieurs abbayes.

Alcuin diacre, favori de *Charlemagne*, possédait à la fois celles de St. Martin-de-Tours, de Ferrières, de Comeri & quelques autres. On ne saurait trop en avoir ; car si on est un saint, on édifie plus d'ames ; & si on a le malheur d'être un honnête homme du monde, on vit plus agréablement.

Il se pourait bien que dès ce tems-là ces abbés fussent commendataires; car ils ne pouvaient réciter l'office dans sept ou huit endroits à la fois. *Charles Martel* & *Pepin* son fils, qui avaient pris pour eux tant d'abbayes, n'étaient pas des abbés réguliers.

Quelle est la différence entre un abbé commendataire & un abbé qu'on appelle *régulier ?* La même qu'entre un homme qui a cinquante mille écus de rente pour se réjouïr, & un homme qui a cinquante mille écus pour gouverner.

Ce n'est pas qu'il ne soit loisible aux abbés réguliers de se réjouïr aussi. Voici comme s'exprimait sur leur douce joie *Jean Trithême* dans une de ses harangues, en présence d'une convocation d'abbés bénédictins.

Neglecto superum cultu spretoque tonantis
Imperio, Baccho indulgent venerique nefandæ, &c.

En voici une traduction, ou plutôt une imitation faite par une bonne ame, quelque tems après *Jean Trithême*.

„ Ils se moquent du ciel & de la providence,
„ Ils aiment mieux Bacchus & la mère d'amour;
„ Ce sont leurs deux grands saints pour la nuit &
  „ le jour.
„ Des pauvres à prix d'or ils vendent la substance.
„ Ils s'abreuvent dans l'or, l'or est sur leurs lambris;

,, L'or est sur leurs catins qu'on paye au plus haut prix.
,, Et passant mollement de leur lit à la table,
,, Ils ne craignent ni loix, ni rois, ni dieu, ni diable.

Jean Trithème, comme on voit, était de très méchante humeur. On eût pu lui répondre ce que disait *César* avant les ides de Mars ; *Ce n'est pas ces voluptueux que je crains, ce sont ces raisonneurs maigres & pâles*. Les moines qui chantent le *parvigilium veneris* pour matines, ne sont pas dangereux. Les moines argumentans, prèchans, cabalans, ont fait beaucoup plus de mal que tous ceux dont parle *Jean Trithème*.

Les moines ont été aussi maltraités par l'évêque célèbre du *Bellai* qu'ils l'avaient été par l'abbé *Trithême*. Il leur applique, dans son apocalypse de Meliton, ces paroles d'Osée : *Vaches grasses qui frustrez les pauvres, qui dites sans cesse, Apportez & nous boirons, le Seigneur a juré par son saint nom que voici les jours qui viendront sur vous ; vous aurez agacement de dents & disette de pain en toutes vos maisons.*

La prédiction ne s'est pas accomplie ; mais l'esprit de police qui s'est répandu dans toute l'Europe en mettant des bornes à la cupidité des moines, leur a inspiré plus de décence.

Il faut convenir malgré tout ce qu'on a écrit contre leurs abus, qu'il y a toûjours eu parmi eux des hommes éminens en science & en vertu ; que s'ils ont fait de grands maux ils ont rendu de grands services, & qu'en général on doit les plaindre encor plus que les condamner.

DES BIENS DE L'ÉGLISE.
SECTION QUATRIÉME.

Tous les abus grossiers qui durèrent dans la distribution des bénéfices depuis le dixiéme siécle jusqu'au seiziéme, ne subsistent plus aujourd'hui; & s'ils sont inséparables de la nature humaine, ils sont beaucoup moins révoltans par la décence qui les couvre. Un Maillard ne dirait plus aujourd'hui en chaire, *O domina quæ facitis placitum domini episcopi &c. O madame qui faites le plaisir de monsieur l'évêque; si vous demandez comment cet enfant de dix ans a eu un bénéfice, on vous répondra que madame sa mère était fort privée de monsieur l'évêque.*

On n'entend plus en chaire un cordelier Menot criant, *deux crosses, deux mitres, & adhuc non sunt contenti. Entre vous, mesdames, qui faites à monsieur l'évêque le plaisir que savez, & puis dites, oh oh! il fera du bien à mon fils, ce sera un des mieux pourvus en l'église, isti protonotarii qui habent illas dispensas ad tria, immo in quindecim beneficia, & sunt simoniaci & sacrilegi; & non cessant arripere beneficia incompatibilia : idem*

Troisiéme partie. G

est eis. Si vacet episcopatus, pro eo habendo dabitur unus grossus fasciculus aliorum beneficiorum. Primò accumulabantur archidiaconatus, abbatiæ, duo prioratus, quatuor aut quinque præbendæ, & dabuntur hæc omnia pro recompensatione.

Si ces protonotaires qui ont des dispenses pour trois, ou même quinze bénéfices, sont simoniaques & sacrilèges, & si on ne cesse d'accrocher des benéfices incompatibles, c'est même chose pour eux. Il vaque un bénéfice ; pour l'avoir on vous donnera une poignée d'autres bénéfices, un archidiaconat, des abbayes, deux prieurés, quatre ou cinq prébendes, & tout cela pour faire la compensation.

Le même prédicateur dans un autre endroit s'exprime ainsi : „ Dans quatre plaideurs
„ qu'on rencontre au palais, il y a toûjours
„ un moine ; & si on leur demande ce qu'ils
„ font là, un cléricus répondra, notre cha-
„ pitre est bandé contre le doyen, contre
„ l'évêque & contre les autres officiers, &
„ je vais après les queues de ces messieurs pour
„ cette affaire. Et toi, maître moine, que fais-
„ tu ici ? Je plaide une abbaye de huit cent
„ livres de rente pour mon maître. Et toi,
„ moine blanc ? Je plaide un petit prioré
„ pour moi. Et vous, mendians, qui n'avez
„ terre, ni sillon, que battez-vous ici le pa-

,, vé ? Le roi nous a octroié du sel, du bois
,, & autres choses : mais ses officiers les nous
,, dénient. Ou bien, un tel curé par son
,, avarice & envie nous veut empècher la
,, sépulture & la dernière volonté d'un qui
,, est mort ces jours passés, tellement qu'il
,, nous est forcé d'en venir à la cour. "

Il est vrai que ce dernier abus, dont retentissent tous les tribunaux de l'église catholique romaine, n'est point déraciné.

Il en est un plus funeste encor, c'est celui d'avoir permis aux bénédictins, aux bernardins, aux chartreux même, d'avoir des mainmortables, des esclaves. On distingue sous leur domination dans plusieurs provinces de France & en Allemagne,

Esclavage de la personne,

Esclavage des biens,

Esclavage de la personne & des biens.

L'esclavage de la personne consiste dans l'incapacité de disposer de ses biens en faveur de ses enfans, s'ils n'ont pas toûjours vécu avec leur père dans la même maison & à la même table. Alors tout appartient aux moines. Le bien d'un habitant du mont Jura mis entre les mains d'un notaire de Paris, devient dans Paris même la proie de ceux qui originairement avaient embrassé la pauvreté évangelique au mont Jura. Le fils demande l'aumône à la porte de la maison que son père a bâtie; & les moines, bien loin de lui donner cette aumône, s'arrogent jusqu'au droit de ne point payer les créanciers du père, & de regarder comme nulles les dettes hypothéquées sur la maison dont ils s'emparent. La veuve se jette en vain à leurs pieds pour obtenir une partie de sa dot. Cette dot, ces créances, ce bien paternel, tout appartient de droit divin aux moines. Les créanciers, la veuve, les enfans, tout meurt dans la mendicité.

L'esclavage réel est celui qui est affecté à une habitation. Quiconque vient occuper une maison dans l'empire de ces moines, & y demeure un an & un jour, devient leur serf pour jamais. Il est arrivé quelquefois qu'un négociant Français, père de famille, attiré par ses affaires dans ce pays barbare, y ayant pris une maison à loyer pendant une année, & étant mort ensuite dans sa patrie, dans une autre province de France, sa veuve, ses enfans ont été tout étonnés de voir des huissiers venir s'emparer de leurs meubles, avec des paréatis, les vendre au nom de *St. Claude*, & chasser une famille entière de la maison de son père.

L'esclavage mixte est celui qui étant composé des deux, est ce que la rapacité à jamais inventé de plus exécrable, & ce que les brigands n'oseraient pas même imaginer.

Il y a donc des peuples chrétiens gémissans

dans un triple esclavage sous des moines qui ont fait vœu d'humilité & de pauvreté ! chacun demande comment les gouvernemens souffrent ces fatales contradictions ? C'est que les moines sont riches ; & leurs esclaves sont pauvres. C'est que les moines, pour conserver leur droit d'*attila*, font des présens aux commis, aux maîtresses de ceux qui pouraient interposer leur autorité pour réprimer une telle oppression. Le fort écrase toûjours le faible. Mais pourquoi faut-il que les moines soient les plus forts ?

TOUT EST BIEN.

JE vous prie, messieurs, de m'expliquer le *tout est bien*, car je ne l'entends pas.

Cela signifie-t-il, *tout est arrangé, tout est ordonné*, suivant la théorie des forces mouvantes ? je comprends & je l'avoue.

Entendez-vous que chacun se porte bien, qu'il a de quoi vivre, & que personne ne souffre ? vous savez combien cela est faux.

Votre idée est-elle que les calamités lamentables qui affligent la terre sont *bien* par rapport à DIEU & le réjouïssent ? Je ne crois point cette horreur, ni vous non plus.

De grace, expliquez-moi le *tout est bien.* Platon le raisonneur daigna laisser à DIEU la liberté de faire cinq mondes, par la raison, dit-il, qu'il n'y a que cinq corps solides réguliers en géométrie, le tetraèdre, le cube, l'exaèdre, le dodécaèdre, l'icosaèdre. Mais pourquoi resserrer ainsi la puissance divine ? pourquoi ne lui pas permettre la sphère, qui est encor plus régulière, & même le coné, la pyramide à plusieurs faces, le cilindre ? &c.

DIEU choisit, selon lui, nécessairement le meilleur des mondes possibles ; ce système a été embrassé par plusieurs philosophes chrétiens, quoiqu'il semble répugner au dogme du péché originel. Car notre globe, après cette transgression, n'est plus le meilleur des globes ; il l'était auparavant : il pourrait donc l'être encore ; & bien des gens croyent qu'il est le pire des globes, au-lieu d'être le meilleur.

Leibnitz, dans sa *Théodicée*, prit le parti de *Platon*. Plus d'un lecteur s'est plaint de n'entendre pas plus l'un que l'autre ; pour nous, après les avoir lus tous deux plus d'une fois, nous avouons notre ignorance, selon notre coutume : & puisque l'Evangile ne nous a rien révélé sur cette question, nous demeurons sans remors dans nos ténèbres.

Leibnitz qui parle de tout, a parlé du péché originel aussi ; & comme tout homme à système fait entrer dans son plan tout ce qui peut le contredire, il imagina que la désobéissance envers Dieu, & les malheurs épouvantables qui l'ont suivie, étaient des parties intégrantes du meilleur des mondes, des ingrédiens nécessaires de toute la félicité possible. *Calla calla señor don Carlos: todo che se haze e por su ben.*

Quoi! être chassé d'un lieu de délices, où l'on aurait vécu à jamais, si on n'avait pas mangé une pomme? Quoi! faire dans la misère, des enfans misérables & criminels qui souffriront tout, qui feront tout souffrir aux autres? Quoi! éprouver toutes les maladies, sentir tous les chagrins, mourir dans la douleur, & pour rafraichissement être brûlé dans l'éternité des siécles ; ce partage est-il bien ce qu'il y avait de meilleur? Cela n'est pas trop *bon* pour nous ; & en quoi cela peut-il être bon pour Dieu?

Leibnitz sentait qu'il n'y avait rien à répondre ; aussi fit-il de gros livres dans lesquels il ne s'entendait pas.

Nier qu'il y ait du mal, cela peut être dit en riant par un *Lucullus* qui se porte bien & qui fait un bon dîner avec ses amis & sa maîtresse dans le sallon d'*Apollon* ; mais, qu'il mette la tête à la fenêtre, il verra des malheureux ; qu'il ait la fiévre, il le sera lui-même.

Je n'aime point à citer ; c'est d'ordinaire

une besogne épineuse ; on néglige ce qui précède & ce qui suit l'endroit qu'on cite, & on s'expose à mille querelles. Il faut pourtant que je cite *Lactance*, père de l'église, qui dans son chap. XIII. de *la colère de* Dieu, fait parler ainsi *Epicure*. „Ou Dieu veut „ ôter le mal de ce monde, & ne le peut : ou „ il le peut, & ne le veut pas ; ou il ne le „ peut, ni ne le veut ; ou enfin il le veut & „ le peut. S'il le veut & ne le peut pas, c'est „ impuissance, ce qui est contraire à la nature „ de Dieu ; s'il le peut & ne le veut pas, „ c'est méchanceté ; & cela est non moins „ contraire à sa nature ; s'il ne le veut ni „ ne le peut, c'est à la fois méchanceté & „ impuissance ; s'il le veut & le peut (ce qui „ seul de ces parties convient à Dieu), d'où „ vient donc le mal sur la terre ? "

L'argument est pressant ; aussi *Lactance* y répond fort mal, en disant que Dieu veut le mal, mais qu'il nous a donné la sagesse avec laquelle on acquiert le bien. Il faut avouer que cette réponse est bien faible en comparaison de l'objection ; car elle suppose que Dieu ne pouvait donner la sagesse qu'en produisant le mal ; & puis, nous avons une plaisante sagesse !

L'origine du mal a toûjours été un abîme dont personne n'a pû voir le fond. C'est ce qui réduisit tant d'anciens philosophes & des législateurs à recourir à deux principes, l'un bon, l'autre mauvais. *Typhon* était le mauvais principe chez les Egyptiens, *Arimane* chez les Perses. Les manichéens adoptèrent, comme on sait, cette théologie ; mais comme ces gens-là n'avaient jamais parlé ni au bon, ni au mauvais principe, il ne faut pas les en croire sur leur parole.

Parmi les absurdités dont ce monde regorge, & qu'on peut mettre au nombre de nos maux, ce n'est pas une absurdité légère, que d'avoir supposé deux êtres tout-puissans, se battant à qui des deux mettrait plus du sien dans ce monde, & fesant un traité comme les deux médecins de *Molière* : passez-moi l'émétique, & je vous passerai la saignée.

Basilide, après les platoniciens, prétendit, dès le premier siécle de l'église, que DIEU avait donné notre monde à faire à ses derniers anges ; & que ceux-ci n'étant pas habiles, firent les choses telles que nous les voyons. Cette fable théologique tombe en poussière par l'objection terrible, qu'il n'est pas dans la nature d'un DIEU tout-puissant & tout sage, de faire bâtir un monde par des architectes qui n'y entendent rien.

Simon qui a senti l'objection, la prévient en disant, que l'ange qui présidait à l'attelier est damné pour avoir si mal fait son ouvrage ; mais la brûlure de cet ange ne nous guérit pas.

L'avanture de *Pandore* chez les Grecs, ne répond pas mieux à l'objection. La boëte où fe trouvent tous les maux, & au fond de laquelle refte l'efpérance, eft à la vérité une allégorie charmante ; mais cette *Pandore* ne fut faite par *Vulcain* que pour fe venger de *Prométhée*, qui avait fait un homme avec de la bouë.

Les Indiens n'ont pas mieux rencontré ; Dieu ayant créé l'homme, il lui donna une drogue qui lui affurait une fanté permanente ; l'homme chargea fon âne de la drogue, l'âne eut foif, le ferpent lui enfeigna une fontaine, & pendant que l'âne bûvait, le ferpent prit la drogue pour lui.

Les Syriens imaginèrent que l'homme & la femme ayant été créés dans le quatriéme ciel, ils s'avifèrent de manger d'une galette, au-lieu de l'ambrofie qui était leur mèts naturel. L'ambrofie s'exhalait par les pores, mais après avoir mangé de la galette, il falait aller à la felle. L'homme & la femme prièrent un ange de leur enfeigner où était la garderobe. Voyez-vous, leur dit l'ange, cette petite planète, grande comme rien, qui eft à quelque foixante millions de lieuës d'ici, c'eft-là le privé de l'univers, allez-y au plus vite : ils y allèrent, on les y laiffa ; & c'eft depuis ce tems que notre monde fut ce qu'il eft.

On demandera toûjours aux Syriens, pourquoi Dieu permit que l'homme mangeât la galette, & qu'il nous en arrivât une foule de maux si épouvantables?

Je passe vîte de ce quatriéme ciel à mylord *Bolingbroke*, pour ne pas m'ennuyer. Cet homme, qui avait sans doute un grand génie, donna au célèbre *Pope* son plan du *tout est bien*, qu'on retrouve en effet mot pour mot dans les œuvres posthumes de mylord *Bolingbroke*, & que mylord *Shaftsbury* avait auparavant inféré dans ses *caractéristiques*. Lisez dans *Shaftsbury* le chapitre *des moralistes*, vous y verrez ces paroles.

„ On a beaucoup à répondre à ces plaintes des défauts de la nature. Comment est-elle sortie si impuissante & si défectueuse des mains d'un être parfait? mais je nie qu'elle soit défectueuse... sa beauté résulte des contrariétés, & la concorde universelle naît d'un combat perpétuel... Il faut que chaque être soit immolé à d'autres; les végétaux aux animaux, les animaux à la terre... & les loix du pouvoir central & de la gravitation, qui donnent aux corps célestes leur poids & leur mouvement, ne seront point dérangés pour l'amour d'un chétif animal, qui tout protégé qu'il est par ces mêmes loix, sera bientôt par elles réduit en poussière. "

Bolingbroke, *Shaftsbury*, & *Pope* leur metteur en œuvre, ne résolvent pas mieux la question que les autres : leur *tout est bien*, ne veut dire autre chose, sinon que le tout est dirigé par des loix immuables ; qui ne le sait pas ? vous ne nous apprenez rien quand vous remarquez après tous les petits enfans, que les mouches sont nées pour être mangées par des araignées, les araignées par les hirondelles, les hirondelles par les pigrièches, les pigrièches par les aigles, les aigles pour être tués par les hommes, les hommes pour se tuer les uns les autres, & pour être mangés par les vers, & ensuite par les diables, au moins mille sur un.

Voila un ordre net & constant parmi les animaux de toute espèce ; il y a de l'ordre partout. Quand une pierre se forme dans ma vessie, c'est une mécanique admirable, des sucs pierreux passent petit à petit dans mon sang, ils se filtrent dans les reins, passent par les urètres, se déposent dans ma vessie, s'y assemblent par une excellente attraction newtonnienne ; le caillou se forme, se grossit, je souffre des maux mille fois pires que la mort, par le plus bel arrangement du monde ; un chirurgien ayant perfectionné l'art inventé par *Tubal-Caïn*, vient m'enfoncer un fer aigu & tranchant dans le périnée, saisit ma pierre avec ses pincettes, elle se brise sous ses efforts par un mécanisme nécesfaire ; & par le même mécanisme je meurs dans des tourmens affreux ; *tout cela est bien*, tout cela est la suite évidente des principes physiques inaltérables, j'en tombe d'accord, & je le savais comme vous.

Si nous étions insensibles, il n'y aurait rien à dire à cette physique. Mais ce n'est pas cela dont il s'agit ; nous vous demandons s'il n'y a point de maux sensibles, & d'où ils viennent ? *Il n'y a point de maux*, dit Pope dans sa quatriéme epître sur le tout est bien ; *s'il y a des maux particuliers, ils composent le bien général.*

Voilà un singulier bien général, composé de la pierre, de la goutte, de tous les crimes, de toutes les souffrances, de la mort, & de la damnation.

La chûte de l'homme est l'emplâtre que nous mettons à toutes ces maladies particulières du corps & de l'ame, que vous appellez *santé générale* ; mais *Shaftsbury* & *Bolingbroke* ont osé attaquer le péché original ; *Pope* n'en parle point ; il est clair que leur système frappe la religion chrétienne par ses fondemens, & n'explique rien du tout.

Cependant, ce système a été approuvé depuis peu par plusieurs théologiens, qui admettent volontiers les contraires ; à la bonne heure, il ne faut envier à personne la consolation de raisonner comme il peut sur le déluge de maux qui nous inonde. Il est juste d'accorder aux malades désespérés, de manger de ce qu'ils veulent. On a été jusqu'à prétendre que ce systême est consolant. DIEU, dit Pope, *voit d'un même œil périr le héros & le moineau, un atôme, ou mille planètes précipitées dans la ruine, une boule de savon, ou un monde se former.*

Voilà, je vous l'avouë, une plaisante consolation ; ne trouvez-vous pas un grand lénitif dans l'ordonnance de mylord *Shaftsbury*, qui dit que DIEU n'ira pas déranger ses loix éternelles pour un animal aussi chétif que l'homme ? Il faut avouer du moins que ce chétif animal a droit de crier humblement, & de chercher à comprendre en criant, pourquoi ces loix éternelles ne sont pas faites pour le bien-être de chaque individu ?

Ce systême du *tout est bien*, ne représente l'auteur de toute la nature, que comme un roi puissant & mal-faisant, qui ne s'embarrasse pas qu'il en coûte la vie à quatre ou cinq cent mille hommes, & que les autres traînent leurs jours dans la disette & dans les larmes, pourvu qu'il vienne à bout de ses desseins.

Loin donc que l'opinion du meilleur des mondes possibles console, elle est désespérante pour les philosophes qui l'embrassent. La question du bien & du mal, demeure un chaos indébrouillable pour ceux qui cherchent de bonne foi ; c'eſt un jeu d'eſprit pour ceux qui diſputent ; ils ſont des forçats qui joüent avec leurs chaines. Pour le peuple non penſant, il reſſemble aſſez à des poiſſons qu'on a tranſportés d'une rivière dans un reſervoir ; ils ne ſe doutent pas qu'ils ſont là pour être mangés le carême ; auſſi ne ſavons-nous rien du tout par nous-mêmes des cauſes de notre deſtinée.

Mettons à la fin de preſque tous les chapitres de métaphyſique les deux lettres des juges Romains quand ils n'entendaient pas une cauſe, *N. L. non liquet*, cela n'eſt pas clair. Impoſons ſurtout ſilence aux ſcélerats, qui étant accablés comme nous du poids des calamités humaines, y ajoutent la fureur de la calomnie. Confondons leurs exécrables impoſtures, en recourant à la foi & à la providence. Copions la fin de l'épître en vers ſur le déſaſtre de Lisbonne :

Mon malheur, dites-vous, eſt le bien d'un autre être.
De mon corps tout ſanglant mille inſectes vont naître :
Quand la mort met le comble aux maux que j'ai
   ſoufferts,
Le beau ſoulagement d'être mangé des vers !
Triſtes calculateurs des miſères humaines,
Ne me conſolez point ; vous aigriſſez mes peines :
Et je ne vois en vous que l'effort impuiſſant
D'un fier infortuné qui feint d'être content.

Je ne suis du grand *Tout* qu'une faible partie :
Oui ; mais les animaux condamnés à la vie,
Tous les êtres sentans nés sous la même loi,
Vivent dans la douleur, & meurent comme moi.
 Le vautour acharné sur sa timide proie,
De ses membres sanglans se repait avec joie :
Tout semble *bien* pour lui, mais bientôt à son tour
Une aigle au bec tranchant dévore le vautour.
L'homme d'un plomb mortel atteint cette aigle altière ;
Et l'homme aux champs de Mars couché sur la pous-
 sière,
Sanglant, percé de coups, sur un tas de mourans,
Sert d'aliment affreux aux oiseaux dévorans.
Ainsi du monde entier tous les membres gémissent ;
Nés tous pour les tourmens, l'un par l'autre ils périssent :
Et vous composerez, dans ce chaos fatal,
Des malheurs de chaque être un bonheur général ?
Quel bonheur ! ô mortel, superbe & misérable !
Vous criez, *Tout est bien*, d'une voix lamentable.
L'univers vous dément, & votre propre cœur
Cent fois de votre esprit a réfuté l'erreur.
 Elémens, animaux, humains, tout est en guerre.
Il le faut avouer, le *mal* est sur la terre :
Son principe secret ne nous est point connu.
De l'auteur de tout bien le mal est-il venu ?
Est-ce le noir *Typhon* a), le barbare *Arimane* b),
                                                  Dont

---

a) Principe du mal chez les Egyptiens.
b) Principe du mal chez les Perses.

Dont la loi tyrannique à souffrir nous condamne?
Mon esprit n'admet point ces monstres odieux,
Dont le monde en tremblant fit autrefois des dieux.
Mais comment concevoir un Dieu, la bonté même,
Qui prodigua ses biens à ses enfans qu'il aime,
Et qui versa sur eux les maux à pleines mains?
Quel œil peut pénétrer dans ses profonds desseins?
De l'Etre tout-parfait le mal ne pouvait naître:
Il ne vient point d'autrui *c*), puisque Dieu seul est maître.

Il existe pourtant. O tristes vérités!
O mélange étonnant de contrariétés!
Un Dieu vint consoler notre race affligée;
Il visita la terre, & ne l'a point changée; *d*)
Un sophiste arrogant nous dit qu'il ne l'a pu;
Il le pouvait, dit l'autre, & ne l'a point voulu;
Il le voudra sans doute. Et tandis qu'on raisonne,
Des foudres souterrains engloutissent Lisbonne,
Et de trente cités dispersent les débris,
Des bords sanglans du Tage à la mer de Cadis.

Ou l'homme est né coupable, & Dieu punit sa race,
Ou ce maître absolu de l'être & de l'espace,
Sans courroux, sans pitié, tranquille, indifférent,
De ses premiers décrets suit l'éternel torrent:
Ou la matière informe à son maître rebelle,

c) C'est-à-dire d'un autre principe.
d) Un philosophe Anglais a prétendu que le monde physique avait dû être changé au premier avénement, comme le monde moral.

Porte en foi des défauts *nécessaires* comme elle ;
Ou bien Dieu nous éprouve ; & ce séjour mortel *e)*
N'est qu'un passage étroit vers un monde éternel.
Nous essuyons ici des douleurs passagères.
Le trépas est un bien qui finit nos misères.
Mais quand nous sortirons de ce passage affreux,
Qui de nous prétendra mériter d'être heureux ?
 Quelque parti qu'on prenne, on doit frémir sans doute.
Il n'est rien qu'on connaisse, & rien qu'on ne redoute.
La nature est muette, on l'interroge en vain.
On a besoin d'un Dieu, qui parle au genre-humain.
Il n'appartient qu'à lui d'expliquer son ouvrage,
De consoler le faible, & d'éclairer le sage.
L'homme au doute, à l'erreur, abandonné sans lui,
Cherche en vain des roseaux qui lui servent d'appui.
Leibnitz ne m'apprend point, par quels nœuds invisibles
Dans le mieux ordonné des univers possibles,
Un désordre éternel, un chaos de malheurs,
Mêle à nos vains plaisirs de réelles douleurs ;
Ni pourquoi l'innocent, ainsi que le coupable,
Subit également ce mal inévitable ;
Je ne conçois pas plus comment tout serait *bien* :
Je suis comme un docteur, hélas ! je ne sais rien.
 Platon dit qu'autrefois l'homme avait eu des ailes,

---

e) Voilà avec l'opinion des deux principes toutes les solutions qui se présentent à l'esprit humain dans cette grande difficulté ; & la révélation seule peut enseigner ce que l'esprit humain ne saurait comprendre.

Un corps impénétrable aux atteintes mortelles;
La douleur, le trépas, n'approchaient point de lui.
De cet état brillant qu'il diffère aujourd'hui !
Il rampe, il souffre, il meurt, tout ce qui nait expire;
De la destruction la nature est l'empire.
Un faible composé de nerfs & d'ossemens
Ne peut être insensible au choc des élémens;
Ce mêlange de sang, de liqueurs, & de poudre,
Puisqu'il fut assemblé, fut fait pour se dissoudre.
Et le sentiment prompt de ces nerfs délicats
Fut soumis aux douleurs ministres du trépas.
C'est-là ce que m'apprend la voix de la nature.
J'abandonne *Platon*, je rejette *Epicure*.
Bayle en sait plus qu'eux tous: je vais le consulter:
La balance à la main, *Bayle* enseigne à douter. *f*)
Assez sage, assez grand, pour être sans système,
Il les a tous détruits, & se combat lui-même:
Semblable à cet aveugle en butte aux Philistins,
Qui tomba sous les murs abattus par ses mains.

 Que peut donc de l'esprit la plus vaste étendue ?
Rien : le livre du sort se ferme à notre vue.
L'homme étranger à soi, de l'homme est ignoré.
Que suis-je ? où suis-je ? où vai-je ? & d'où suis-je tiré ? *g*)
Atomes tourmentés sur cet amas de boue,
Que la mort engloutit, & dont le sort se joue,
Mais atomes pensans, atomes dont les yeux

---

f) Voyez les notes à la fin du poëme.
g) Voyez les notes à la fin du poëme.

Guidés par la pensée ont mesuré les cieux ;
Au sein de l'infini nous élançons notre être,
Sans pouvoir un moment nous voir & nous connaître:
 Ce monde, ce théâtre, & d'orgueil & d'erreur,
Est plein d'infortunés qui parlent de bonheur.
Tout se plaint, tout gémit en cherchant le bien-être ;
Nul ne voudrait mourir ; nul ne voudrait renaître. *h*]
Quelquefois dans nos jours consacrés aux douleurs,
Par la main du plaisir nous essuyons nos pleurs.
Mais le plaisir s'envole, & passe comme une ombre,
Nos chagrins, nos regrets, nos pertes sont sans nombre.
Le passé n'est pour nous qu'un triste souvenir ;
Le présent est affreux, s'il n'est point d'avenir,
Si la nuit du tombeau détruit l'être qui pense.
 Un jour tout sera bien, voilà notre espérance ;
Tout est bien aujourd'hui, voilà l'illusion.
Les sages me trompaient, & Dieu seul a raison.
Humble dans mes soupirs, soumis dans ma souffrance,
Je ne m'élève point contre la providence.
Sur un ton moins lugubre on me vit autrefois,
Chanter des doux plaisirs les séduisantes loix.
D'autres tems, d'autres mœurs : instruit par la vieillesse,
Des humains égarés partageant la faiblesse,
Dans une épaisse nuit cherchant à m'éclairer,
Je ne sais que souffrir, & non pas murmurer.
 Un calife autrefois à son heure dernière,

b) On trouve difficilement une personne qui voulût recommencer la même carrière qu'elle a courue, & repasser par les mêmes événemens.

Au Dieu qu'il adorait dit pour toute prière :
Je t'apporte, ô seul Roi, seul Etre illimité,
Tout ce que tu n'as point dans ton immensité,
Les défauts, les regrets, les maux & l'ignorance.
Mais il pouvait encor ajouter *l'espérance*.

Des raisonneurs ont prétendu qu'il n'est pas dans la nature de l'Etre des êtres que les choses soient autrement qu'elles sont. C'est un rude système, je n'en sais pas assez pour oser seulement l'examiner.

BLASPHÊME.

C'Est un mot grec qui signifie, *atteinte à la réputation*. *Blasphemia* se trouve dans *Démosthène*. De-là vient, dit *Ménage*, le mot de *blâmer*. *Blasphême* ne fut employé dans l'église grecque que pour signifier *injure faite à* DIEU. Les Romains n'employèrent jamais cette expression, ne croyant pas apparemment qu'on pût jamais offenser l'honneur de DIEU comme on offense celui des hommes.

Il n'y a presque point de synonime. *Blasphême* n'emporte pas tout-à-fait l'idée de *sacrilège*. On dira d'un homme qui aura pris le nom de DIEU en vain, qui dans l'emportement de la colère aura ce qu'on appelle *juré le nom de* Dieu, c'est un blasphémateur; mais on ne dira pas, c'est un sacrilège. L'homme sacrilège est celui qui se parjure sur l'Evangile; qui étend sa rapacité sur les choses consacrées, qui détruit les autels, qui trempe sa main dans le sang des prêtres.

Les grands sacrilèges ont toûjours été punis de mort chez toutes les nations, & surtout les sacrilèges avec effusion de sang.

L'auteur des *instituts au droit criminel*, compte parmi les crimes de lèze-majesté divine au second chef, l'inobservation des fêtes & des dimanches. Il devait ajouter l'inobservation accompagnée d'un mépris marqué; car la simple négligence est un péché, mais non pas un sacrilege, comme il le dit. Il est absurde de mettre dans le même rang, comme fait cet auteur, la simonie, l'enlèvement d'une religieuse, & l'oubli d'aller à vêpres un jour de fête. C'est un grand exemple des erreurs où tombent les jurisconsultes, qui n'ayant pas été appellés à faire des loix, se mêlent d'interprêter celles de l'état.

Les blasphèmes prononcés dans l'yvresse, dans la colère, dans l'excès de la débauche, dans la chaleur d'une conversation indiscrète, ont été soumis par les législateurs à des peines beaucoup plus légères. Par exemple, l'avocat que nous avons déja cité, dit que les loix de France condamnent les simples blasphé-

BLASPHÊME. 119

mateurs à une amende pour la première fois, double pour la feconde, triple pour la troifiéme, quadruple pour la quatriéme. Le coupable eſt mis au carcan pour la cinquiéme récidive, au carcan encor pour la ſixiéme, & la lèvre ſupérieure eſt coupée avec un fer chaud ; & pour la ſeptiéme fois on lui coupe la langue. Il falait ajouter que c'eſt l'ordonnance de 1666.

Les peines ſont preſque toûjours arbitraires ; c'eſt un grand défaut dans la juriſprudence. Mais auſſi ce défaut ouvre une porte à la clémence, à la compaſſion ; & cette compaſſion eſt d'une juſtice étroite : car il ſerait horrible de punir un emportement de jeuneſſe, comme on punit des empoiſonneurs & des parricides. Une ſentence de mort pour un délit qui ne mérite qu'une correction, n'eſt qu'un aſſaſſinat commis avec le glaive de juſtice.

N'eſt-il pas à propos de remarquer ici que ce qui fut blaſphème dans un pays, fut ſouvent piété dans un autre ?

Un marchand de Tyr abordé au port de Canope, aura pu être ſcandaliſé de voir porter en cérémonie un ognon, un chat, un bouc ; il aura pu parler indécemment d'*Iſheth*, d'*Oſhireth*, & d'*Horeth* ; il aura peut-être détourné la tête, & ne ſe fera point mis à genoux en voyant paſſer en proceſſion

H iiij

les parties génitales du genre-humain plus grandes que nature. Il en aura dit son sentiment à souper, il aura même chanté une chanson dans laquelle les matelots Tyriens se moquaient des absurdités égyptiaques. Une servante de cabaret l'aura entendu ; sa conscience ne lui permet pas de cacher ce crime énorme. Elle court dénoncer le coupable au premier shoen qui porte l'image de la vérité sur la poitrine ; & on sait comment l'image de la vérité est faite. Le tribunal des shoen ou shotim condamne le blasphémateur Tyrien à une mort affreuse & confisque son vaisseau. Ce marchand était regardé à Tyr comme un des plus pieux personnages de la Phénicie.

Numa voit que sa petite horde de Romains est un ramas de phlibustiers Latins qui volent à droite & à gauche tout ce qu'ils trouvent, bœufs, moutons, volailles, filles. Il leur dit qu'il a parlé à la nymphe *Egerie* dans une caverne, & que la nymphe lui a donné des loix de la part de *Jupiter*. Les sénateurs le traitent d'abord de blasphémateur, & le menacent de le jetter de la roche Tarpeienne la tête en bas. *Numa* se fait un parti puissant. Il gagne des sénateurs qui vont avec lui dans la grotte d'*Egerie*. Elle leur parle ; elle les convertit. Ils convertissent le sénat & le peuple. Bientôt ce n'est plus *Numa* qui est un blasphémateur. Ce nom n'est plus donné qu'à ceux qui doutent de l'exiftence de la nymphe.

Il eft trifte parmi nous que ce qui eft blafphème à Rome, à Notre-Dame de Lorette, dans l'enceinte des chanoines de San Gennaro, foit piété dans Londres, dans Amfterdam, dans Stokholm, dans Berlin, dans Copenhague, dans Berne, dans Bâle, dans Hambourg. Il eft encor plus trifte que dans le même pays, dans la même ville, dans la même rue, on fe traite réciproquement de blafphémateur.

Que dis-je, des dix mille Juifs qui font à Rome, il n'y en a pas un feul qui ne regarde le pape comme le chef de ceux qui blafphèment; & réciproquement les cent mille chrétiens qui habitent Rome à la place des deux millions de joviens *a*) qui la rempliffaient du tems de *Trajan*, croyent fermement que les Juifs s'affemblent les famedis dans leurs fynagogues pour blafphèmer.

Un cordelier accorde fans difficulté le titre de blafphémateur au dominicain, qui dit que la Ste. Vierge eft née dans le péché originel, quoique les dominicains ayent une bulle du pape qui leur permet d'enfeigner dans leurs couvens la conception maculée; & qu'outre cette bulle ils ayent pour

a) Joviens, adorateurs de *Jupiter*.

eux la déclaration expresse de *St. Thomas* d'Aquin.

La première origine de la scission, faite dans les trois quarts de la Suisse & dans une partie de la Basse-Allemagne, fut une querelle dans l'église cathédrale de Francfort entre un cordelier dont j'ignore le nom & un dominicain nommé *Vigand*.

Tout deux étaient yvres, selon l'usage de ce tems-là. L'yvrogne cordelier qui prêchait, remercia DIEU dans son sermon de ce qu'il n'était pas jacobin, jurant qu'il falait exterminer les jacobins blasphémateurs qui croyaient la Ste. Vierge née en péché mortel & délivrée du péché par les seuls mérites de son fils : l'yvrogne jacobin lui dit tout haut, Vous en avez menti, blasphémateur vousmême. Le cordelier descend de chaire un grand crucifix de fer à la main, en donne cent coups à son adversaire & le laisse presque mort sur la place.

Ce fut pour venger cet outrage que les dominicains firent beaucoup de miracles en Allemagne, & en Suisse. Ils prétendaient prouver leur foi par ces miracles. Enfin ils trouvèrent le moyen de faire imprimer dans Berne les stigmates de notre Seigneur JESUS-CHRIST à un de leurs frères laïs nommé *Jetzer*; ce fut la Ste. Vierge elle-même qui lui fit cette opération ; mais elle emprunta la main du sous-prieur qui avait pris un habit de femme, & entouré sa tête d'une auréole. Le malheureux petit frère lai exposé tout en sang sur l'autel des dominicains de Berne à la vénération du peuple, cria enfin au meurtre, au sacrilège : les moines, pour l'appaiser, le communièrent au plus vite avec une hostie saupoudrée de sublimé corosif; l'excès de l'acrimonie lui fit rejetter l'hostie. *b*)

Les moines alors l'accusèrent devant l'évêque de Lausanne d'un sacrilège horrible. Les Bernois indignés accusèrent eux-mêmes les moines, quatre d'entre eux furent brûlés à Berne le 31 May 1509 à la porte de Marsilly.

C'est ainsi que finit cette abominable histoire qui détermina enfin les Bernois à choisir une religion (mauvaise à la vérité à nos yeux catholiques,) mais dans laquelle ils seraient délivrés des cordeliers & des jacobins.

La foule de semblables sacrilèges est incroyable. C'est à quoi l'esprit de parti conduit.

Les jésuites ont soutenu pendant cent ans que les jansénistes étaient des blasphéma-

---

b) Voyez les *Voyages de Burnet* évêque de Salsburi, l'*Histoire des dominicains de Berne* par *Abraham Ruchat* professeur à Lausanne, le *Procès verbal de la condamnation des dominicains*, & l'*Original du procès* conservé dans la bibliothèque de Berne. Le même fait est rapporté dans l'*Histoire générale de l'esprit & des mœurs des nations*.

teurs, & l'ont prouvé par mille lettres de cachet. Les janfénistes ont répondu par plus de quatre mille volumes, que c'était les jéfuites qui blafphemaient. L'écrivain des *gazettes eccléfiaftiques* prétend que toutes les honnêtes gens blafphêment contre lui ; & il blafphème du haut de fon grenier contre tous les honnêtes gens du royaume. Le libraire du gazetier blafphème contre lui & fe plaint de mourir de faim. Il vaudrait mieux être poli & honnête.

Une chofe auffi remarquable que confolante, c'est que jamais en aucun pays de la terre chez les idolâtres les plus fous, aucun homme n'a été regardé comme un blafphémateur pour avoir reconnu un DIEU fuprême, éternel & tout-puiffant. Ce n'eft pas fans doute pour avoir reconnu cette vérité qu'on fit boire la cigue à *Socrate*, puifque le dogme d'un DIEU fuprême était annoncé dans tous les myftères de la Grèce. Ce fut une faction qui perdit *Socrate*. On l'accufa au hazard de ne pas reconnaître les Dieux fécondaires ; ce fut fur cet article qu'on le traita de blafphémateur.

On accufa de blafphème les premiers chrétiens par la même raifon ; mais les partifans de l'ancienne religion de l'empire, les joviens, qui reprochaient le blafphème aux premiers chrétiens, furent enfin condamnés eux-mêmes comme blasphémateurs sous *Théodose II*. Driden a dit :

> *This side to day and the other to morow burn's*
> *And they are all god's al mithy in their turn's.*

Tel est chaque parti, dans sa rage obstiné,
Aujourd'hui condamnant & demain condamné.

BLED ou BLÉ.

Section première.

Origine du mot, & de la chose.

IL faut être pyrrhonien outré pour douter que *pain* vienne de *panis*. Mais pour faire du pain il faut du blé. Les Gaulois avaient du blé du tems de *César* ; où avaient-ils pris ce mot de *blé* ? On prétend que c'est de *bladum*, mot employé dans la latinité barbare du moyen âge, par le chancelier Desvignes, *de Vineis*, à qui l'empereur *Fréderic II* fit, dit-on, crever les yeux.

Mais les mots latins de ces siécles barbares n'étaient que d'anciens mots celtes ou tudesques latinisés. *Bladum* venait donc de notre *blead*; & non pas notre *blead* de *bladum*. Les

Italiens difaient *biada*; & les pays, où l'ancienne langue romance s'eft confervée, difent encor *blia*.

Cette fcience n'eft pas infiniment utile : mais on ferait curieux de favoir où les Gaulois & les Teutons avaient trouvé du blé pour le femer ? On vous répond que les Tyriens en avaient apporté en Efpagne, les Efpagnols en Gaule, & les Gaulois en Germanie. Et où les Tyriens avaient-ils pris ce blé ? Chez les Grecs probablement, dont ils l'avaient reçu en échange de leur alphabet.

Qui avait fait ce préfent aux Grecs ? C'était autrefois *Cérès* fans doute; & quand on a remonté à *Cérès*, on ne peut guères aller plus haut. Il faut que *Cérès* foit defcendue exprès du ciel pour nous donner du froment, du feigle, de l'orge, &c.

Mais comme le crédit de *Cérès* qui donna le blé aux Grecs, & celui d'*Ishet* ou *Ifis* qui en gratifia l'Egypte, eft fort déchu aujourd'hui, nous reftons dans l'incertitude fur l'origine du blé.

Sanchoniaton affure que *Dagon* ou *Dagan*, l'un des petits-fils de *Thaut*, avait en Phénicie l'intendance du blé. Or fon *Thaut* eft à-peu-près du tems de notre *Jared*. Il réfulte de-là que le blé eft fort ancien, & qu'il eft de la mème antiquité que l'herbe. Peut-être que ce *Dagon* fut le premier qui fit du pain, mais cela n'eſt pas démontré.

Choſe étrange ! nous ſavons poſitivement que nous avons l'obligation du vin à *Noé*, & nous ne ſavons pas à qui nous devons le pain. Et, choſe encor plus étrange, nous ſommes ſi ingrats envers *Noé*, que nous avons plus de deux mille chanſons en l'honneus de *Bacchus*, & qu'à peine en chantons nous une ſeule en l'honneur de *Noé*, notre bienfaicteur.

Un Juif m'a aſſuré que le blé venait de lui-mème en Méſopotamie, comme les pommes, les poires ſauvages, les chataignes, les nèfles dans l'Occident. Je le veux croire juſqu'à ce que je ſois ſûr du contraire ; car enfin il faut bien que le blé croiſſe quelque part. Il eſt devenu la nourriture ordinaire & indiſpenſable dans les plus beaux climats & dans tout le Nord.

De grands philoſophes dont nous eſtimons les talens, & dont nous ne ſuivons point les ſyſtèmes, ont prétendu, dans l'*Hiſtoire naturelle du chien*, (pag. 195.) que les hommes ont fait le blé ; que nos pères à force de ſemer de l'yvraie & du gramen, les ont changés en froment. Comme ces philoſophes ne ſont pas de notre avis ſur les coquilles, ils nous permettront de n'être pas du leur ſur le blé. Nous ne penſons pas qu'avec du jasmin on ait jamais fait venir des tulipes. Nous trouvons que le germe du blé est tout différent de celui de l'yvraie, & nous ne croyons à aucune transmutation. Quand on nous en montrera nous nous rétracterons.

Nous avons vu à l'article *Arbre-à-pain*, qu'on ne mange point de pain dans les trois quarts de la terre. On prétend que les Ethiopiens se moquaient des Egyptiens qui vivaient de pain. Mais enfin, puisque c'est notre nourriture principale, le blé est devenu un des plus grands objets du commerce & de la politique. On a tant écrit sur cette matière, que si un laboureur semait autant de blé pesant que nous avons de volumes sur cette denrée, il pourait espérer la plus ample récolte, & devenir plus riche que ceux qui dans leurs sallons vernis & dorés ignorent l'excès de sa peine & de sa misère.

SECTION SECONDE.

Richesse du blé.

Dès qu'on commence à balbutier en économie politique, on fait comme font dans notre rue tous les voisins & les voisines qui demandent : Combien a-t-il de rentes, comment vit-il, combien sa fille aura-t-elle en mariage &c ? On demande en Europe : L'Allemagne

lemagne a-t-elle plus de blés que la France ? L'Angleterre recueille-t-elle (& non pas récolte-t-elle) de plus belles moiſſons que l'Eſpagne ? Le blé de Pologne produit-il autant de farine que celui de Sicile ? La grande queſtion eſt de ſavoir ſi un pays purement agricole eſt plus riche qu'un pays purement commerçant ?

La ſupériorité du pays de blé eſt démontrée par le livre auſſi petit que plein de Mr. *Melon*, le premier homme qui ait raiſonné en France, par la voie de l'imprimerie, immédiatement après la déraiſon univerſelle du ſyſtême de *Laſs*. Melon a pu tomber dans quelques erreurs relevées par d'autres écrivains inſtruits, dont les erreurs ont été relevées à leur tour. En attendant qu'on relève les miennes, voici le fait.

L'Egypte devint la meilleure terre à froment de l'univers, lorſqu'après pluſieurs ſiécles qu'il eſt difficile de compter au juſte, les habitans eurent trouvé le ſecret de faire ſervir à la fécondité du ſol un fleuve deſtructeur, qui avait toûjours inondé le pays, & qui n'était utile qu'aux rats d'Egypte, aux inſectes, aux reptiles & aux crocodiles. Son eau même mêlée d'une bourbe noire ne pouvait deſaltérer ni laver les habitans. Il falut des travaux immenſes, & un tems prodigieux pour dompter le fleuve, le partager en ca-

Troiſiéme partie.   I

naux, fonder des villes dans un terrain autrefois mouvant, & changer les cavernes des rochers en vastes bâtimens.

Tout cela est plus étonnant que des pyramides ; tout cela fait, voilà un peuple sûr de sa nourriture avec le meilleur blé du monde, sans même avoir presque besoin de labourer. Le voilà qui élève & qui engraisse de la volaille supérieure à celle de Caux. Il est vétu du plus beau lin dans le climat le plus tempéré. Il n'a donc aucun besoin réel des autres peuples.

Les Arabes ses voisins au contraire ne recueillent pas un septier de blé depuis le désert qui entoure le lac de Sodome & qui va jusqu'à Jérusalem, jusqu'au voisinage de l'Euphrate, à l'Yemen, & à la terre de Gad ; ce qui compose un pays quatre fois plus étendu que l'Egypte. Ils disent : Nous avons des voisins qui ont tout le nécessaire ; allons dans l'Inde leur chercher du superflu ; portons-leur du sucre, des aromates, des épiceries, des curiosités ; soyons les pourvoyeurs de leurs fantaisies, & ils nous donneront de la farine. Ils en disent autant des Babiloniens ; ils s'établissent courtiers de ces deux nations opulentes, qui régorgent de blé ; & en étant toûjours leurs serviteurs, ils restent toûjours pauvres. Mémphis & Babilone jouïssent ; & les Arabes les servent ; la terre à blé demeure toûjours la feule riche; le fuperflu de fon froment attire les métaux, les parfums, les ouvrages d'induftrie. Le poffeffeur du blé impofe donc toûjours la loi à celui qui a befoin de pain. Et *Midas* aurait donné tout fon or à un laboureur de Picardie.

La Hollande paraît de nos jours une exception, & n'en eft point une. Les viciffitudes de ce monde ont tellement tout bouleverfé, que les habitans d'un marais perfécutés par l'océan qui les menaçait de les noyer, & par l'inquifition qui apportait des fagots pour les brûler, allèrent au bout du monde s'emparer des ifles qui produifent des épiceries devenues auffi néceffaires aux riches que le pain l'eft aux pauvres. Les Arabes vendaient de la myrrhe, du baume, & des perles à Memphis & à Babilone: Les Hollandais vendent de tout à l'Europe & à l'Afie, & mettent le prix à tout.

Ils n'ont point de blé, dites-vous; ils en ont plus que l'Angleterre & la France. Qui eft réellement poffeffeur du blé? C'eft le marchand qui l'achète du laboureur. Ce n'était pas le fimple agriculteur de Caldée ou d'Egypte qui profitait beaucoup de fon froment. C'était le marchand Caldéen ou l'Egyptien adroit qui en fefait des amas, & les vendait aux Arabes; il en retirait des aromates, des perles, des rubis, qu'il vendait

I ij

chérement aux riches. Tel est le Hollandais; il achète partout & revend partout; il n'y a point pour lui de mauvaise récolte; il est toûjours prêt à secourir pour de l'argent ceux qui manquent de farine.

Que trois ou quatre négocians entendus, libres, sobres, à l'abri de toute vexation, exempts de toute crainte, s'établissent dans un port; que leurs vaisseaux soient bons, que leur équipage sache vivre de gros fromage & de petite bière, qu'ils fassent acheter à bas prix du froment à Dantzik, & à Tunis, qu'ils sachent le conserver, qu'ils sachent attendre; & ils feront précisément ce que font les Hollandais.

SECTION TROISIÉME.

Histoire du blé en France.

Dans les anciens gouvernemens ou anciennes anarchies barbares, il y eut je ne sais quel seigneur ou roi de Soissons qui mit tant d'impôts sur les laboureurs, les batteurs en grange, les meuniers, que tout le monde s'enfuit, & le laissa sans pain régner tout seul à son aise. *a*)

Comment fit-on pour avoir du blé, lorsque les Normans, qui n'en avaient pas chez

---

a) C'était un Chilpéric. La chose arriva l'an 562.

eux, vinrent ravager la France & l'Angleterre, lorsque les guerres féodales achevèrent de tout détruire ; lorsque ces brigandages féodaux se mêlèrent aux irruptions des Anglais, quand *Edouard III* détruisit les moissons de *Philippe de Valois*, & *Henri V* celles de *Charles VI* ; quand les armées de l'empereur *Charles Quint* & celles de *Henri VIII* mangeaient la Picardie ; enfin tandis que les bons catholiques & les bons réformés coupaient le blé en herbe, & égorgeaient pères, mères & enfans, pour savoir si on devait se servir de pain fermenté ou de pain azime les dimanches ?

Comment on fesait ? Le peuple ne mangeait pas la moitié de son besoin ; on se nourissait très mal ; on périssait de misère ; la population était très médiocre ; des cités étaient désertes.

Cependant vous voyez encor de prétendus historiens qui vous répètent que la France possédait vingt-neuf millions d'habitans du tems de la St. Barthelemi.

C'est apparemment sur ce calcul que l'abbé de *Caveirac* a fait l'apologie de la St. Barthelemi ; il a prétendu que le massacre de soixante & dix mille hommes, plus ou moins, était une bagatelle dans un royaume alors florissant, peuplé de vingt-neuf millions d'hommes, qui nageaient dans l'abondance.

I iij

Cependant la vérité eſt que la France avait peu d'hommes & peu de blé ; & qu'elle était exceſſivement miſérable, ainſi que l'Allemagne.

Dans le court eſpace du régne enfin tranquille de *Henri IV*, pendant l'adminiſtration économe du duc de *Sulli*, les Français en 1597 eurent une abondante récolte ; ce qu'ils n'avaient pas vu depuis qu'ils étaient nés. Auſſi-tôt ils vendirent tout leur blé aux étrangers, qui n'avaient pas fait de ſi heureuſes moiſſons, ne doutant pas que l'année 1598 ne fût encor meilleure que la précédente. Elle fut très mauvaiſe ; le peuple alors fut dans le cas de Mlle. *Bernard*, qui avait vendu ſes chemiſes & ſes draps pour acheter un colier; elle fut obligée de vendre ſon colier à perte pour avoir des draps & des chemiſes. Le peuple pâtit davantage. On racheta chérement le même blé qu'on avait vendu à un prix médiocre.

Pour prévenir une telle imprudence & un tel malheur, le miniſtère défendit l'exportation ; & cette loi ne fut point révoquée. Mais ſous *Henri IV*, ſous *Louïs XIII* & ſous *Louïs XIV*, non-ſeulement la loi fut ſouvent éludée ; mais quand le gouvernement était informé que les greniers étaient bien fournis, il expédiait des permiſſions particulières ſur le compte qu'on lui rendait de l'état des provinces. Ces permiſſions firent ſouvent murmurer le peuple ; les marchands de blé furent en horreur comme des monopoleurs, qui voulaient affamer une province. Quand il arrivait une diſette, elle était toûjours ſuivie de quelque ſédition. On accuſait le miniſtère plutôt que la ſéchereſſe ou la pluie.

Cependant année commune, la France avait de quoi ſe nourrir, & quelquefois de quoi vendre. On ſe plaignit toûjours ; (& il faut ſe plaindre pour qu'on vous ſuce un peu moins) mais la France depuis 1661 juſqu'au commencement du dix-huitiéme ſiécle fut au plus haut point de grandeur. Ce n'était pas la vente de ſon blé qui la rendait ſi puiſſante ; c'était ſon excellent vin de Bourgogne, de Champagne & de Bordeaux, le débit de ſes eaux-de-vie dans tout le Nord, de ſon huile, de ſes fruits, de ſon ſel, de ſes toiles, de ſes draps, des magnifiques étoffes de Lyon & même de Tours, de ſes rubans, de ſes modes de toute eſpèce, enfin des progrès de l'induſtrie. Le pays eſt ſi bon, le peuple ſi laborieux, que la révocation de l'édit de Nantes ne put faire périr l'état. Il n'y a peut-être pas une preuve plus convaincante de ſa force.

Le blé reſta toûjours à vil prix : la main-d'œuvre par conſéquent ne fut pas chère ; le commerce proſpéra ; & on cria toûjours contre la dureté du tems.

La nation ne mourut pas de la difette horrible de 1709 ; elle fut très malade ; mais elle réchapa. Nous ne parlons ici que du blé qui manqua abfolument ; il falut que les Français en achetaffent de leurs ennemis mêmes ; les Hollandais en fournirent feuls autant que les Turcs.

Quelques défastres que la France ait éprouvés ; quelques fuccès qu'elle ait eus ; que les vignes ayent gelé, ou qu'elles ayent produit autant de grappes que dans la Jérufalem célefte, le prix du blé a toûjours été affez uniforme ; &, année commune, un feptier de blé a toûjours payé quatre paires de fouliers depuis *Charlemagne*.

Vers l'an 1750 la nation raffafiée de vers, de tragédies, de comédies, d'opéra, de romans, d'hiftoires romanefques, de réflexions morales plus romanefques encore, & de difputes théologiques fur la grace & fur les convulfions, fe mit enfin à raifonner fur les blés.

On oublia même les vignes pour ne parler que de froment & de feigle. On écrivit des chofes utiles fur l'agriculture : tout le monde les lut ; excepté les laboureurs. On fuppofa, au fortir de l'opéra comique, que la France avait prodigieufement de blé à vendre. Enfin le cri de la nation obtint du gouvernement, en 1764, la liberté de l'exportation.

Auſſi-tôt on exporta. Il arriva préciſément ce qu'on avait éprouvé du tems de *Henri IV*; on vendit un peu trop; une année ſtérile ſurvint ; il falut pour la ſeconde fois que Mlle. *Bernard* revendît ſon colier pour r'avoir ſes draps & ſes chemiſes. Alors quelques plaignans paſſèrent d'une extrémité à l'autré. Ils éclatèrent contre l'exportation qu'ils avaient demandée : ce qui fait voir combien il eſt difficile de contenter tout le monde & ſon père.

Des gens de beaucoup d'eſprit , & d'une bonne volonté ſans intérêt, avaient écrit avec autant de ſagacité que de courage en faveur de la liberté illimitée du commerce des grains. Des gens qui avaient autant d'eſprit & des vues auſſi pures , écrivirent dans l'idée de limiter cette liberté ; & Mr. l'abbé *Gagliani* Napolitain, réjouït la nation Françaiſe ſur l'exportation des blés ; il trouva le ſecret de faire, même en français, des dialogues auſſi amuſans que nos meilleurs romans , & auſſi inſtructifs que nos meilleurs livres ſérieux. Si cet ouvrage ne fit pas diminuer le prix du pain, il donna beaucoup de plaiſir à la nation , ce qui vaut beaucoup mieux pour elle. Les partiſans de l'exportation illimitée lui répondirent vertement. Le réſultat fut que les lecteurs ne ſurent plus où ils en étaient: la plûpart ſe mirent à lire des romans en attendant trois ou quatre années abondantes de ſuite qui les mettraient en état de juger. Les dames ne furent pas diftinguer davantage le froment du feigle. Les habitués de paroiffe continuèrent de croire que le grain doit mourir & pourir en terre pour germer.

SECTION QUATRIÉME.

Des blés d'Angleterre.

Les Anglais, jufqu'au dix-feptiéme fiécle, furent des peuples chaffeurs & pafteurs, plutôt qu'agriculteurs. La moitié de la nation courait le renard en felle raze, avec un bridon : l'autre moitié nourriffait des moutons & préparait les laines. Les fiéges des pairs ne font encor que de gros facs de laine, pour les faire fouvenir qu'ils doivent protéger la principale denrée du royaume. Ils commencèrent à s'appercevoir au tems de la reftauration qu'ils avaient auffi d'excellentes terres à froment. Ils n'avaient guère jufqu'alors labouré que pour leurs befoins. Les trois quarts de l'Irlande fe nourriffaient de pommes de terre appellées alors *potátôs*, & par les Français *topinambous*, & enfuite *pommes de terre*. La moitié de l'Ecoffe ne connaiffait point le blé. Il courait une efpèce de proverbe en vers anglais affez plaifans, dont voici le fens.

Si le mari d'Eve la blonde
Au pays d'Ecoffe était né,

A demeurer chez lui Dieu l'aurait condamné,
.Et non pas à courir le monde.

L'Angleterre fut le feul des trois royaumes qui défricha quelques champs, mais en petite quantité. Il eſt vrai que ces inſulaires mangent le plus de viande, le plus de légumes & le moins de pain qu'ils peuvent. Le manœuvre Auvergnac & Limouſin dévore quatre livres de pain qu'il trempe dans l'eau, tandis que le manœuvre Anglais en mange à peine une avec du fromage ; & boit d'une bière auſſi nourriſſante que dégoutante, qui l'engraiſſe.

On peut encor, ſans raillerie, ajouter à ces raiſons l'énorme quantité de farine dont les Français ont chargé longtems leur tête. Ils portaient des perruques volumineuſes hautes d'un demi-pié ſur le front, & qui deſcendaient juſqu'aux hanches. Seize onces d'amidon ſaupoudraient ſeize onces de cheveux étrangers, qui cachaient dans leur épaiſſeur le buſte d'un petit homme ; de ſorte que dans une farce, où un maitre à chanter du bel air, nommé Mr. *Des Soupirs*, ſecouait ſa perruque ſur le théâtre, on était inondé pendant un quart d'heure d'un nuage de poudre. Cette mode s'introduiſit en Angleterre, mais les Anglais épargnèrent l'amidon.

Pour venir à l'eſſentiel, il faut ſavoir qu'en 1689, la première année du règne de *Guillau-*

me & de *Marie*, un acte du parlement accorda une gratification à quiconque exporterait du blé, & même de mauvaises eaux-de-vie de grain sur les vaisseaux de la nation.

Voici comme cet acte, favorable à la navigation & à la culture, fut conçu.

Quand une mesure nommée *quarter*, égale à vingt-quatre boisseaux de Paris, n'excédait pas en Angleterre la valeur de deux livres sterling huit shelings au marché, le gouvernement payait à l'exportateur de ce quarter cinq shelings = 6ˡ de France.

à l'exportateur du seigle quand il ne valait qu'une livre sterling & douze shelings, on donnait de récompense trois shelings & six sous = 3ˡ. 12ˢ de France.

Le reste dans une proportion assez exacte.

Quand le prix des grains haussait, la gratification n'avait plus lieu ; quand ils étaient plus chers, l'exportation n'était plus permise. Ce réglement a éprouvé quelques variations ; mais enfin le résultat a été un profit immense. On a vu par un extrait de l'exportation des grains présenté à la chambre des communes en 1751, que l'Angleterre en avait vendu aux autres nations en cinq années pour 7405786 liv. sterling, qui font cent soixante & dix millions trois cent trente-trois mille soixante & dix-huit livres de France. Et sur cette somme que l'Angleterre tira de l'Europe en cinq années, la France en paya environ dix millions & demi.

L'Angleterre devait sa fortune à sa culture qu'elle avait trop longtems négligée; mais aussi elle la devait à son terrain. Plus sa terre a valu, plus elle s'est encor améliorée. On a eu plus de chevaux, de bœufs & d'engrais. Enfin on prétend qu'une récolte abondante peut nourrir l'Angleterre cinq ans, & qu'une même récolte peut à peine nourrir la France deux anneés.

Mais aussi la France a presque le double d'habitans ; & en ce cas l'Angleterre n'est que d'un cinquiéme plus riche en blés, pour nourrir la moitié moins d'hommes : ce qui est bien compensé par les autres denrées, & par les manufactures de la France.

SECTION CINQUIÉME.

Mémoire court sur les autres pays.

L'Allemagne est comme la France; elle a des provinces fertiles en blé, & d'autres stériles ; les pays voisins du Rhin & du Danube, la Bohême, sont les mieux partagés. Il n'y a guère de grand commerce de grains que dans l'intérieur.

La Turquie ne manque jamais de blé, & en vend peu. L'Espagne en manque quelquefois, & n'en vend jamais. Les côtes d'Afrique en ont, & en vendent. La Pologne en est toûjours bien fournie & n'en est pas plus riche.

Les provinces méridionales de la Russie en régorgent ; on le transporte à celles du Nord avec beaucoup de peine ; on en peut faire un grand commerce par Riga.

La Suède ne recueille du froment qu'en Scanie ; le reste ne produit que du seigle ; les provinces septentrionales rien.

Le Dannemark peu.

L'Ecosse encor moins.

La Flandre Autrichienne est bien partagée.

En Italie tous les environs de Rome, depuis Viterbe jusqu'à Terracine, sont stériles. Le Bolonois, dont les papes se sont emparés, parce qu'il était à leur bienséance, est presque la seule province qui leur donne du pain abondamment.

Les Vénitiens en ont à peine de leur cru pour le besoin, & sont souvent obligés d'acheter des *firmans* à Constantinople, c'est-à-dire, des permissions de manger. C'est leur ennemi & leur vainqueur qui est leur pourvoyeur.

Le Milanais est la terre promise en supposant que *la terre promise* avait du froment.

La Sicile se souvient toûjours de *Cérès* ; mais on prétend qu'on n'y cultive pas auffi bien la terre que du tems d'*Hiéron* qui donnait tant de blé aux Romains. Le royaume de Naples est bien moins fertile que la Sicile, & la disette s'y fait sentir quelquefois, malgré *San Gennaro*.

Le Piémont est un des meilleurs pays.

La Savoye a toûjours été pauvre & le sera.

La Suisse n'est guères plus riche ; elle a

peu de froment ; il y a des cantons qui en manquent abfolument.

Un marchand de blé peut fe régler fur ce petit mémoire ; & il fera ruiné, à moins qu'il ne s'informe au jufte de la récolte de l'année, & du befoin du moment.

Refumé.

Suivez le précepte d'*Horace* : Ayez toûjours une année de blé par devers vous ; *provife frugis in annum.*

BLÉ,

Grammaire morale.

Section feconde.

On dit proverbialement, *manger fon blé en herbe ; être pris comme dans un blé ; crier famine fur un tas de blé.* Mais de tous les proverbes que cette production de la nature & de nos foins a fournis, il n'en eft point qui mérite plus l'attention des légiflateurs que celui-ci.

Ne nous remets pas au gland quand nous avons du blé.

Cela fignifie une infinité de bonnes chofes, comme par exemple :

Ne nous gouverne pas dans le dix-huitiéme fiécle comme on gouvernait du tems d'Albouin, de Gondebald, de Clodevik nommé en latin *Clodovæus*.

Ne parle plus des loix de Dagobert, quand nous avons les œuvres du chancelier d'Aguesseau, les discours de Mrs. les gens du roi, Montelar, Servant, Castillon, la Chalotais, Pati, &c.

Ne nous cite plus les miracles de St. Amable, dont les gants & le chapeau furent portés en l'air pendant tout le voyage qu'il fit à pied du fond de l'Auvergne à Rome.

Laisse pourir tous les livres remplis de pareilles inepties, songe dans quel siécle nous vivons.

Si jamais on assassine à coups de pistolet un maréchal d'Ancre; ne fais point brûler sa femme en qualité de sorcière sous prétexte que son médecin Italien lui a ordonné de prendre du bouillon fait avec un coq blanc, tué au clair de la lune, pour la guérir de ses vapeurs.

Distingue toûjours les honnêtes gens qui pensent, de la populace qui n'est pas faite pour penser.

Si l'usage t'oblige à faire une cérémonie ridicule en faveur de cette canaille, & si en chemin tu rencontres quelques gens d'esprit,

aver-

averti-les par un signe de tête ; par un coup d'œil que tu penses comme eux ; mais qu'il ne faut pas rire.

Affaibli peu-à-peu toutes les superstitions anciennes, & n'en introdui aucune nouvelle.

Les loix doivent être pour tout le monde ; mais laisse chacun suivre ou rejetter à son gré ce qui ne peut être fondé que sur un usage indifférent.

Si la servante de Bayle meurt entre tes bras, ne lui parle point comme à Bayle ; ni à Bayle comme à sa servante.

Si les imbécilles veulent encor du gland, laisse-les en manger ; mais trouve bon qu'on leur présente du pain.

En un mot, ce proverbe est excellent en mille occasions.

BŒUF APIS.

IL a été agité si le bœuf *Apis* était révéré à Memphis comme Dieu, comme symbole, ou comme bœuf. Il est à croire que les fanatiques voyaient en lui un Dieu, les sages

Troisiéme partie. K

un simple symbole, & que le sot peuple adorait le bœuf. *Cambyse* fit-il bien quand il eut conquis l'Egypte, de tuer ce bœuf de sa main ? Pourquoi non ? Il fesait voir aux imbécilles qu'on pouvait mettre leur Dieu à la broche, sans que la nature s'armât pour venger ce sacrilège. *Hérodote* ajoute qu'il fit bien fouetter les prêtres ; il avait tort, si ces prêtres avaient été de bonnes gens qui se fussent contentés de gagner leur pain dans le culte d'*Apis*, sans molester les citoyens. Mais s'ils avaient été persécuteurs, s'ils avaient forcé les consciences, s'ils avaient établi une espèce d'inquisition & violé le droit naturel, *Cambyse* avait un autre tort, c'était celui de ne les pas faire pendre.

On a fort vanté les Egyptiens. Peut-être n'y a-t-il point de peuple plus méprisable ; il faut qu'il y ait toûjours eu dans leur caractère, & dans leur gouvernement un vice radical, qui en a toûjours fait de vils esclaves.

Je consens que dans les tems presqu'inconnus, ils ayent conquis la terre ; mais dans les tems de l'histoire ils ont été subjugués par tous ceux qui s'en sont voulu donner la peine, par les Assiriens, par les Grecs, par les Romains, par les Arabes, par les Mammelus, par les Turcs, enfin par tout le monde, excepté par nos croisés, attendu que ceux-ci étaient plus mal avisés que les Egyptiens n'étaient lâches. Ce fut la milice des

Mammelus qui battit les Français. Il n'y a peut-être que deux choses passables dans cette nation ; la première, que ceux qui adoraient un bœuf ne voulurent jamais contraindre ceux qui adoraient un singe, à changer de religion, quoique les bœuf-latres & les singe-latres se haïssent vivement ; la seconde, qu'ils ont fait toûjours éclore des poulets dans des fours.

On vante leurs pyramides ; mais ce sont des monumens d'un peuple esclave. Il faut bien qu'on y ait fait travailler toute la nation, sans quoi on n'aurait pû venir à bout d'élever ces vilaines masses. A quoi servaient-elles ? A conserver dans une petite chambre la momie de quelque prince ou de quelque gouverneur, ou de quelque intendant que son ame devait ranimer au bout de mille ans, on a dit même au bout de trois mille. Mais s'ils espéraient cette résurrection des corps, pourquoi leur ôter la cervelle avant de les embaumer ? Les Egyptiens devaient-ils ressusciter sans cervelle ? L'observatoire que fit bâtir *Louïs XIV*, me paraît un plus beau monument que les pyramides, parce qu'il est plus utile.

BOIRE A LA SANTÉ.

D'Où vient cette coutume ? est-ce depuis le tems qu'on boit ? Il paraît naturel qu'on boive du vin pour sa propre santé, mais non pas pour la santé d'un autre.

Le *propino* des Grecs, adopté par les Romains, ne signifiait pas, je bois afin que vous vous portiez bien ; mais je bois avant vous pour que vous buviez ; je vous invite à boire.

Dans la joie d'un festin on buvait pour célébrer sa maîtresse, & non pas pour qu'elle eût une bonne santé. Voyez dans Martial,

Nævia sex cyathis, septem Justina bibatur.

Six coups pour Nevia, sept au moins pour Justine.

Les Anglais qui se sont piqués de renouveller plusieurs coutumes de l'antiquité, boivent à l'honneur des dames ; c'est ce qu'ils appellent *toster ;* & c'est parmi eux un grand sujet de dispute si une femme est tostable ou non, si elle est digne qu'on la toste.

On buvait à Rome pour les victoires d'*Auguste*, pour le retour de sa santé. *Dion Cassius* rapporte qu'après la bataille d'Actium le sénat décréta que dans les repas on lui ferait des libations au second service. C'est un étrange décret. Il est plus vraisemblable que la flatterie avait introduit volontairement cette bassesse. Quoi qu'il en soit, vous lisez dans Horace,

> *Hinc ad vina redit lætus , & alteris*
>   *Te mensis adhibet Deum.*
> *Te multa prece , te prosequitur mero*
> *Defuso pateris : & laribus tuum*
> *Miscet numen , uti Græcia Castoris ,*
>   *Et magni memor Herculis.*
> *Longas ô utinam , dux bone , ferias*
> *Præstes hesperiæ : dicimus integro*
> *Sicci man die , dicimus uvidi ,*
>   *Quum sol oceano subest.*

Sois le Dieu des festins, le Dieu de l'allégresse;
  Que nos tables soient tes autels.
  Préside à nos jeux solemnels
  Comme Hercule aux jeux de la Grèce.
Seul tu fais les beaux jours ; que tes jours soient sans fin.
C'est ce que nous disons en revoyant l'aurore ;
Ce qu'en nos douces nuits nous redisons encore
  Entre les bras du Dieu du vin.

 On ne peut, ce me semble, faire entendre plus expressément ce que nous entendons par ces mots, *Nous avons bu à la santé de votre majesté.*

 C'est de là probablement que vint, parmi nos nations barbares, l'usage de boire à la santé de ses convives ; usage absurde, puisque vous videriez quatre bouteilles fans leur faire le moindre bien. Et que veut dire *boire à la fanté du roi*, s'il ne fignifie pas ce que nous venons de voir ?

Le Dictionnaire de Trevoux nous avertit qu'on *ne boit pas à la fanté de fes fupérieurs en leur préfence*. Paffe pour la France & pour l'Allemagne ; mais en Angleterre c'eft un ufage reçu. Il y a moins loin d'un homme à un homme à Londre qu'à Vienne.

On fait de quelle importance il eft en Angleterre de boire à la fanté d'un prince qui prétend au trône ; c'eft fe déclarer fon partifan. Il en a coûté cher à plus d'un Ecoffais & d'un Irlandais pour avoir bu à la fanté des *Stuarts*.

Tous les wigs buvaient après la mort du roi *Guillaume*, non pas à fa fanté, mais à fa mémoire. Un tori nommé *Brown*, évêque de Cork en Irlande, grand ennemi de *Guillaume*, dit qu'il mettrait un bouchon à toutes les bouteilles qu'on vidait à la gloire de ce monarque, parce que Cork en anglais fignifie *bouchon*. Il ne s'en tint pas à ce fade jeu de mots ; il écrivit en 1702 une brochure (ce font les mandemens du pays) pour faire voir aux Irlandais que c'eft une impiété atroce de boire à la fanté des rois, & furtout à leur *mémoire*; que c'eft une prophanation de ces paroles de JESUS-CHRIST, *Buvez-en tous, faites ceci en mémoire de moi*.

Ce qui étonnera, c'est que cet évêque n'était pas le premier qui eût conçu une telle démence. Avant lui, le presbytérien *Pryn* avait fait un gros livre contre l'ufage impie de boire à la fanté des chrétiens.

Enfin, il y eut un *Jean Geré*, curé de la paroiffe de Ste. Foi, qui publia *la divine potion, pour conferver la fanté fpirituelle par la cure de la maladie invétérée de boire à la fanté, avec des argumens clairs & folides contre cette coutume criminelle, le tout pour la fatisfaction du public; à la requête d'un digne membre du parlement, l'an de notre falut* 1648.

Notre révérend père *Garaffe*, notre révérend père *Patouillet*, & notre révérend père *Nonotte* n'ont rien de fupérieur à ces profondeurs anglaifes. Nous avons longtems lutté, nos voifins & nous, à qui l'emporterait.

BORNES DE L'ESPRIT HUMAIN.

ON demandait un jour à *Newton* pourquoi il marchait quand il en avait envie? & comment fon bras & fa main fe remuaient à fa volonté? Il répondit bravement, qu'il n'en favait rien. Mais, du moins, lui dit-on, vous qui connaiffez fi bien la gravitation des planètes, vous me direz par quelle raifon elles tournent dans un fens plutôt que dans un autre ; & il avoua encor qu'il n'en favait rien.

Ceux qui enfeignèrent que l'Océan était falé de peur qu'il ne fe corrompît, & que les marées étaient faites pour conduire nos vaiffeaux dans nos ports, furent un peu honteux quand on leur repliqua que la Méditerranée a des ports & point de reflux. *Muf-shembroek* lui-même eft tombé dans cette inadvertence.

Quelqu'un a-t-il jamais pu dire précifément, comment une buche fe change dans fon foyer en charbon ardent, & par quelle mécanique la chaux s'enflamme avec de l'eau fraiche ?

Le premier principe du mouvement du cœur dans les animaux eft-il bien connu ? fait-on bien nettement comment la génération s'opère ? a-t-on deviné ce qui nous donne les fenfations, les idées, la mémoire ? Nous ne connaiffons pas plus l'effence de la matière que les enfans qui en touchent la fuperficie.

Qui nous apprendra par quelle mécanique ce grain de blé que nous jettons en terre fe relève pour produire un tuyau chargé d'un épic, & comment le même fol produit une pomme au haut de cet arbre & une cha-

BORNES DE L'ESPRIT HUMAIN.

taigne à l'arbre voisin ? Plusieurs docteurs ont dit : que ne sais-je pas ? *Montagne* disait : que sais-je !

Décideur impitoyable, pédagogue à phrases, raisonneur fouré, tu cherches les bornes de ton esprit. Elles sont au bout de ton nez.

Parle : m'apprendras-tu par quels subtils ressorts
L'éternel artisan fait végéter les corps ?
Pourquoi l'aspic affreux, le tigre, la panthère,
N'ont jamais adouci leur cruel caractère ;
Et que reconnaissant la main qui le nourrit,
Le chien meurt en léchant le maître qu'il chérit ?
D'où vient qu'avec cent pieds, qui semblent inutiles,
Cet insecte tremblant traine ses pas débiles ?
Pourquoi ce ver changeant se bâtit un tombeau,
S'enterre, & ressuscite avec un corps nouveau ;
Et le front couronné, tout brillant d'étincelles,
S'élance dans les airs en déployant ses aîles ?
Le sage Dufay parmi ses plants divers,
Végétaux rassemblés des bouts de l'univers,
Me dira-t-il pourquoi la tendre sensitive
Se flétrit sous nos mains, honteuse & fugitive ?

Pour découvrir un peu ce qui se passe en moi,
Je m'en vais consulter le médecin du roi.
Sans doute il en sait plus que ses doctes confrères.
Je veux savoir de lui par quels secrets mystères
Ce pain, cet aliment dans mon corps digéré,
Se transforme en un lait doucement préparé ?

Comment toûjours filtré dans fes routes certaines,
En longs ruiffeaux de pourpre il court enfler mes veines;
A mon corps languiffant rend un pouvoir nouveau,
Fait palpiter mon cœur, & penfer mon cerveau ?
Il lève au ciel les yeux, il s'incline, il s'écrie :
Demandez-le à ce Dieu, qui nous donna la vie.

 Couriers de la phyfique, argonautes nouveaux,
Qui franchiffez les monts, qui traverfez les eaux,
Ramenez des climats foumis aux trois couronnes,
Vos perches, vos fecteurs, & furtout deux Laponnes.
Vous avez recherché, dans ces lieux pleins d'ennui,
Ce que Newton connut fans fortir de chez lui :
Vous avez arpenté quelque faible partie
Des flancs toûjours glacés de la terre applatie.
Dévoilez ces refforts, qui font la pefanteur.
Vous connaiffez les loix qu'établit fon auteur.
Parlez, enfeignez-moi, comment fes mains fécondes
Font tourner tant de cieux, graviter tant de mondes ?
Pourquoi, vers le foleil notre globe entrainé,
Se meut autour de foi fur fon axe incliné ?
Parcourant en douze ans les céleftes demeures,
D'où vient que Jupiter a fon jour de dix heures ?
Vous ne le favez point. Votre favant compas
Mefure l'univers, & ne le connait pas.
Je vous vois deffiner, par un art infaillible,
Les dehors d'un palais à l'homme inacceffible ;
Les angles, les côtés font marqués par vos traits ;
Le dedans à vos yeux eft fermé pour jamais.

Pourquoi donc m'affliger, si ma débile vûe
Ne peut percer la nuit sur mes yeux répandüe ?
Je n'imiterai point ce malheureux savant,
Qui des feux de l'Etna scrutateur imprudent,
Marchant sur des monceaux de bitume & de cendre,
Fut consumé du feu qu'il cherchait à comprendre.

Nos bornes sont donc partout, & avec cela nous sommes orgueilleux comme des *paons* que nous prononçons *pans*.

BOUC.

LEs honneurs de toute espèce, que l'antiquité a rendus aux boucs, seraient bien étonnans, si quelque chose pouvait étonner ceux qui sont un peu familiarisés avec le monde ancien & moderne. Les Egyptiens & les Juifs désignèrent souvent les rois & les chefs du peuple par le mot de *bouc*. Vous trouvez dans Zacharie : *La fureur du Seigneur s'est irritée contre les pasteurs du peuple, contre les boucs ; elle les visitera : il a visité son troupeau la maison de Juda, & il en a fait son cheval de bataille.* Chap. x. ℣. 3.

Sortez de Babilone, dit Jérémie aux chefs du peuple ; *soyez les boucs à la tête du troupeau.* chap. L. ℣. 8.

Isaïe s'est servi aux chapitres X & XIV du terme de *bouc*, qu'on a traduit par celui de *prince*.

Les Egyptiens firent bien plus que d'appeller leurs rois *boucs*, ils confacrèrent un bouc dans Mendès, & l'on dit même qu'ils l'adorèrent. Il fe peut très bien que le peuple ait pris en effet un emblème pour une divinité, c'eft ce qui ne lui arrive que trop fouvent.

Il n'eft pas vraifemblable que les shoen ou shotim d'Egypte, c'eft-à-dire les prêtres, ayent à la fois immolé & adoré des boucs. On fait qu'ils avaient leur bouc *Azazel* qu'ils précipitaient orné & couronné de fleurs pour l'expiation du peuple, & que les Juifs prirent d'eux cette cérémonie & jufqu'au nom même d'*Azazel*, ainfi qu'ils adoptèrent plufieurs autres rites de l'Egypte.

Mais les boucs reçurent encor un honneur plus fingulier; il eft conftant qu'en Egypte plufieurs femmes donnèrent avec les boucs le même exemple que donna *Pafiphaë* avec fon taureau. *Hérodote* raconte que lorfqu'il était en Egypte, une femme eut publiquement ce commerce abominable dans le nome de Mendès: il dit qu'il en fut très étonné, mais il ne dit point que la femme fut punie.

Ce qui eft encor plus étrange, c'eft que *Plutarque* & *Pindare* qui vivaient dans des fiécles fi éloignés l'un de l'autre, s'accordent tout deux à dire, qu'on préfentait des femmes au bouc confacré. a) Cela fait frémir la

a) Mr. *Larcher* du collège Mazarin, a fort approfondi cette matière.

nature. *Pindare* dit, ou bien on lui fait dire :

> Charmantes filles de Mendès,
> Quels amans cueillent sur vos lèvres
> Les doux baisers que je prendrais ?
> Quoi ! ce sont les maris des chèvres !

Les Juifs n'imitèrent que trop ces abominations. *Jeroboam* institua des prêtres pour le service de ses veaux & de ses boucs. Le texte hébreu porte expressément *boucs*. Mais ce qui outragea le plus la nature humaine, ce fut le brutal égarement de quelques juives qui furent passionnées pour des boucs, & des juifs qui s'accouplèrent avec des chèvres. Il falut une loi expresse pour réprimer cette horrible turpitude. Cette loi fut donnée dans le Levitique, & y est exprimée à plusieurs reprises. D'abord c'est une défense éternelle de sacrifier aux velus avec lesquels on a forniqué. Ensuite une autre défense aux femmes de se prostituer aux bêtes, & aux hommes de se souiller du même crime. Enfin, il est ordonné que quiconque se sera rendu coupable de cette turpitude, sera mis à mort avec l'animal dont il aura abusé. L'animal est réputé aussi criminel que l'homme & la femme ; il est dit que leur sang retombera sur eux tous.

L. II. Paralip. ch. XI. ℣. 15.

Levit. ch. XVII. ℣. 7.

ch. XVIII. ℣. 23.

chap. XX. ℣. 15 & 16.

C'est principalement des boucs & des chèvres dont il s'agit dans ces loix, devenues malheureusement nécessaires au peuple Hébreu. C'est aux boucs & aux chèvres, aux asirim, qu'il est dit que les Juifs se sont prostitués ; *asiri*, un bouc & une chèvre ; *asirim* des boucs ou des chèvres. Cette fatale dépravation était commune dans plusieurs pays chauds. Les Juifs alors erraient dans un désert où l'on ne peut guères nourrir que des chèvres & des boucs. On ne sait que trop combien cet excès a été commun chez les bergers de la Calabre & dans plusieurs autres contrées de l'Italie. *Virgile* même en parle dans sa troisiéme églogue : Le *novimus & qui te transversa tuentibus hircis*, n'est que trop connu.

On ne s'en tint pas à ces abominations. Le culte du bouc fut établi dans l'Egypte & dans les sables d'une partie de la Palestine. On crut opérer des enchantemens par le moyen des boucs, des égypans & de quelques autres monstres auxquels on donnait toûjours une tête de bouc.

La magie, la sorcellerie passa bientôt de l'Orient dans l'Occident, & s'étendit dans toute la terre. On appellait *sabbatum* chez les Romains l'espèce de sorcellerie qui venait des Juifs, en confondant ainsi leur jour sacré avec leurs secrets infames. C'est de-là qu'enfin être sorcier & aller au sabbat, fut la même chose chez les nations modernes.

BOUC. 159

De misérables femmes de village trompées par des fripons, & encor plus par la faibleſſe de leur imagination, crurent qu'après avoir prononcé le mot *abraxa*, & s'être frottées d'un onguent mêlé de graiſſe, de bouſe de vache & de poil de chèvre, elles allaient au ſabbat ſur un manche à balai pendant leur ſommeil, qu'elles y adoraient un bouc, & qu'il avait leur jouïſſance.

Cette opinion était univerſelle. Tous les docteurs prétendaient que c'était le diable qui ſe métamorphoſait en bouc. C'eſt ce qu'on peut voir dans les *diſquiſitions* de *Del Rio*, & dans cent autres auteurs. Le théologien *Del Rio Grillandus*, l'un des grands promoteurs de l'inquiſition, cité par *Del Rio*, dit que les ſorcières appellent le bouc *Martinet*. Il aſſure qu'une femme qui s'était donnée à *Martinet*, montait ſur ſon dos & était tranſportée en un inſtant dans les airs à un endroit nommé *La noix de Benevent*.

pag. 190.

Il y eut des livres où les myſtères des ſorciers étaient écrits. J'en ai vu un, à la tête duquel on avait deſſiné aſſez mal un bouc, & une femme à genoux derrière lui. On appellait ces livres *grimoires* en France, & ailleurs l'*alphabet du diable*. Celui que j'ai vu ne contenait que quatre feuillets en caractères preſque indéchiffrables, tels à-peu-près que ceux de l'almanach du berger.

La raison & une meilleure éducation au‑ raient suffi pour extirper en Europe une telle extravagance; mais au-lieu de raison on em‑ ploya les supplices. Si les prétendus sorciers eurent leur grimoire, les juges eurent leur code des sorciers. Le jésuite *Del Rio* docteur de Louvain, fit imprimer ses *Disquisitions ma‑ giques* en l'an 1599 : il assure que tous les herétiques sont magiciens ; & il recommande souvent qu'on leur donne la question. Il ne doute pas que le diable ne se transforme en bouc & n'accorde ses faveurs à toutes les femmes qu'on lui présente. Il cite plusieurs jurisconsultes qu'on nomme *Démonographes*, qui prétendent que *Luther* nâquit d'un bouc & d'une femme. Il assure qu'en l'année 1595 une femme accoucha dans Bruxelles d'un en‑ fant que le diable lui avait fait, déguisé en bouc, & qu'elle fut punie ; mais il ne dit pas de quel supplice.

pag. 180.
pag. 181.

Celui qui a le plus approfondi la jurispru‑ dence de la sorcellerie, est un nommé *Boguet*, grand juge en dernier ressort d'une abbaie de St. Claude en Franche-Comté. Il rend raison de tous les supplices auxquels il a con‑ damné des sorcières & des sorciers : le nom‑ bre en est très considérable. Presque toutes ces sorcières sont supposées avoir couché avec le bouc.

On

On a déja dit que plus de cent mille prétendus sorciers ont été exécutés à mort en Europe. La seule philosophie a guéri enfin les hommes de cette abominable chimère, & a enseigné aux juges qu'il ne faut pas brûler les imbécilles.

BOUFON, BURLESQUE,
BAS COMIQUE.

IL était bien subtil ce scoliaste qui a dit le premier que l'origine de *boufon* est dûe à un petit sacrificateur d'Athènes nommé *Bupho*, qui lassé de son métier s'enfuit & qu'on ne revit plus. L'aréopage ne pouvant le punir fit le procès à la hache de ce prêtre. Cette farce, dit-on, qu'on jouait tous les ans dans le temple de *Jupiter*, s'appella *boufonnerie*. Cette historiette ne paraît pas d'un grand poids. Boufon n'était pas un nom propre, *boufonos* signifie *immolateur de bœufs*. Jamais plaisanterie chez les Grecs ne fut appellée *boufonia*. Cette cérémonie, toute frivole qu'elle paraît, peut avoir une origine sage, humaine, digne des vrais Athéniens.

Une fois l'année le sacrificateur subalterne, ou plutôt le boucher sacré, prêt d'immoler

Troisiéme partie. L

un bœuf s'enfuiait comme saisi d'horreur, pour faire souvenir les hommes que dans des tems plus sages & plus heureux on ne présentait aux Dieux que des fleurs & des fruits, & que la barbarie d'immoler des animaux innocens & utiles, ne s'introduisit que lorsqu'il y eut des prêtres qui voulurent s'engraisser de ce sang, & vivre aux dépends des peuples. Cette idée n'a rien de boufon.

Ce mot de *boufon* est reçu depuis longtems chez les Italiens & chez les Espagnols; il signifiait *mimus*, *scurra*, *joculator*; mime, farceur, jongleur. Ménage après Saumaise le dérive de *bocca infiata*, boursouflé; & en effet on veut dans un boufon un visage rond & la joue rebondie. Les Italiens disent *bufo magro*, maigre boufon, pour exprimer un mauvais plaisant qui ne vous fait pas rire.

Boufon, *boufonnerie*, appartiennent au bas comique, à la foire, à Giles, à tout ce qui peut amuser la populace. C'est par-là que les tragédies ont commencé à la honte de l'esprit humain. *Thespis* fut un boufon avant que *Sophocle* fût un grand-homme.

Au seiziéme & dix-septiéme siécle les tragédies espagnoles & anglaises furent toutes avilies par des boufonneries dégoutantes. (Voyez l'article *Dramatique.*)

Les cours furent encor plus deshonorées

par les boufons que le théâtre. La rouille de la barbarie était si forte, que les hommes ne savaient pas goûter des plaisirs honnêtes.

Boileau a dit de *Molière* :

C'est par-là que Molière illustrant ses écrits,
Peut-être de son art eût emporté le prix,
Si moins ami du peuple en ses doctes peintures,
Il n'eût fait quelquefois grimacer ses figures ;
Quitté pour le boufon l'agréable & le fin,
Et sans honte à Térence allié Tabarin.
Dans ce sac ridicule où Scapin s'envelope,
Je ne reconnais plus l'auteur du Misantrope.

Mais il faut considérer que *Raphaël* a daigné peindre des grotesques. *Molière* ne serait point descendu si bas s'il n'eût eu pour spectateurs que des *Louis XIV*, des *Condés*, des *Turenne*, des ducs de *la Rochefoucault*, de *Montausier*, des *Beauvilliers*, des dames de *Montespan* & de *Thiange* ; mais il travaillait aussi pour le peuple de Paris qui n'était pas encor décrassé ; le bourgeois aimait la grosse farce, & la payait. Les *Jodelets* de Scaron étaient à la mode. On est obligé de se mettre au niveau de son siécle avant d'être supérieur à son siécle ; & après tout, on aime quelquefois à rire. Qu'est-ce que la *Batrachomiomachie* attribuée à *Homère*, sinon une boufonnerie, un poëme burlesque ?

Ces ouvrages ne donnent point de réputation, & ils peuvent avilir celle dont on jouït.

Le boufon n'est pas toûjours dans le ftile burlefque. Le *Médecin malgré lui*, les *Fourberies de Scapin* ne font point dans le ftile des *Jodelets* de Scaron. *Molière* ne va pas rechercher des termes d'argot comme *Scaron*. Ses perfonnages les plus bas n'affectent point des plaifanteries de gilles. La boufonnerie eft dans la chofe & non dans l'expreffion. Le ftile burlefque eft celui de *Don Japhet* d'Arménie.

Du bon père Noé j'ai l'honneur de defcendre,
Noé qui fur les eaux fit flotter fa maifon
Quand tout le genre-humain but plus que de raifon.
Vous voyez qu'il n'eft rien de plus net que ma race,
Et qu'un criftal auprès paraîtrait plein de craffe.

Pour dire qu'il veut fe promener, il dit qu'*il va excercer fa vertu caminante*. Pour faire entendre qu'on ne poura lui parler, il dit,

Vous aurez avec moi difette de loquelle.

C'eft prefque partout le jargon des gueux; le langage des halles; & même il eft inventeur dans ce langage.

Tu m'as tout compiffé, piffeufe abominable.

Enfin, la groffiéreté de fa baffeffe eft pouffée jufqu'à chanter fur le théâtre,

Amour nabot
Qui du jabot
De Don Japhet
A fait
Une ardente fournaife ;
Et dans mon pis
A mis
Une effence de braife.

Et ce font ces plattes infamies qu'on a jouées pendant plus d'un fiécle alternativement avec le *Mifantrope* ; ainfi qu'on voit paffer dans une rue indifféremment un magiftrat & un chifonnier.

Le *Virgile* travefti eft à-peu-près dans ce goût ; mais rien n'eft plus abominable que la *Mazarinade*.

Notre Jules n'eft pas Céfar,
C'eft un caprice du hazard,
Qui nâquit garçon & fut garce,
Qui n'était né que pour la farce.
Tous fes deffeins prennent un rat
Dans la moindre affaire d'état.
Singe du prélat de Sorbonne,
Ma foi tu nous la baille bonne.
Tu n'es à ce cardinal duc
Comparable qu'en aqueduc.
Illuftre en ta partie honteufe,

Ta seule braguette est fameuse.

. . . .

Va rendre compte au vatican
De tes meubles mis à l'encan ;
D'être cause que tout se perde,
De tes caleçons pleins de merde.

Ces saletés font vomir, & le reste est si exécrable qu'on n'ose le copier. Cet homme était digne du tems de la Fronde. Rien n'est peut-être plus extraordinaire que l'espèce de considération qu'il eut pendant sa vie, si ce n'est ce qui arriva dans sa maison après sa mort.

On commença par donner d'abord le nom de *poëme burlesque* au lutrin de *Boileau*; mais le sujet seul était burlesque ; le stile fut agréable & fin, quelquefois même héroïque.

Les Italiens avaient une autre sorte de burlesque qui était bien supérieur au nôtre, c'est celui de l'*Arétin*, de l'archevêque *La Caza*, du *Berni*, du *Mauro*, du *Dolce*. La décence y est souvent sacrifiée à la plaisanterie ; mais les mots deshonnêtes en sont communément bannis. Le *Capitolo del forno* de l'archevêque La Caza roule à la vérité sur un sujet qui fait enfermer à Bissêtre les abbés des *Fontaines*, & qui mène en Grève les *Déchaufours*. Cependant il n'y a pas un mot qui offense les oreilles chastes ; il faut deviner.

Trois ou quatre Anglais ont excellé dans ce genre. *Buthler* dans son *Hudibras*, qui est la guerre civile excitée par les puritains, tournée en ridicule ; le docteur *Garth* dans la *querelle des apoticaires & des médecins* ; Prior dans son *histoire de l'ame*, où il se moque fort plaisamment de son sujet ; *Philippe* dans sa piéce du *Brillant Sheling*.

Hudibras est autant au-dessus de *Scaron* qu'un homme de bonne compagnie est au-dessus d'un chansonnier des cabarets de la Courtille. Le héros d'*Hudibras* était un personnage très réel qui avait été capitaine dans les armées de *Fairfax* & de *Cromwell* ; il s'appellait le *chevalier Samuel Luke*. Voici le commencement de son poëme assez fidélement traduit.

 Quand les prophanes & les saints
  Dans l'Angleterre étaient aux prises,
  Qu'on se battait pour des églises,
 Aussi fort que pour des catins ;
 Lorsqu'anglicans & puritains
  Fesaient une si rude guerre,
  Et qu'au sortir du cabaret
  Les orateurs de Nazareth
 Allaient battre la caisse en chaire ;
 Que partout sans savoir pourquoi,
 Au nom du ciel, au nom du roi,
 Les gens-d'armes couvraient la terre ;
  Alors monsieur le chevalier,
  Longtems oisif ainsi qu'Achile,
  Tout rempli d'une sainte bile,

Suivi de son grand écuyer,
S'échapa de son poulaillier,
Avec son sabre & l'évangile,
Et s'avisa de guerroyer.

Sire Hudibras, cet homme rare,
Etait, dit-on, rempli d'honneur,
Avait de l'esprit & du cœur,
Mais il en était fort avare.
D'ailleurs par un talent nouveau,
Il était tout propre au barreau,
Ainsi qu'à la guerre cruelle ;
Grand sur les bancs, grand sur la selle ;
Dans les camps & dans un bureau ;
Semblable à ces rats amphibies,
Qui paraissant avoir deux vies,
Sont rats de campagne & rats d'eau.
Mais malgré sa grande éloquence,
Et son mérite & sa prudence,
Il passa chez quelques savans
Pour être un de ces instrumens,
Dont les fripons avec adresse
Savent user sans dire mot,
Et qu'ils tournent avec souplesse ;
Cet instrument s'appelle un *sot*.
Ce n'est pas qu'en théologie,
En logique, en astrologie,
Il ne fût un docteur subtil ;
En quatre il séparait un fil,

Disputant sans jamais se rendre,
Changeant de thèse tout-à-coup,
Toûjours prêt à parler beaucoup,
Quand il falait ne point s'étendre,
   D'Hudibras la religion
Etait tout comme sa raison,
Vuide de sens & fort profonde.
Le puritanisme divin,
La meilleure secte du monde,
Et qui certes n'a rien d'humain;
La vraye église militante,
Qui prêche un pistolet en main;
Pour mieux convertir son prochain,
A grands coups de sabre argumente;
Qui promet les célestes biens
Par le gibet & par la corde,
Et damne sans miséricorde
Les péchés des autres chrétiens,
Pour se mieux pardonner les siens;
Secte qui toûjours détruisante
Se détruit elle-même enfin :
Tel Samson de sa main puissante
Brisa le temple philistin,
Mais il périt par sa vengeance,
Et lui-même il s'ensevelit,
Ecrasé sous la chûte immense
De ce temple qu'il démolit.
   Au nez du chevalier antique

Deux grandes mouſtaches pendaient,
A qui les parques attachaient
Le deſtin de la république.
Il les garde ſoigneuſement,
Et ſi jamais on les arrache,
C'eſt la chûte du parlement ;
L'état entier en ce moment
Doit tomber avec ſa mouſtache.
Ainſi Taliacotius,
Grand Eſculape d'Etrurie,
Répara tous les nez perdus
Par une nouvelle induſtrie :
Il vous prenait adroitement
Un morceau du cu d'un pauvre homme,
L'appliquait au nez proprement ;
Enfin il arrivait qu'en ſomme,
Tout juſte à la mort du prêteur
Tombait le nez de l'emprunteur,
Et ſouvent dans la même bière,
Par juſtice & par bon accord,
On remettait au gré du mort
Le nez auprès de ſon derrière.

 Notre grand héros d'Albion,
Grimpé deſſus ſa haridelle,
Pour venger la religion,
Avait à l'arçon de ſa ſelle
Deux piſtolets & du jambon.
Mais il n'avait qu'un éperon.

C'était de tout tems sa manière ;
Sachant que si sa talonnière
Pique une moitié du cheval,
L'autre moitié de l'animal
Ne resterait point en arrière.
Voilà donc Hudibras parti ;
Que Dieu bénisse son voyage,
Ses argumens & son parti,
Sa barbe rousse & son courage.

Le poëme de *Garth* sur les médecins & les apoticaires, est moins dans le stile burlesque que dans celui du lutrin de *Boileau*; on y trouve beaucoup plus d'imagination, de variété, de naïveté &c. que dans le lutrin ; & ce qui est étonnant, c'est qu'une profonde érudition y est embellie par la finesse & par les graces : il commence à-peu-près ainsi.

Muse, raconte-moi les débats salutaires,
Des médecins de Londre & des apoticaires.
Contre le genre-humain si longtems réunis,
Quel Dieu pour nous sauver les rendit ennemis ?
Comment laissèrent-ils respirer leurs malades
Pour frapper à grands coups sur leurs chers camarades ?
Comment changèrent-ils leur coëffure en armet,
La seringue en canon, la pillule en boulet ?
Ils connurent la gloire ; acharnés l'un sur l'autre,
Ils prodiguaient leur vie & nous laissaient la nôtre.

Prior que nous avons vu plénipotentiaire

en France avant la paix d'Utrecht, se fit médiateur entre les philosophes qui disputent sur l'ame. Son poeme est dans le stile d'*Hudibras* qu'on appelle *Dogrel rimes*, c'est le *stilo Berniesco* des Italiens.

La grande question est d'abord de savoir si l'ame est toute en tout, ou si elle est logée derrière le nez & les deux yeux sans sortir de sa niche. Suivant ce dernier système, *Prior* la compare au pape qui reste toûjours à Rome, d'où il envoye ses nonces & ses espions pour savoir ce qui se passe dans la chrétienté.

Prior, après s'être moqué de plusieurs systèmes, propose le sien. Il remarque que l'animal a deux pieds nouveau né remue les pieds tant qu'il peut quand on a la bêtise de l'emmaillotter ; & il juge de-là que l'ame entre chez lui par les pieds ; que vers les quinze ans elle a monté au milieu du corps ; qu'elle va ensuite au cœur, puis à la tête, & qu'elle en sort à pieds joints quand l'animal finit sa vie.

A la fin de ce poëme singulier, rempli de vers ingénieux & d'idées aussi fines que plaisantes, on voit ce vers charmant de *Fontenelle*.

Il est des hochets pour tout âge.

Prior prie la fortune de lui donner des hochets pour sa vieillesse.

Give us play things for our old age.

Et il est bien certain que *Fontenelle* n'a pas

pris ce vers de *Prior*, ni *Prior* de *Fontenelle*. L'ouvrage de *Prior* est antérieur de vingt ans, & *Fontenelle* n'entendait pas l'anglais.

Le poëme est terminé par cette conclusion.

> Je n'aurai point la fantaisie
> D'imiter ce pauvre Caton
> Qui meurt dans notre tragédie
> Pour une page de Platon.
> Car, entre nous, Platon m'ennuie.
> La tristesse est une folie ;
> Etre gai c'est avoir raison.
> Ça qu'on m'ôte mon Cicéron,
> D'Aristote la rapsodie,
> De René la philosophie ;
> Et qu'on m'apporte mon flacon.

Distinguons bien dans tous ces poëmes le plaisant, le leger, le naturel, le familier, du grotesque, du boufon, du bas, & surtout du forcé. Ces nuances sont démèlées par les connaisseurs, qui seuls à la longue font le destin des ouvrages.

La Fontaine a bien voulu quelquefois descendre au stile burlesque.

> Autrefois Carpillon Fretin,
> Il eut beau faire, il eut beau dire,
> On le mit dans la poële à frire.

Il appelle les louvetaux, *messieurs les louvats*. Phèdre ne se sert jamais de ce stile dans ses fables ; mais aussi il n'a pas la grace & la naïve mollesse de *La Fontaine*, quoi qu'il ait plus de précision & de pureté.

BOULEVARD, ou BOULEVART.

Boulevard, fortification, rempart. Belgrade est le boulevard de l'empire Ottoman du côté de la Hongrie. Qui croirait que ce mot ne signifie dans son origine qu'un jeu de boule ? Le peuple de Paris jouait à la boule sur le gazon du rempart ; ce gazon s'appellait le *verd*, de même que le marché aux herbes. *On boulait sur' le verd*. De-là vient que les Anglais, dont la langue est une copie de la nôtre presque dans tous ses mots qui ne sont pas saxons, ont appellé leur jeu de boule *boulin-green*, le verd du jeu de boule. Nous avons repris d'eux ce que nous leur avions prêté. Nous avons appellé d'après eux *boulingrins*, sans savoir la force du mot, les parterres de gazon que nous avons introduits dans nos jardins.

J'ai entendu autrefois de bonnes bourgeoises qui s'allaient promener sur le *Bouleverd*, & non pas sur le *Boulevard*. On se moquait d'elles & on avait tort. Mais en tout genre l'usage l'emporte ; & tous ceux qui ont raison contre l'usage sont sifflés ou condamnés.

BOURGES.

Nos questions ne roulent guères sur la géographie ; mais qu'on nous permette de marquer en deux mots notre étonnement sur la ville de Bourges. Le Dictionnaire de Trevoux prétend que *c'est une des plus anciennes de l'Europe, qu'elle était le siége de l'empire des Gaules, & donnait des rois aux Celtes.*

Je ne veux combattre l'ancienneté d'aucune ville, ni d'aucune famille. Mais, y a-t-il jamais eu un empire des Gaules ? Les Celtes avaient ils des rois ? Cette fureur d'antiquité est une maladie dont on ne guérira pas si-tôt. Les Gaules, la Germanie, le Nord n'ont rien d'antique que le sol, les arbres & les animaux. Si vous voulez des antiquités, allez vers l'Asie ; & encor c'est fort peu de chose. Les hommes sont anciens & les monumens nouveaux ; c'est ce que nous avons en vue dans plus d'un article.

Si c'était un bien réel d'être né dans une enceinte de pierre ou de bois plus ancienne qu'une autre, il serait très raisonnable de faire remonter la fondation de sa ville au tems de la guerre des géans. Mais puisqu'il n'y a pas le moindre avantage dans cette vanité, il faut s'en détacher. C'est tout ce que j'avais à dire sur *Bourges.*

BOURREAU.

IL semble que ce mot n'aurait point dû souiller un dictionnaire des arts & des sciences ; cependant il tient à la jurisprudence & à l'histoire. Nos grands poëtes n'ont pas dédaigné de se servir fort souvent de ce mot dans les tragédies ; Clitemnestre dans *Iphigénie* dit à Agamemnon :

» Bourreau de votre fille, il ne vous reste enfin
» Que d'en faire à sa mère un horrible festin.

On employe gaiement ce mot en comédie : Mercure dit dans l'*Amphitrion* :

Comment ! bourreau, tu fais des cris ?

Le joueur dit :

Que je chante, bourreau.

Et les Romains se permettaient de dire :

Quorsum vadis, carnifex ?

Le Dictionnaire encyclopédique, au mot *Exécuteur*, détaille tous les privilèges du bourreau de Paris ; mais un auteur nouveau a été plus loin. Dans un roman d'éducation, qui n'est ni celui de *Xénophon*, ni celui de *Télémaque,*

Roman intitulé *Emile*, tom. IV. pages 177 & 178.

maque, il prétend que le monarque doit donner fans balancer la fille du bourreau en mariage à l'héritier préfomptif de la couronne, fi cette fille eft bien élevée, & fi elle a *beaucoup de convenance avec le jeune prince.* C'eft dommage qu'il n'ait pas ftipulé la dot qu'on devait donner à la fille ; & les honneurs qu'on devait rendre au père le jour des noces.

Par convenance on ne pouvait guère poufser plus loin la morale approfondie, les règles nouvelles de l'honnêteté publique, les beaux paradoxes, les maximes divines dont cet auteur a régalé notre fiécle. Il aurait été fans doute par convenance un des garçons... de la noce. Il aurait fait l'épithalame de la princeffe, & n'aurait pas manqué de célébrer les hautes œuvres de fon père. C'eft pour lors que la nouvelle mariée aurait donné des baifers acres ; car le même écrivain introduit dans un autre roman, intitulé *Héloïfe*, un jeune Suiffe qui a gagné dans Paris une de ces maladies qu'on ne nomme pas ; & qui dit à fa fuiffeffe, *garde tes baifers, ils font trop acres.*

On ne croira pas un jour que de tels ouvrages ayent eu une efpèce de vogue. Elle ne ferait pas honneur à notre fiécle fi elle avait duré. Les pères de famille ont conclu bientôt qu'il n'était pas honnête de marier leurs fils ainés à des filles de bourreau, quel-

Troifiéme partie. M

que *convenance* qu'on pût appercevoir entre le pourfuivant & la pourfuivie.

*Eſt modus in rebus ſunt certi denique fines
Quas ultra citraque nequit conſiſtere rectum.*

BRACMANES, BRAMES.

AMi lecteur, obſervez d'abord que le père *Thomaſſin*, l'un des plus ſavans hommes de notre Europe, dérive les bracmanes d'un mot juif *barac* par un C, ſuppoſé que les Juifs euſſent un C. Ce *barac* ſignifiait, dit-il, *s'enfuir*, & les bracmanes s'enfuiaient des villes ; ſuppoſé qu'alors il y eût des villes.

Ou, ſi vous l'aimez mieux, bracmanes vient de *barak* par un K, qui veut dire *bénir* ou bien *prier*. Mais pourquoi les Biſcayens n'auraient-ils pas nommé les brames du mot *bran* qui exprimait quelque choſe que je ne veux pas dire ? ils y avaient autant de droit que les Hébreux. Voilà une étrange érudition. En la rejettant entiérement on ſaurait moins, & on ſaurait mieux.

N'eſt-il pas vraiſemblable que les bracmanes ſont les premiers légiſlateurs de la terre, les premiers philoſophes, les premiers théologiens ?

Le peu de monumens qui nous restent de l'ancienne histoire, ne forment-ils pas une grande présomption en leur faveur, puisque les premiers philosophes Grecs allèrent apprendre chez eux les mathématiques, & que les curiosités les plus antiques recueillies par les empereurs de la Chine sont toutes indiennes, ainsi que les relations l'attestent dans la collection de *Du Halde*.

Nous parlerons ailleurs du *Shasta* ; c'est le premier livre de théologie des bracmanes, écrit environ quinze cent ans avant leur *Veidam*, & antérieur à tous les autres livres.

Leurs annales ne font mention d'aucune guerre entreprise par eux en aucun tems. Les mots d'*armes*, de *tuer*, de *mutiler* ne se trouvent ni dans les fragmens du *Shasta*, que nous avons, ni dans l'*Ezourveidam*, ni dans le *Cormoveidam*. Je puis du moins assurer que je ne les ai point vûs dans ces deux derniers recueils : & ce qu'il y a de plus singulier, c'est que le Shasta qui parle d'une conspiration dans le ciel, ne fait mention d'aucune guerre dans la grande presqu'isle enfermée entre l'Indus & le Gange.

Les Hébreux qui furent connus si tard, ne nomment jamais les bracmanes ; ils ne connurent l'Inde qu'après les conquêtes d'*Alexandre* ; & leurs établissemens dans l'Egypte, de laquelle ils avaient dit tant de mal. On ne trouve le nom de l'Inde que dans le livre d'*Esther*, & dans celui de *Job* qui n'était pas hébreu. (Voyez *Job*.) On voit un singulier contraste entre les livres sacrés des Hébreux & ceux des Indiens. Les livres Hébreux ne parlent que de tuer, de massacrer hommes & bêtes; on y égorge tout au nom du Seigneur; c'est tout un autre ordre de choses.

C'est incontestablement des bracmanes que nous tenons l'idée de la chûte des êtres célestes révoltés contre le souverain de la nature; & c'est-là probablement que les Grecs ont puisé la fable des titans. C'est aussi là que les Juifs prirent enfin l'idée de la révolte de *Lucifer* dans le premier siécle de notre ère.

Comment ces Indiens purent-ils supposer une révolte dans le ciel sans en avoir vu sur la terre? Un tel saut de la nature humaine à la nature divine ne se conçoit guères. On va d'ordinaire du connu à l'inconnu.

On n'imagine une guerre de géans qu'après avoir vu quelques hommes plus robustes que les autres tyranniser leurs semblables. Il falait ou que les premiers bracmanes eussent éprouvé des discordes violentes, ou qu'ils en eussent vu du moins chez leurs voisins pour en imaginer dans le ciel.

C'est toûjours un très étonnant phénomène qu'une société d'hommes qui n'a jamais fait la guerre, & qui a inventé une espèce de guerre faite dans les espaces imaginaires, ou dans un globe éloigné du nôtre, ou dans ce qu'on appelle le *firmament*, l'*empirée*. (Voyez *Ciel matériel*.) Mais il faut bien soigneusement remarquer que dans cette révolte des êtres célestes contre leur souverain, il n'y eut point de coups donnés, point de sang céleste répandu ; point de montagnes jettées à la tête, point d'anges coupés en deux ainsi que dans le poeme sublime & grotesque de *Milton*.

Ce n'est, selon le *Shasta*, qu'une désobéissance formelle aux ordres du Très-Haut, une cabale que Dieu punit en reléguant les anges rebelles dans un vaste lieu de ténèbres nommé *Ondéra* pendant le tems d'un mononthour entier. Un mononthour est de quatre cent vingt-six millions de nos années. Mais Dieu daigna pardonner aux coupables au bout de cinq mille ans, & leur ondéra ne fut qu'un purgatoire.

Il en fit des *Mhurd*, des hommes, & les plaça dans notre globe à condition qu'ils ne mangeraient point d'animaux, & qu'ils ne s'accoupleraient point avec les mâles de leur nouvelle espèce, sous peine de retourner à l'ondéra.

Ce sont là, les principaux articles de la foi des bracmanes, qui a duré sans interruption de tems immémorial jusqu'à nos jours : il nous parait étrange que ce fût parmi eux un péché aussi grave de manger un poulet que d'exercer la sodomie.

Ce n'est là qu'une petite partie de l'ancienne cosmogonie des bracmanes. Leurs rites, leurs pagodes prouvent que tout était allégorique chez eux ; ils représentent encore la vertu sous l'emblème d'une femme qui a dix bras & qui combat dix péchés mortels figurés par des monstres. Nos missionnaires n'ont pas manqué de prendre cette image de la vertu pour celle du diable, & d'assurer que le diable est adoré dans l'Inde. Nous n'avons jamais été chez ces peuples que pour nous y enrichir, & pour les calomnier.

DE LA MÉTEMPSICHOSE DES BRACMANES.

La doctrine de la métempsichose, vient d'une ancienne loi de se nourrir de lait de vaches ainsi que de légumes, de fruits & de ris. Il parut horrible aux bracmanes de tuer & de manger sa nourrice : on eut bientôt le même respect pour les chèvres, les brebis & pour tous les autres animaux ; ils les crurent animés par ces anges rebelles qui achevaient de se purifier de leurs fautes dans les corps des bêtes, ainsi que dans ceux des hommes. La nature du climat seconda cette loi, ou plutôt en fut l'origine : un atmosphère brûlant exige une nourriture rafraichissante,

& inspire de l'horreur pour notre coutume d'engloutir des cadavres dans nos entrailles.

L'opinion que les bêtes ont une ame fut générale dans tout l'Orient, & nous en trouvons des vestiges dans les anciens livres sacrés. DIEU, dans la Genèse, défend aux hommes de manger *leur chair avec leur sang & leur ame.* C'est ce que porte le texte hébreu : *Je vengerai,* dit-il, *le sang de vos ames de la griffe des bêtes & de la main des hommes.* Il dit dans le Lévitique, *l'ame de la chair est dans le sang.* Il fait plus ; il fait un pacte solemnel avec les hommes & avec tous les animaux, ce qui suppose dans les animaux une intelligence. Genèse chap IX. ℣. 4. ℣. 5. Lev. ch. XVII. ℣. 14. Genèse ch. IX. ℣. 10.

Dans des tems très postérieurs, l'Ecclésiaste dit formellement : DIEU *fait voir que l'homme est semblable aux bêtes : car les hommes meurent comme les bêtes, leur condition est égale, comme l'homme meurt, la bête meurt aussi. Les uns & les autres respirent de même : l'homme n'a rien de plus que la bête.* Ecclef. ch.XVIII. ℣. 19.

Jonas, quand il va prêcher à Ninive, fait jeûner les hommes & les bêtes.

Tous les auteurs anciens attribuent de la connaissance aux bêtes, les livres sacrés comme les prophanes ; & plusieurs les font parler. Il n'est donc pas étonnant que les bracmanes, & les pytagoriciens après eux, ayent cru que les ames passaient successivement dans les corps des bêtes & des hommes. En conséquence ils se persuadèrent, ou du moins ils dirent que les ames des anges délinquans, pour achever leur purgatoire, appartenaient tantôt à des bêtes, tantôt à des hommes : c'est une partie du roman du jésuite *Bougeant* qui imagina que les diables sont des esprits envoyés dans le corps des animaux. Ainsi de nos jours, au bord de l'Occident, un jésuite renouvelle sans le savoir un article de la foi des plus anciens prêtres Orientaux.

Des hommes & des femmes
Qui se brûlent chez les bracmanes.

Les brames, ou bramins d'aujourd'hui, qui sont les mêmes que les anciens bracmanes, ont conservé comme on sait, cette horrible coutume. D'où vient que chez un peuple qui ne répandit jamais le sang des hommes, ni celui des animaux, le plus bel acte de dévotion fut-il & est-il encor de se brûler publiquement? La superstition qui allie tous les contraires, est l'unique source de cet affreux sacrifice; coutume beaucoup plus ancienne que les loix d'aucun peuple connu.

Les brames prétendent que *Brama* leur grand prophète fils de DIEU, descendit parmi eux, & eut plusieurs femmes; qu'étant mort, celle de ses femmes qui l'aimait le plus se brûla sur son bucher pour le rejoindre dans le ciel. Cette femme fe brûla-t-elle en effet, comme on prétend que *Porcia* femme de *Brutus* avala des charbons ardens pour rejoindre fon mari ? ou eft-ce une fable inventée par les prêtres ? Y eut-il un *Brama* qui fe donna en effet pour un prophète & pour un fils de DIEU ? Il eft à croire qu'il y eut un *Brama*, comme dans la fuite on vit des *Zoroaftres*, des *Bacchus*. La fable s'empara de leur hiftoire ; ce qu'elle a toûjours continué de faire partout.

Dès que la femme du fils de DIEU fe brûle, il faut bien que les dames de moindre condition fe brûlent auffi. Mais comment retrouveront-elles leurs maris qui font devenus chevaux, éléphans, ou éperviers ? Comment démêler précifément la bête que le défunt anime, comment le reconnaître & être encor fa femme ? Cette difficulté n'embarraffe point des théologiens Indous ; ils trouvent aifément des diftinguo, des folutions, *in fenfu compofito*, *in fenfu divifo*. La métempfichofe n'eft que pour les perfonnes du commun, ils ont pour les autres ames une doctrine plus fublime. Ces ames étant celles des anges jadis rebelles vont fe purifiant, celles des femmes qui s'immolent font béatifiées & retrouvent leurs maris tout purifiés : enfin les prêtres ont raifon & les femmes fe brûlent.

186 BRACMANES, BRAMES.

Il y a plus de quatre mille ans que ce terrible fanatisme est établi chez un peuple doux, qui croirait faire un crime de tuer une cigale. Les prêtres ne peuvent forcer une veuve à se brûler; car la loi invariable est que ce dévouement soit absolument volontaire. L'honneur est d'abord déféré à la plus ancienne mariée des femmes du mort: c'est à elle de descendre au bucher; si elle ne s'en soucie pas, la seconde se présente; ainsi du reste. On prétend qu'il y en eut une fois dix-sept qui se brûlèrent à la fois sur le bucher d'un raya; mais ces sacrifices sont devenus assez rares: la foi s'affaiblit depuis que les mahométans gouvernent une grande partie du pays, & que les Européans négocient dans l'autre.

Cependant il n'y a guères de gouverneur de Madrafs & de Pondichéri qui n'ait vu quelque Indienne périr volontairement dans les flammes. Mr. *Holwell* rapporte qu'une jeune veuve de dix-neuf ans, d'une beauté singulière, mère de trois enfans, se brûla en présence de madame *Roussel* femme de l'amiral, qui était à la rade de Madrafs: elle résista aux prières, aux larmes de tous les assistans. Madame *Roussel* la conjura au nom de ses enfans de ne les pas laisser orphelins: l'Indienne lui répondit, DIEU *qui les a fait naître aura soin d'eux;* ensuite elle arrangea tous les préparatifs elle-même, mit de sa main le feu au bucher, & confomma fon facrifice avec la férénité d'une de nos réligieufes qui allume des cierges.

Mr. *Shernoc* négociant Anglais, voyant un jour une de ces étonnantes victimes, jeune & aimable qui defcendait dans le bucher, l'en arracha de force lorfqu'elle allait y mettre le feu ; &, fecondé de quelques Anglais, l'enleva & l'époufa. Le peuple regarda cette action comme le plus horrible facrilège.

Pourquoi les maris ne fe font-ils jamais brûlés pour aller retrouver leurs femmes ? pourquoi un fexe naturellement faible & timide a-t-il eu toûjours cette force frénétique ? eft-ce parce que la tradition ne dit point qu'un homme ait jamais époufé une fille de *Brama*, au-lieu qu'elle affure qu'une Indienne fut mariée avec le fils de ce Dieu ? eft-ce parce que les femmes font plus fuperftitieufes que les hommes ? eft-ce parce que leur imagination eft plus faible, plus tendre, plus faite pour être dominée ?

Les anciens bracmanes fe brûlaient quelquefois pour prévenir l'ennui & les maux de la vieilleffe, & furtout pour fe faire admirer. *Calan* ou *Calanus* ne fe ferait peut-être pas mis fur un bucher fans le plaifir d'être regardé par *Alexandre*. Le chrétien renégat *Pellegrinus* fe brûla en public par la même raison qu'un fou parmi nous s'habille quelquefois en arménien pour attirer les regards de la populace.

N'entre-t-il pas aussi un malheureux mélange de vanité dans cet épouvantable sacrifice des femmes Indiennes ? Peut-être, si on portait une loi de ne se brûler qu'en présence d'une seule femme de chambre, cette abominable coutume serait pour jamais détruite.

Ajoutons un mot ; une centaine d'Indiennes tout au plus, a donné ce terrible spectacle. Et nos inquisitions, nos fous atroces qui se sont dit juges, ont fait mourir dans les flammes plus de cent mille de nos frères, hommes, femmes, enfans, pour des choses que personne n'entendait. Plaignons & condamnons les brames : mais rentrons en nous-mêmes misérables que nous sommes.

Vraiment nous avons oublié une chose fort essentielle dans ce petit article des bracmanes ; c'est que leurs livres sacrés sont remplis de contradictions. Mais le peuple ne les connait pas. Et les docteurs ont des solutions prêtes, des sens figurés & figurans, des allégories, des types, des déclarations expresses de *Birma*, de *Brama* & de *Vitsnou*, qui fermeraient la bouche à tout raisonneur.

BULGARES, ou BOULGARES.

PUisqu'on a parlé des Bulgares dans le Dictionnaire encyclopédique, quelques lecteurs feront peut-etre bien aifes de favoir qui étaient ces étranges gens qui parurent fi méchans, qu'on les traita d'*hérétiques*, & dont enfuite on donna le nom en France aux non-conformiftes qui n'ont pas pour les dames toute l'attention qu'ils leur doivent ; de forte qu'aujourd'hui on appelle ces meſfieurs *Boulgares*, en retranchant L & l'*A*.

Les anciens Boulgares ne s'attendaient pas qu'un jour dans les halles de Paris, le peuple, dans la converfation familière, s'appellerait mutuellement *Boulgare*, en y ajoutant des épithètes qui enrichiſſent la langue.

Ces peuples étaient originairement des Huns qui s'étaient établis auprès du Volga ; & de *Volgares* on fit aifément *Boulgares*.

Sur la fin du feptiéme fiécle, ils firent des irruptions vers le Danube, ainfi que tous les peuples qui habitaient la Sarmatie ; & ils inondèrent l'empire Romain comme les autres. Ils paſſèrent par la Moldavie, la Valachie, où les Ruſſes leurs anciens compatriotes ont porté leurs armes victorieuſes en 1769 fous l'empire de *Catherine II*.

Ayant franchi le Danube, ils s'établirent dans une partie de la Dacie & de la Mœsie, & donnèrent leur nom à ces pays qu'on appelle encor *Bulgarie*. Leur domination s'étendait jusqu'au mont Hémus, & au Pont-Euxin.

L'empereur *Nicéphore* successeur d'*Irène*, du tems de *Charlemagne*, fut assez imprudent pour marcher contre eux après avoir été vaincu par les Sarrazins; il le fut aussi par les Bulgares. Leur roi nommé *Crom*, lui coupa la tête, & fit de son crâne une coupe dont il se servait dans ses repas, selon la coutume de ces peuples, & de presque de tous les hyperboréens.

On conte qu'au neuviéme siécle, un *Bogoris* qui fesait la guerre à la princesse *Théodora*, mère & tutrice de l'empereur *Michel*, fut si charmé de la noble réponse de cette impératrice à sa déclaration de guerre, qu'il se fit chrétien.

Les Boulgares qui n'étaient pas si complaisans, se révoltèrent contre lui ; mais *Bogoris* leur ayant montré une croix, ils se firent tous batiser sur le champ. C'est ainsi que s'en expliquent les auteurs Grecs du bas empire ; & c'est ainsi que le disent après eux nos compilateurs.

Et voilà justement comme on écrit l'histoire.
Théodora était, disent-ils, une princesse très religieuse, & qui même passa ses dernières an-

nées dans un couvent. Elle eut tant d'amour pour la religion catholique grecque, qu'elle fit mourir par divers supplices cent mille hommes qu'on accusait d'être manichéens. ,, C'é-
,, tait, dit le modeste continuateur d'*Echard*,
,, la plus impie, la plus détestable, la plus
,, dangereuse, la plus abominable de toutes
,, les hérésies. Les censures ecclésiastiques
,, étaient des armes trop faibles contre des
,, hommes qui ne reconnaissaient point l'é-
,, glise. ''

<small>Histoire rom. prétendue traduite de *Laurent Echard*, tom. II. pag. 242.</small>

On prétend que les Bulgares voyant qu'on tuait tous les manichéens, eurent dès ce moment du penchant pour leur religion, & la crurent la meilleure puisqu'elle était persécutée ; mais cela est bien fin pour des Bulgares.

Le grand shisme éclata dans ce tems-là plus que jamais entre l'église grecque sous le patriarche *Photius*, & l'église latine sous le pape *Nicolas I*. Les Bulgares prirent le parti de l'église grecque. Ce fut probablement dès-lors qu'on les traita en Occident d'*hérétiques* ; & qu'on y ajouta la belle épithète dont on les charge encor aujourd'hui.

L'empereur *Basile* leur envoya en 871 un prédicateur nommé *Pierre de Sicile* pour les préserver de l'hérésie du manichéisme, & on ajoute que dès qu'ils l'eurent écouté ils se firent manichéens. Il se peut très bien que ces Bulgares qui buvaient dans le crâne de leurs ennemis, ne fuſſent pas d'excellens théologiens, non plus que *Pierre de Sicile*.

Il eſt ſingulier que ces barbares qui ne ſavaient ni lire ni écrire, ayent été regardés comme des hérétiques très déliés, contre leſquels il était très dangereux de diſputer. Ils avaient certainement autre choſe à faire qu'à parler de controverſe, puiſqu'ils firent une guerre ſanglante aux empereurs de Conſtantinople pendant quatre ſiécles de ſuite, & qu'ils aſſiégèrent même la capitale de l'empire.

Au commencement du treiziéme ſiécle, l'empereur *Alexis* voulant ſe faire reconnaître par les Bulgares, leur roi *Joannic* lui répondit qu'il ne ſerait jamais ſon vaſſal. Le pape *Innocent III* ne manqua pas de ſaiſir cette occaſion pour s'attacher le royaume de Bulgarie. Il envoya au roi *Joannic* un légat pour le ſacrer roi, & prétendit lui avoir conféré le royaume qui ne devait plus relever que du St. Siége.

C'était le tems le plus violent des croiſades ; le Bulgare indigné fit alliance avec les Turcs, déclara la guerre au pape & à ſes croiſés, prit le prétendu empereur *Baudouin* priſonnier, lui fit couper les bras, les jambes & la tête ; & ſe fit une coupe de ſon crâne à

la

la manière de *Crom*. C'en était bien affez pour que les Boulgares fuffent en horreur à toute l'Europe, on n'avait pas befoin de les appeller *manichéens*, nom qu'on donnait alors à tous les hérétiques. Car manichéen, patarin & vaudois, c'était la même chofe. On prodiguait ces noms à quiconque ne voulait pas fe foumettre à l'églife romaine.

Le mot de *boulgare* tel qu'on le prononçait, fut une injure vague & indéterminée, appliquée à quiconque avait des mœurs barbares ou corrompues. C'eft pourquoi, fous *St. Louis*, frère *Robert*, grand inquifiteur, qui était un fcélérat, fut accufé juridiquement d'être un *boulgare* par les communes de Picardie.

Ce terme changea enfuite de fignification vers les frontières de France; il devint un terme d'amitié. Rien n'était plus commun en Flandre, il y a quarante ans, que de dire d'un jeune homme bien fait, c'eft un joli *boulgare*; un bon-homme était un bon *boulgare*.

Lorfque *Louis XIV* alla faire la conquête de la Flandre, les Flamans difaient en le voyant, *Notre gouverneur eft un bien plus boulgare en comparaifon de celui-ci*.

En voilà affez pour l'étymologie de ce beau nom.

BULLE.

CE mot désigne la boule ou le sceau d'or, d'argent, de cire ou de plomb, attaché à un instrument, ou charte quelconque. Le plomb pendant aux rescrits expédiés en cour romaine porte d'un côté les têtes de *St. Pierre* à droite, & de *St. Paul* à gauche. On lit au revers le nom du pape régnant, & l'an de son pontificat. La bulle est écrite sur parchemin. Dans la salutation le pape ne prend que le titre de *serviteur des serviteurs de* DIEU, suivant cette sainte parole de JESUS à ses disciples : *Celui qui voudra être le premier d'entre vous sera votre serviteur.*

Matthieu chap. xx. ℣. 27.

Des hérétiques prétendent que par cette formule humble en apparence, les papes expriment une espèce de système féodal, par lequel la chrétienté est soumise à un chef qui est DIEU, dont les grands vassaux, *St. Pierre* & *St. Paul*, sont représentés par le pontife leur serviteur ; & les arrière-vassaux sont tous les princes séculiers, soit empereurs, rois, ou ducs.

Ils se fondent, sans doute, sur la fameuse bulle *in Cœna Domini*, qu'un cardinal diacre lit publiquement à Rome chaque année, le jour de la cène, ou le jeudi saint, en présence du pape accompagné des autres cardinaux & des évèques. Après cette lecture, sa sainteté jette un flambeau allumé dans la place publique, pour marque d'anathême.

Cette bulle se trouve pag. 714 tom. I. du *Bullaire* imprimé à Lyon en 1673, & pag. 118 de l'édition de 1727. La plus ancienne est de 1536. *Paul III*, sans marquer l'origine de cette cérémonie, y dit que c'est une ancienne coutume des souverains pontifes de publier cette excommunication le jeudi saint, pour conserver la pureté de la religion chrétienne, & pour entretenir l'union des fidèles. Elle contient vingt-quatre paragraphes, dans lesquels ce pape excommunie:

1°. Les hérétiques, leurs fauteurs, & ceux qui lisent leurs livres.

2°. Les pirates, & surtout ceux qui osent aller en course sur les mers du souverain pontife.

3°. Ceux qui imposent dans leurs terres de nouveaux péages.

10°. Ceux qui, en quelque manière que ce puisse être, empèchent l'exécution des lettres apostoliques, soit qu'elles accordent des graces, ou qu'elles prononcent des peines.

11°. Les juges laïques qui jugent les ecclésiastiques, & les tirent à leur tribunal, soit que ce tribunal s'appelle *audience*, *chancellerie*, *conseil*, ou *parlement*.

12°. Tous ceux qui ont fait ou publié, feront, ou publieront des édits, réglemens, pragmatiques, par lesquels la libérté ecclésiastique, les droits du pape & ceux du St. Siége feront blessés, ou restraints en la moindre chose, tacitement ou expressément.

14°. Les chanceliers, conseillers ordinaires ou extraordinaires de quelque roi ou prince que ce puisse être, les présidens des chancelleries, conseils ou parlemens, comme aussi les procureurs-généraux, qui évoquent à eux les causes ecclésiastiques, ou qui empêchent l'exécution des lettres apostoliques, même quand ce serait sous prétexte d'empêcher quelque violence.

Par le même paragraphe le pape se réserve à lui seul d'absoudre les dits chanceliers, conseillers, procureurs-généraux & autres excommuniés, lesquels ne pouront être absous qu'après qu'ils auront publiquement révoqué leurs arrêts, & les auront arrachés des regiftres.

20°. Enfin le pape excommunie ceux qui auront la présomption de donner l'absolution aux excommuniés ci-dessus ; &, afin qu'on n'en puisse prétendre cause d'ignorance, il ordonne

21°. Que cette bulle sera publiée & affichée à la porte de la basilique du prince des apôtres, & à celle de St. Jean de Latran.

22°. Que tous patriarches, primats, archevêques & évêques, en vertu de la sainte obédience, ayent à publier solemnellement cette bulle, au moins une fois l'an.

24°. Il déclare que, si quelqu'un ose aller contre la disposition de cette bulle, il doit savoir qu'il va encourir l'indignation de DIEU tout-puissant, & celle des bienheureux apôtres *St. Pierre* & *St. Paul*.

Les autres bulles postérieures appellées aussi *in Cœna Domini*, ne sont qu'ampliatives. L'article 21, par exemple, de celle de *Pie V*, de l'année 1567, ajoute au paragraphe 3 de celle dont nous venons de parler, que tous les princes qui mettent dans leurs états de nouvelles impositions, de quelque nature qu'elles soient, ou qui augmentent les anciennes, à moins qu'ils n'en ayent obtenu l'approbation du St. Siége, sont excommuniés *ipso facto*.

La troisiéme bulle *in Cœna Domini* de 1610, contient trente paragraphes, dans lesquels *Paul V* renouvelle les dispositions des deux précédentes.

La quatriéme & dernière bulle *in Cœna Domini*, qu'on trouve dans le *Bullaire*, est du 1 Avril 1627. *Urbain VIII* y annonce qu'à l'exemple de ses prédécesseurs, pour maintenir inviolablement l'intégrité de la foi, la justice & la tranquillité publique, il se sert du glaive spirituel de la dicipline ecclésiastique pour excommunier en ce jour qui est l'anniversaire de la cene du Seigneur :

1°. Les hérétiques.

2°. Ceux qui appellent du pape au futur concile ; & le reste comme dans les trois premières.

On dit que celle qui se lit à présent est de plus fraiche date, & qu'on y a fait quelques additions.

L'*Histoire de Naples* par Giannone, fait voir quels désordres les ecclésiastiques ont causé dans ce royaume, & quelles vexations ils y ont exercées sur tous les sujets du roi, jusqu'à leur refuser l'absolution & les sacremens, pour tâcher d'y faire recevoir cette bulle, laquelle vient enfin d'y être proscrite solemnellement, ainsi que dans la Lombardie Autrichienne, dans les états de l'impératrice-reine, dans ceux du duc de Parme & ailleurs. *a*)

L'an 1580, le clergé de France avait pris le tems des vacances du parlement de Paris pour faire publier la même bulle *in Cœna Domini*. Mais le procureur-général s'y opposa, & la chambre des vacations, présidée par le

―――――

a) Le pape *Ganganelli* informé des résolutions de tous les princes catholiques, & voyant que les peuples à qui ses prédécesseurs avaient crevé les deux yeux commençaient à en ouvrir un, ne publia point cette fameuse bulle le jeudi de l'absoute l'an 1770.

célèbre & malheureux *Brisson*, rendit le
4 Octobre un arrêt qui enjoignait à tous les
gouverneurs de s'informer quels étaient les
archevêques, évêques, ou les grands-vicaires
qui avaient reçu ou cette bulle ou une copie
sous le titre: *Litteræ processûs*, & quel était
celui qui la leur avait envoyée pour la publier ; d'en empêcher la publication si elle
n'était pas encor faite ; d'en retirer les exem-
plaires, & de les envoyer à la chambre ; &
en cas qu'elle fût publiée, d'ajourner les archevêques, les évêques ou leurs grands-vicaires à comparaître devant la chambre, & à
répondre au requisitoire du procureur-général ; & cependant de saisir leur temporel, &
de le mettre sous la main du roi ; de faire défense d'empêcher l'exécution de cet arrêt sous
peine d'être puni comme ennemi de l'état &
criminel de lèze-majesté, avec ordre d'imprimer cet arrêt & d'ajouter foi aux copies
collationnées par des notaires comme à l'original même.

Le parlement ne fesait en cela qu'imiter
faiblement l'exemple de *Philippe le bel*. La
bulle *Ausculta Fili* du 5 Décembre 1301 lui fut
adressée par *Boniface VIII*, qui, après avoir
exhorté ce roi à l'écouter avec docilité, lui
disait : ,, DIEU nous a établi sur les rois &
,, les royaumes pour arracher, détruire, per-
,, dre, dissiper, édifier & planter en son nom

„ & par fa doctrine. Ne vous laiſſez donc pas
„ perſuader que vous n'ayez point de ſupé-
„ rieur, & que vous ne ſoyez pas ſoumis au
„ chef de la hiérarchie eccléſiaſtique. Qui pen-
„ ſe ainſi eſt inſenſé ; & qui le ſoutient opi-
„ niâtrément eſt un infidèle ſéparé du trou-
„ peau du bon paſteur. " Enſuite ce pape en-
trait dans le plus grand détail ſur le gouvernement de France, juſqu'à faire des reproches
au roi ſur le changement de la monnoie.

Philippe le bel fit brûler à Paris cette bulle,
& publier à ſon de trompe cette exécution
par toute la ville le dimanche 11 Février 1302.
Le pape, dans un concile qu'il tint à Rome la
même année, fit beaucoup de bruit, & éclata
en menaces contre *Philippe le bel*, mais ſans
venir à l'exécution. Seulement on regarde comme l'ouvrage de ce concile la fameuſe décretale
Unam ſanctam dont voici la ſubſtance.

„ Nous croyons & confeſſons une égliſe
„ ſainte, catholique & apoſtolique, hors la-
„ quelle il n'y a point de ſalut ; nous recon-
„ naiſſons auſſi qu'elle eſt unique, que c'eſt
„ un ſeul corps qui n'a qu'un chef & non
„ pas deux comme un monſtre. Ce ſeul chef
„ eſt JESUS-CHRIST & *St. Pierre* ſon vicaire
„ & le ſucceſſeur de *St. Pierre*. Soit donc les
„ Grecs, ſoit d'autres qui diſent qu'ils ne
„ ſont pas ſoumis à ce ſucceſſeur, il faut
„ qu'ils avouent qu'ils ne ſont pas des ouailles

„ de Jesus-Christ ; puis qu'il a dit lui-
„ même, (Jean, C. X. ℣. 16.) qu'*il n'y a
„ qu'un troupeau & un pasteur.*

„ Nous apprenons que dans cette église &
„ sous sa puissance sont deux glaives, le spi-
„ rituel & le temporel : mais l'un doit être
„ employé par l'église & par la main du pon-
„ tife, l'autre pour l'église & par la main
„ des rois & des guerriers, suivant l'ordre
„ ou la permission du pontife. Or il faut
„ qu'un glaive soit soumis à l'autre, c'est-à-
„ dire, la puissance temporelle à la spirituelle;
„ autrement elles ne seraient point ordon-
„ nées, & elles doivent l'être selon l'apôtre,
„ (Rom. C.XIII.℣.1.) Suivant le témoignage
„ de la vérité, la puissance spirituelle doit in-
„ stituer & juger la temporelle, & ainsi se vé-
„ rifie à l'égard de l'église la prophétie de
„ Jérémie : (C. I. ℣. 10.) *Je t'ai établi sur
„ les nations & les royaumes, & le reste.*

Philippe le bel de son côté assembla les états
généraux ; & les communes, dans la requête
qu'ils présentèrent à ce monarque, disaient en
propres termes : C'est grande abomination
d'ouïr que ce *Boniface* entende malement
comme Boulgare (en retranchant *l* & *a*) cette
parole d'esperitualité; (en St. Matthieu C. XVI.
℣. 19.) *Ce que tu lieras en terre sera lié au
ciel.* Comme si cela signifiait que s'il mettait
un homme en prison temporelle, Dieu pour
ce le mettrait en prison au ciel.

BULLES DE LA CROISADE ET DE LA COMPOSITION.

Si on difait à un Africain ou à un Afiatique fenfé que dans la partie de notre Europe où des hommes ont défendu à d'autres hommes de manger de la chair le famedi, le pape donne la permiffion d'en manger par une bulle, moiennant deux réales de plate, & qu'une autre bulle permet de garder l'argent qu'on a volé, que diraient cet Afiatique & cet Africain ? Ils conviendraient du moins que chaque pays a fes ufages ; & que dans ce monde, de quelque nom qu'on appelle les chofes, & quelque déguifement qu'on y apporte, tout fe fait pour de l'argent comptant.

Il y a deux bulles fous le nom de la *Cruzada*, la croifade, l'une du tems d'*Ifabelle* & de *Ferdinand*, l'autre de *Philippe V*. La première vend la permiffion de manger les famedis, ce qu'on appelle la *groffura*, les *iffues*, les *foies*, les *rognons*, les *animelles*, les *geziers*, les *ris de veau*, le *mou*, les *freffures*, les *fraizes*, les *têtes*, les *cous*, les *haut-d'ailes*, les *pieds*.

La feconde bulle accordée par le pape *Urbain VIII*, donne la permiffion de manger gras pendant tout le carême, & abfout de tout crime, excepté celui d'héréfie.

Non-seulement on vend ces bulles, mais il est ordonné de les acheter, & elles coûtent plus cher, comme de raison, au Pérou & au Mexique qu'en Espagne. On les y vend une piastre. Il est juste que les pays qui produisent l'or & l'argent payent plus que les autres.

Le prétexte de ces bulles est de faire la guerre aux Maures. Les esprits difficiles ne voyent pas quel est le rapport entre des fressures & une guerre contre les Africains ; & ils ajoutent que JESUS-CHRIST n'a jamais ordonné qu'on fît la guerre aux mahométans sous peine d'excommunication.

La bulle qui permet de garder le bien d'autrui est appellée la *bulle de la composition.* Elle est affermée & a rendu longtems des sommes honnêtes dans toute l'Espagne, dans le Milanais, en Sicile & à Naples. Les adjudicataires chargent les moines les plus éloquens de prêcher cette bulle. Les pécheurs qui ont volé le roi, ou l'état, ou les particuliers, vont trouver ces prédicateurs, se confessent à eux, leur exposent combien il serait triste de restituer le tout. Ils offrent cinq, six & quelquefois sept pour cent aux moines pour garder le reste en sûreté de conscience ; & la composition faite, ils reçoivent l'absolution.

Le frère prêcheur auteur du *Voyage d'Espagne & d'Italie*, imprimé à Paris avec privilège, chez Jean-Batiste de l'Epine, s'exprime ainsi sur cette bulle. *N'est-il pas bien gracieux d'en être quitte à un prix si raisonnable, sauf à en voler davantage quand on aura besoin d'une plus grosse somme ?*

Tome V. pag. 210.

BULLE UNIGENITUS.

La bulle *in Cœna Domini*, indigna tous les souverains catholiques qui l'ont enfin proscrite dans leurs états ; mais la bulle *Unigenitus* n'a troublé que la France. On attaquait dans la premiére les droits des princes & des magistrats de l'Europe ; ils les soutinrent. On ne proscrivait dans l'autre que quelques maximes de morale & de piété. Personne ne s'en soucia hors les parties intéressées dans cette affaire passagère ; mais bientôt ces parties intéressées remplirent la France entière. Ce fut d'abord une querelle des jésuites tout-puissans & des restes de Port-royal écrasé.

Le prêtre de l'oratoire *Quesnel*, réfugié en Hollande, avait dédié un commentaire sur le nouveau Testament, au cardinal de *Noailles*, alors évêque de Châlons-sur-Marne. Cet évêque l'approuva, & l'ouvrage eut le suffrage de tous ceux qui lisent ces sortes de livres.

Un nommé *le Tellier*, jésuite, confesseur de *Louis XIV*, ennemi du cardinal de *Noail-*

les, voulut le mortifier en fesant condamner à Rome ce livre qui lui était dédié, & dont il fesait un très grand cas.

Ce jésuite fils d'un procureur de Vire en basse Normandie, avait dans l'esprit toutes les ressources de la profession de son père. Ce n'était pas assez de commettre le cardinal de *Noailles* avec le pape, il voulut le faire disgracier par le roi son maître. Pour réussir dans ce dessein, il fit composer par ses émissaires des mandemens contre lui, qu'il fit signer par quatre évêques. Il minuta encor des lettres au roi qu'il leur fit signer.

Ces manœuvres, qui auraient été punies dans tous les tribunaux, réussirent à la cour; le roi s'aigrit contre le cardinal, Mad. de *Maintenon* l'abandonna.

Ce fut une suite d'intrigues dont tout le monde voulut se mêler d'un bout du royaume à l'autre; & plus la France était malheureuse alors dans une guerre funeste, plus les esprits s'échauffaient pour une querelle de théologie.

Pendant ces mouvemens, *le Tellier* fit demander à Rome par *Louis XIV* lui-même, la condamnation du livre de *Quesnel*, dont ce monarque n'avait jamais lu une page. *Le Tellier* & deux autres jésuites nommés *Doucin* & *l'Allemand*, extrairent cent trois propositions que le pape *Clément XI* devait condamner; la cour de Rome en retrancha deux pour avoir du moins l'honneur de paraître juger par elle-même.

Le cardinal *Fabroni* chargé de cette affaire, & livré aux jésuites, fit dresser la bulle par un cordelier nommé frère *Palerne*, *Elie* capucin, le barnabite *Terrovi*, le servite *Castelli*, & même un jésuite nommé *Alfaro*.

Le pape *Clément XI* les laissa faire ; il voulait seulement plaire au roi de France qu'il avait longtems indisposé en reconnaissant l'archiduc *Charles* depuis empereur, pour roi d'Espagne. Il ne lui en coûtait pour satisfaire le roi qu'un morceau de parchemin scellé en plomb, sur une affaire qu'il méprisait lui-même.

Clément XI ne se fit pas prier, il envoya la bulle, & fut tout étonné d'apprendre qu'elle était reçue presque dans toute la France avec des sifflets & des huées. *Comment donc*, disait-il au cardinal Carpegne, *on me demande instamment cette bulle, je la donne de bon cœur, tout le monde s'en moque!*

Tout le monde fut surpris en effet de voir un pape qui, au nom de JESUS-CHRIST, condamnait comme hérétique, sentant l'hérésie, mal-sonnante, & offensant les oreilles pieuses, cette proposition, *Il est bon de lire des livres de piété le dimanche, surtout la sainte Ecriture*. Et cette autre, *La crainte d'une excommunication injuste ne doit pas nous empêcher de faire notre devoir*.

Les partisans des jésuites étaient allarmés eux-mêmes de cette censure, mais ils n'osaient parler. Les hommes sages & désinteressés criaient au scandale, & le reste de la nation au ridicule.

Le Tellier n'en triompha pas moins jusqu'à la mort de *Louis XIV*; il était en horreur, mais il gouvernait. Il n'est rien que ce malheureux ne tentât pour faire déposer le cardinal de *Noailles*; mais ce boute-feu fut exilé après la mort de son pénitent. Le duc d'*Orléans*, dans sa régence, appaisa ces querelles en s'en moquant. Elles jettèrent depuis quelques étincelles, mais enfin elles sont oubliées & probablement pour jamais. C'est bien assez qu'elles ayent duré plus d'un demi-siécle. Heureux encor les hommes s'ils n'étaient divisés que pour des sotises qui ne font point verser le sang humain!

CALEBASSE.

CE fruit, gros comme nos citrouilles, croît en Amérique aux branches d'un arbre aussi haut que les plus grands chênes.

Ainsi *Matthieu Garo* * qui croit avoir eu tort en Europe de trouver mauvais que les

*Voyez la fable de Matthieu Garo dans *La Fontaine*.

citrouilles rampent à terre, & ne foient pas pendues au haut des arbres, aurait eu raifon au Mexique. Il aurait eu encor raifon dans l'Inde où les cocos font fort élevés. Cela prouve qu'il ne faut jamais fe hâter de conclure. DIEU *fait bien ce qu'il fait*; fans doute; mais il n'a pas mis les citrouilles à terre dans nos climats, de peur qu'en tombant de haut elles n'écrafent le nez de *Matthieu Garo*.

La calebaffe ne fervira ici qu'à faire voir qu'il faut fe défier de l'idée que tout a été fait pour l'homme. Il y a des gens qui prétendent que le gazon n'eft verd que pour réjouïr la vue. Les apparences pourtant feraient que l'herbe eft plutôt faite pour les animaux qui la broutent, que pour l'homme à qui le gramen & le trèfle font affez inutiles. Si la nature a produit les arbres en faveur de quelque efpèce, il eft difficile de dire à qui elle a donné la préférence : les feuilles, & même l'écorce, nourriffent une multitude prodigieufe d'infectes : les oifeaux mangent leurs fruits, habitent entre leurs branches, y compofent l'induftrieux artifice de leurs nids, & les troupeaux fe repofent fous leurs ombres.

L'auteur du *Spectacle de la nature* prétend que la mer n'a un flux & un reflux que pour faciliter le départ & l'entrée de nos vaisseaux. Il parait que *Matthieu Garo* raisonnait encor mieux : la Méditerranée sur laquelle on a tant de vaisseaux, & qui n'a de marée qu'en trois ou quatre endroits, détruit l'opinion de ce philosophe.

Jouissons de ce que nous avons, & ne croyons pas être la fin & le centre de tout. Voici sur cette maxime quatre petits vers d'un géomètre ; il les calcula un jour en ma présence : ils ne sont pas pompeux.

> Homme chétif, la vanité te point.
> Tu te fais centre : encor si c'était ligne !
> Mais dans l'espace à grand'peine es-tu *point*.
> Va, sois *zero* : ta sotise en est digne.

CARACTÈRE.

PEut-on changer de caractère ? Oui, si on change de corps. Il se peut qu'un homme né brouillon, inflexible & violent, étant tombé dans sa vieillesse en apoplexie, devienne un sot enfant pleureur, timide & paisible. Son corps n'est plus le même. Mais tant que ses nerfs, son sang, & sa moelle allongée seront dans le même état, son naturel ne changera pas plus que l'instinct d'un loup & d'une fouine.

Troisième partie. O

L'auteur Anglais du *dispensari*, petit poëme très supérieur aux *capitoli* italiens, & peut-être même au lutrin de *Boileau*, a très bien dit, ce me semble,

> Un mélange secret de feu, de terre & d'eau
> Fit le cœur de César, & celui de Nassau.
> D'un ressort inconnu, le pouvoir invincible
> Rendit Slone impudent & sa femme sensible.

Voulez-vous changer absolument le caractère d'un homme ; purgez-le tous les jours avec des délaians jusqu'à ce que vous l'ayez tué. *Charles XII*, dans sa fiévre de suppuration sur le chemin de Bender, n'était plus le même homme. On disposait de lui comme d'un enfant.

Si j'ai un nez de travers, & deux yeux de chat, je peux les cacher avec un masque. Puis-je davantage sur le caractère que m'a donné la nature ?

Un homme né violent, emporté, se présente devant *François I* roi de France, pour se plaindre d'un passe-droit ; le visage du prince, le maintien respectueux des courtisans, le lieu même où il est, font une impression puissante sur cet homme ; il baisse machinalement les yeux, sa voix rude s'adoucit, il présente humblement sa requête, on le croirait né aussi doux que le sont (dans ce moment au moins) les courtisans, au milieu desquels il est même déconcerté; mais si *François I* se connait en physionomies, il découvre aisément dans ses yeux baissés, mais allumés d'un feu sombre, dans les muscles tendus de son visage, dans ses lèvres serrées l'une contre l'autre, que cet homme n'est pas si doux qu'il est forcé de paraître. Cet homme le suit à Pavie, est pris avec lui, mené avec lui en prison à Madrid; la majesté de *François I* ne fait plus sur lui la même impression; il se familiarise avec l'objet de son respect. Un jour en tirant les bottes du roi, & les tirant mal, le roi aigri par son malheur se fâche, mon homme envoye promener le roi, & jette ses bottes par la fenêtre.

Sixte-Quint était né pétulant, opiniâtre, altier, impétueux, vindicatif, arrogant; ce caractère semble adouci dans les épreuves de son noviciat. Commence-t-il à jouïr de quelque crédit dans son ordre? il s'emporte contre un gardien & l'assomme à coups de poing : est-il inquisiteur à Venise? il exerce sa charge avec insolence: le voilà cardinal, il est possédé *da la rabbia papale*: cette rage l'emporte sur son naturel; il ensevelit dans l'obscurité sa personne & son caractère; il contrefait l'humble & le moribond; on l'élit pape; ce moment rend au ressort, que la politique avait plié, toute son élasticité longtems retenue ; il est le plus fier & le plus despotique des souverains.

Naturam expellas furca tamen ipsa redibit.

Chassez le naturel, il revient au galop.

La religion, la morale, mettent un frein à la force du naturel, elles ne peuvent le détruire. L'yvrogne dans un cloître, réduit à un demi-septier de cidre à chaque repas, ne s'enyvrera plus, mais il aimera toûjours le vin.

L'âge affaiblit le caractère ; c'est un arbre qui ne produit plus que quelques fruits dégénérés, mais ils sont toûjours de même nature ; il se couvre de nœuds & de mousse, il devient vermoulu ; mais il est toûjours chêne ou poirier. Si on pouvait changer son caractère, on s'en donnerait un, on serait le maître de la nature. Peut-on se donner quelque chose ? ne recevons-nous pas tout ? Essayez d'animer l'indolent d'une activité suivie, de glacer par l'apatie l'ame bouillante de l'impétueux, d'inspirer du goût pour la musique & pour la poësie à celui qui manque de goût & d'oreilles ; vous n'y parviendrez pas plus que si vous entrepreniez de donner la vuë à un aveugle né. Nous perfectionnons, nous adoucissons, nous cachons ce que la nature a mis dans nous, mais nous n'y mettons rien.

On dit à un cultivateur, Vous avez trop de poissons dans ce vivier, ils ne prospéreront pas ; voilà trop de bestiaux dans vos prés, l'herbe manque, ils maigriront. Il arrive après cette exhortation que les brochets mangent la moitié des carpes de mon homme, & les loups la moitié de ses moutons, le reste engraisse. S'applaudira-t-il de son œconomie ? Ce campagnard, c'est toi-même ; une de tes passions a dévoré les autres, & tu crois avoir triomphé de toi. Ne ressemblons-nous pas presque tous à ce vieux général de quatre-vingt-dix ans, qui ayant rencontré de jeunes officiers qui fesaient un peu de désordre avec des filles, leur dit tout en colère, Messieurs, est-ce là l'exemple que je vous donne ?

―――――――――

CARÊME.

Nos questions sur le carême ne regarderont que la police. Il paraît utile qu'il y ait un tems dans l'année où l'on égorge moins de bœufs, de veaux, d'agneaux, de volaille. On n'a point encor de jeunes poulets ni de pigeons en Février & en Mars, tems auquel le carême arrive. Il eſt bon de faire ceſſer le carnage quelques ſemaines dans les pays où les pâturages ne ſont pas auſſi gras que ceux de l'Angleterre & de la Hollande.

Les magiſtrats de la police ont très ſagegent ordonné que la viande fût un peu plus chère à Paris pendant ce tems, & que le profit en fût donné aux hôpitaux. C'eſt un tribut preſque inſenſible que payent alors le luxe & la gourmandiſe à l'indigence : car ce ſont les riches qui n'ont pas la force de faire carême ; les pauvres jeûnent toute l'année.

Il eſt très peu de cultivateurs qui mangent de la viande une fois par mois. S'il falait qu'ils en mangeaſſent tous les jours, il n'y en aurait pas aſſez pour le plus floriſſant royaume. Vingt millions de livres de viande par jour feraient ſept milliards trois cent millions de livres par année. Ce calcul eſt effrayant.

Le petit nombre de riches, financiers, prélats, principaux magiſtrats, grands ſeigneurs, grandes dames qui daignent faire ſervir du maigre *a*) à leurs tables, jeûnent pendant ſix ſemaines avec des ſoles, des ſau-

―――
a) Pourquoi donner le nom de *maigre* à des poiſſons plus gros que les poulardes ? & qui donnent de ſi terribles indigeſtions ?

mons, des vives, des turbots, des esturgeons.

Un de nos plus fameux financiers avait des couriers qui lui apportaient chaque jour pour cent écus de marée à Paris. Cette dépense fesait vivre les couriers, les maquignons qui avaient vendu les chevaux, les pêcheurs qui fournissaient le poisson, les fabricateurs de filets (qu'on nomme en quelques endroits les *filetiers*), les constructeurs de bateaux &c., les épiciers chez lesquels on prenait toutes les drogues rafinées qui donnent au poisson un goût supérieur à celui de la viande. *Lucullus* n'aurait pas fait carême plus voluptueusement.

Il faut encor remarquer que la marée en entrant dans Paris, paye à l'état un impôt considérable.

Le secrétaire des commandemens du riche, ses valets de chambre, les demoiselles de madame, le chef d'office &c. mangent la desserte du *Crésus*, & jeûnent aussi délicieusement que lui.

Il n'en est pas de même des pauvres. Non-seulement s'ils mangent pour quatre sous d'un mouton coriasse, ils commettent un grand péché; mais ils chercheront en vain ce misérable aliment. Que mangeront-ils donc? ils n'ont que leurs chataignes, leur pain de seigle; les fromages qu'ils ont pressurés du lait de leurs vaches, de leurs chèvres ou de leurs brebis; & quelque peu d'œufs de leurs poules.

Il y a des églises où l'on a pris l'habitude de leur défendre les œufs & le laitage. Que leur resterait-il à manger?. rien. Ils consentent à jeûner, mais ils ne consentent pas à mourir. Il est absolument nécessaire qu'ils vivent, quand ce ne serait que pour labourer les terres des gros bénéficiers & des moines.

On demande donc s'il n'appartient pas uniquement aux magistrats de la police du royaume, chargés de veiller à la santé des habitans, de leur donner la permission de manger les fromages que leurs mains ont paîtris, & les œufs que leurs poules ont pondus?

Il parait que le lait, les œufs, le fromage, tout ce qui peut nourrir le cultivateur, sont du ressort de la police, & non pas une cérémonie religieuse.

Nous ne voyons pas que JESUS-CHRIST ait défendu les omelettes à ses apôtres; au contraire, il leur a dit, *Mangez ce qu'on vous donnera.*

St. Luc chap. x. ⅴ. 8.

La sainte église a ordonné le carême; mais en qualité d'église elle ne commande qu'au cœur; elle ne peut infliger que des peines spirituelles; elle ne peut faire brûler aujourd'hui, comme autrefois, un pauvre homme qui n'ayant que du lard rance, aura mis un peu de ce lard sur une tranche de pain noir le lendemain du mardi gras.

Quelquefois dans les provinces, des curés s'emportant au-delà de leurs devoirs, & oubliant les droits de la magistrature, s'ingèrent d'aller chez les aubergistes, chez les traiteurs, voir s'ils n'ont pas quelques onces de viande dans leurs marmites, quelques vieilles poules à leur croc, ou quelques œufs dans une armoire lorsque les œufs sont défendus en carême. Alors ils intimident le pauvre peuple; ils vont jusqu'à la violence envers des malheureux qui ne savent pas que c'est à la seule magistrature qu'il appartient de faire la police. C'est une inquisition odieuse & punissable.

Il n'y a que les magistrats qui puissent être informés au juste des denrées plus ou moins abondantes qui peuvent nourrir le pauvre peuple des provinces. Le clergé a des occupations plus sublimes. Ne serait-ce donc pas aux magistrats qu'il appartiendrait de régler ce que le peuple peut manger en carême? Qui aura l'inspection sur le comestible d'un pays, sinon la police du pays?

CARTÉSIANISME.

ON a pu voir à l'article *Ariſtote* que ce philoſophe & ſes ſectateurs ſe ſont ſervis de mots qu'on n'entend point, pour ſignifier des choſes qu'on ne conçoit pas. *Entélechie, formes ſubſtantielles, eſpèces intentionnelles.*

Ces mots après tout ne ſignifiaient que l'exiſtence des choſes dont nous ignorons la nature & la fabrique. Ce qui fait qu'un roſier produit une roſe & non pas un abricot, ce qui détermine un chien à courir après un liévre, ce qui conſtitue les propriétés de chaque être a été appellé *forme ſubſtantielle* ; ce qui fait que nous penſons a été nommé *entélechie* ; ce qui nous donne la vue d'un objet a été nommé *eſpèce intentionnelle* ; nous n'en ſavons pas plus aujourd'hui ſur le fond des choſes. Les mots de *force*, d'*ame*, de *gravitation* même ne nous font nullement connaître le principe & la nature de la force, ni de l'ame, ni de la gravitation. Nous en connaiſſons les propriétés, & probablement nous nous en tiendrons là tant que nous ne ſerons que des hommes.

L'eſſentiel eſt de nous ſervir avec avantage des inſtrumens que la nature nous a donnés

CARTÉSIANISME. 219

fans pénétrer jamais dans la ftructure intime du principe de ces inftrumens. *Archimède* fe fervait admirablement du reffort, & ne favait pas ce que c'eft que le reffort.

La véritable phyfique confifte donc à bien déterminer tous les effets. Nous connaîtrons les caufes premières quand nous ferons des Dieux. Il nous eft donné de calculer, de pefer, de mefurer, d'obferver ; voilà la philofophie naturelle ; prefque tout le refte eft chimère.

Le malheur de *Defcartes* fut de n'avoir pas, dans fon voyage d'Italie, confulté *Galilée* qui calculait, pefait, mefurait, obfervait, qui avait inventé le compas de proportion, trouvé la pefanteur de l'atmofphère, découvert les fatellites de *Jupiter* & la rotation du foleil fur fon axe.

Ce qui eft furtout bien étrange, c'eft qu'il n'ait jamais cité *Galilée*, & qu'au contraire il ait cité le jéfuite *Skeiner* plagiaire & ennemi de *Galilée*, qui déféra ce grand-homme à l'inquifition, & qui par-là couvrit l'Italie d'opprobre, lorfque *Galilée* la couvrait de gloire. *Principes de Defcartes 3e. partie pag. 159.*

Les erreurs de *Defcartes* font :

1°. D'avoir imaginé trois élémens qui n'étaient nullement évidens, après avoir dit qu'il ne falait rien croire fans évidence.

2°. D'avoir dit qu'il y a toûjours également de mouvement dans la nature, ce qui est démontré faux.

3°. Que la lumière ne vient point du soleil & qu'elle est transmise à nos yeux en un instant, démontré faux par les expériences de *Roëmer*, de *Molineu* & de *Broadley*, & même par la simple expérience du prisme.

4°. D'avoir admis le plein, dans lequel il est démontré que tout mouvement serait impossible, & qu'un pied cube d'air peserait autant qu'un pied cube d'or.

5°. D'avoir supposé un tournoiement imaginaire dans de prétendus globules de lumière pour expliquer l'arc-en-ciel.

6°. D'avoir imaginé un prétendu tourbillon de matière subtile qui emporte la terre & la lune paralellement à l'équateur, & qui fait tomber les corps graves dans une ligne tendante au centre de la terre, tandis qu'il est démontré que dans l'hypothèse de ce tourbillon imaginaire tous les corps tomberaient suivant une ligne perpendiculaire à l'axe de la terre.

7°. D'avoir supposé que des comètes qui se meuvent d'orient en occident & du nord au sud, sont poussées par des tourbillons qui se meuvent d'occident en orient.

8°. D'avoir supposé que dans le mouvement de rotation les corps les plus denses allaient au centre, & les plus subtils à la circonférence, ce qui est contre toutes les loix de la nature.

9°. D'avoir voulu étaier ce roman par des suppositions encor plus chimériques que le roman même, d'avoir supposé contre toutes les loix de la nature que ces tourbillons ne se confondraient pas ensemble, & d'en avoir donné pour preuve cette figure qui n'est pas assurément une figure géométrique.

10°. D'avoir donné cette figure même pour la cause des marées & pour celle des propriétés de l'aimant.

11°. D'avoir supposé que la mer a un cours continu, qui la porte d'orient en occident.

12°. D'avoir imaginé que la matière de son premier élément mêlée avec celle du second, forme le mercure qui, par le moyen de ces deux élémens, est coulant comme l'eau & compact comme la terre.

13°. Que la terre est un soleil encrouté.

14°. Qu'il y a de grandes cavités sous toutes les montagnes qui reçoivent l'eau de la mer & qui forment les fontaines.

15°. Que les mines de sel viennent de la mer.

16°. Que les parties de son troisiéme élément composent des vapeurs qui forment des métaux & des diamans.

17°. Que le feu est produit par un combat du premier & du second élément.

18°. Que les pores de l'aimant sont remplis de la matière cannelée, enfilée par la matière subtile qui vient du pole boreal.

19°. Que la chaux vive ne s'enflamme

lorsqu'on y jette de l'eau, que parce que le premier élément chasse le second élément des pores de la chaux.

20°. Que les viandes digérées dans l'estomac passent par une infinité de trous dans une grande veine qui les porte au foie, ce qui est entiérement contraire à l'anatomie.

21°. Que le chile, dès qu'il est formé, acquiert dans le foie la forme du sang, ce qui n'est pas moins faux.

22°. Que le sang se dilate dans le cœur par un feu sans lumière.

23°. Que le pouls dépend de onze petites peaux qui ferment & ouvrent les entrées des quatre vaisseaux dans les deux concavités du cœur.

24°. Que quand le foie est pressé par ses nerfs, les plus subtiles parties du sang montent incontinent vers le cœur.

25°. Que l'ame réside dans la glande pinéale du cerveau. Mais comme il n'y a que deux petits filamens nerveux qui aboutissent à cette glande, & qu'on a disséqué des sujets dans qui elle manquait absolument, on la plaça depuis dans les corps cannelés, dans les *natès*, les *testes*, l'*infundibulum*, dans tout le cervelet. Ensuite *Lancisi*, & après lui *la Peyronie*, lui donnèrent pour habitation le corps calleux. L'auteur ingénieux & savant qui a donné dans l'Encyclopédie l'excellent paragraphe *Ame* marqué d'une étoile, dit avec raison qu'on ne sait plus où la mettre.

26°. Que le cœur se forme des parties de la semence qui se dilate, c'est assurément plus que les hommes n'en peuvent savoir ; il faudrait avoir vu la semence se dilater & le cœur se former.

27°. Enfin, sans aller plus loin, il suffira de remarquer que son système sur les bêtes n'étant fondé ni sur aucune raison physique, ni sur aucune raison morale, ni sur rien de vraisemblable, a été justement rejetté de tous ceux qui raisonnent & de tous ceux qui n'ont que du sentiment.

Il faut avouer qu'il n'y eut pas une seule nouveauté dans la physique de *Descartes* qui ne fût une erreur. Ce n'est pas qu'il n'eût beaucoup de génie ; au contraire, c'est parce qu'il ne consulta que ce génie, sans consulter l'expérience & les mathématiques ; il était un des plus grands géomètres de l'Europe, & il abandonna sa géométrie pour ne croire que son imagination. Il ne substitua donc qu'un chaos au chaos d'*Aristote*. Par-là il retarda de plus de cinquante ans les progrès de l'esprit humain. Ses erreurs étaient d'autant plus condamnables qu'il avait pour se conduire dans le labyrinthe de la physique, un fil qu'*Aristote* ne pouvait avoir, celui des expériences ; les découvertes de *Galilée*, de

Toricelli, de *Guéric* &c., & surtout sa propre géométrie.

On a remarqué que plusieurs universités condamnèrent dans sa philosophie les seules choses qui fussent vraies, & qu'elles adoptèrent enfin toutes celles qui étaient fausses. Il ne reste aujourd'hui de tous ces faux systèmes & de toutes les ridicules disputes qui en ont été la suite, qu'un souvenir confus qui s'éteint de jour en jour. L'ignorance préconise encor quelquefois *Descartes*, & même cette espèce d'amour-propre qu'on appelle *national* s'est efforcé de soutenir sa philosophie. Des gens qui n'avaient jamais lu ni *Descartes* ni *Newton*, ont prétendu que *Newton* lui avait l'obligation de toutes ses découvertes. Mais il est très certain qu'il n'y a pas dans tous les édifices imaginaires de *Descartes* une seule pierre sur laquelle *Newton* ait bâti. Il ne l'a jamais ni suivi ni expliqué, ni même réfuté; à peine le connaissait-il. Il voulut un jour en lire un volume, il mit en marge à sept ou huit pages *Error*, & ne le relut plus. Ce volume a été longtems entre les mains du neveu de *Newton*.

Le cartésianisme a été une mode en France; mais les expériences de *Newton* sur la lumière & ses principes mathématiques, ne peuvent pas plus être une mode que les démonstrations d'*Euclide*.

Il

Il faut être vrai ; il faut être juste ; le philosophe n'est ni Français ni Anglais, ni Florentin, il est de tout pays. Il ne ressemble pas à la duchesse de *Marlboroug* qui, dans une fiévre tierce, ne voulait pas prendre de quinquina parce qu'on l'appellait en Angleterre *la poudre des jésuites*.

Le philosophe, en rendant hommage au génie de *Descartes*, foule aux pieds les ruines de ses systèmes.

Le philosophe surtout dévoue à l'exécration publique & au mépris éternel les persécuteurs de *Descartes* qui osèrent l'accuser d'athéisme, lui qui avait épuisé toute la sagacité de son esprit à chercher de nouvelles preuves de l'existence de DIEU. Lisez le morceau de Mr. *Thomas* dans l'éloge de *Descartes*, où il peint d'une manière si énergique l'infâme théologien nommé *Voëtius* qui calomnia *Descartes*, comme depuis le fanatique *Jurieu* calomnia *Bayle* &c. &c. &c., comme *Patouillet* & *Nonotte* ont calomnié un philosophe, comme le vinaigrier *Chaumel* & *Fréron* ont calomnié l'Encyclopédie, comme on calomnie tous les jours. Car, Dieu merci, les fanatiques ne peuvent aujourd'hui que calomnier.

Troisième partie. P

DE CATON ET DU SUICIDE.

L'Ingénieux *La Mothe* s'eſt exprimé ainſi ſur *Caton* dans une de ſes odes plus philoſophiques que poëtiques :

> Caton d'une ame plus égale,
> Sous l'heureux vainqueur de Pharſale,
> Eût ſouffert que Rome pliât ;
> Mais incapable de ſe rendre,
> Il n'eut pas la force d'attendre
> Un pardon qui l'humiliât.

C'eſt, je crois, parce que l'ame de *Caton* fut toûjours égale, & qu'elle conſerva juſqu'au dernier moment le même amour pour les loix & pour la patrie, qu'il aima mieux périr avec elles que de ramper ſous un tyran ; il finit comme il avait vécu.

Incapable de ſe rendre ! Et à qui ? à l'ennemi de Rome, à celui qui avait volé de force le tréſor public pour faire la guerre à ſes concitoyens, & les aſſervir avec leur argent même ?

Un pardon ! il ſemble que *La Mothe Houdart* parle d'un ſujet révolté qui pouvait obtenir ſa grace de ſa majeſté avec des lettres en chancellerie.

Malgré sa grandeur usurpée,
Le fameux vainqueur de Pompée
Ne put triompher de Caton.
C'est à ce juge inébranlable
Que César, cet heureux coupable,
Aurait dû demander pardon.

Il paraît qu'il y a quelque ridicule à dire que *Caton* se tua par *faiblesse*. Il faut une ame forte pour surmonter ainsi l'instinct le plus puissant de la nature. Cette force est quelquefois celle d'un frénétique ; mais un frénétique n'est pas faible.

Le suicide est défendu chez nous par le droit canon. Mais les décretales qui font la jurisprudence d'une partie de l'Europe, furent inconnues à *Caton*, à *Brutus*, à *Cassius*, à la sublime *Arria*, à l'empereur *Othon*, à *Marc-Antoine* & à cent héros de la véritable Rome, qui préférèrent une mort volontaire à une vie qu'ils croyaient ignominieuse.

Nous nous tuons aussi nous autres ; mais c'est quand nous avons perdu notre argent, ou dans l'excès très rare d'une folle passion, pour un objet qui n'en vaut pas la peine. J'ai connu des femmes qui se sont tuées pour les plus sots hommes du monde. On se tue aussi quelquefois parce qu'on est malade ; & c'est en cela qu'il y a de la faiblesse.

Le dégoût de son existence, l'ennui de soi-même, est encor une maladie qui cause des suicides. Le remède serait un peu d'exercice, de la musique, la chasse, la comédie, une femme aimable. Tel homme qui dans un accès de mélancolie se tue aujourd'hui, aimerait à vivre s'il attendait huit jours.

J'ai presque vu de mes yeux un suicide qui mérite l'attention de tous les physiciens. Un homme d'une profession sérieuse, d'un âge mûr, d'une conduite régulière, n'ayant point de passions, étant au-dessus de l'indigence, s'est tué le 17 Octobre 1769, & a laissé au conseil de la ville où il était né l'apologie par écrit de sa mort volontaire, laquelle on n'a pas jugé à propos de publier, de peur d'encourager les hommes à quitter une vie dont on dit tant de mal. Jusques-là il n'y a rien de bien extraordinaire ; on voit partout de tels exemples. Voici l'étonnant.

Son frère & son père s'étaient tués, chacun au même âge que lui. Quelle disposition secrète d'organes, quelle simpathie, quel concours de loix physiques fait périr le père & les deux enfans de leur propre main & du même genre de mort, précisément quand ils ont atteint la même année ? Est-ce une maladie qui se développe à la longue dans une famille, comme on voit souvent les pères & les enfans mourir de la petite vérole, de la pulmonie ou d'un autre mal? Trois, quatre générations font devenues fourdes, aveugles ou goutteufes, ou fcorbutiques dans un tems préfix.

Le phyſique, ce père du moral, tranfmet le même caractère de père en fils pendant des fiécles. Les *Appius* furent toûjours fiers & inflexibles ; les *Catons* toûjours févères. Toute la ligne des *Guifes* fut audacieufe, téméraire, factieufe, paîtrie du plus infolent orgueil & de la politeffe la plus féduifante. Depuis *François de Guife* jufqu'à celui qui feul & fans être attendu alla fe mettre à la tête du peuple de Naples, tous furent d'une figure, d'un courage & d'un tour d'efprit au-deffus du commun des hommes. J'ai vu les portraits en pied de *François de Guife*, du *Balafré* & de fon fils ; leur taille eft de fix pieds ; mêmes traits, même courage, même audace fur le front, dans les yeux & dans l'attitude.

Cette continuité, cette férie d'êtres femblables eft bien plus remarquable encor dans les animaux ; & fi l'on avait la même attention à perpétuer les belles races d'hommes que plufieurs nations ont encore à ne pas mêler celles de leurs chevaux & de leurs chiens de chaffe, les généalogies feraient écrites fur les vifages, & fe manifefteraient

P iij

dans les mœurs. Il y a eu des races de bossus, de six-digitaires, comme nous en voyons de rousseaux, de lippus, de longs nez & de nez plats.

Mais que la nature dispose tellement les organes de toute une race, qu'à un certain âge tous ceux de cette famille auront la passion de se tuer, c'est un problême que toute la sagacité des anatomistes les plus attentifs ne peut résoudre. L'effet est certainement tout physique; mais c'est de la physique occulte. Eh quel est le secret principe qui ne soit pas occulte?

On ne nous dit point, & il n'est pas vraisemblable que du tems de *Jules-César* & des empereurs, les habitans de la Grande-Bretagne se tuassent aussi délibérément qu'ils le font aujourd'hui quand ils ont des vapeurs qu'ils appellent le *spleen*, & que nous prononçons le *spline*.

Au contraire, les Romains qui n'avaient point le spline, ne fesaient aucune difficulté de se donner la mort. C'est qu'ils raisonnaient; ils étaient philosophes, & les sauvages de l'isle *Britain* ne l'étaient pas. Aujourd'hui les citoyens Anglais sont philosophes, & les citoyens Romains ne sont rien. Aussi les Anglais quittent la vie fiérement quand il leur en prend fantaisie. Mais il faut à un citoyen Romain une *indulgentia in articulo mortis*; ils ne savent ni vivre ni mourir.

De Caton et du suicide. 231

Le chevalier *Temple* dit, qu'il faut partir quand il n'y a plus d'espérance de rester agréablement. C'est ainsi que mourut *Atticus*.

Les jeunes filles qui se noyent & qui se pendent par amour, ont donc tort ; elles devraient écouter l'espérance du changement qui est aussi commun en amour qu'en affaires.

Un moyen presque sûr de ne pas céder à l'envie de vous tuer, c'est d'avoir toûjours quelque chose à faire. *Creech*, le commentateur de Lucrèce, mit sur son manuscrit, NB. *Qu'il faudra que je me pende quand j'aurai fini mon commentaire.* Il se tint parole pour avoir le plaisir de finir comme son auteur. S'il avait entrepris un commentaire sur *Ovide*, il aurait vécu plus longtems.

Pourquoi avons-nous moins de suicides dans les campagnes que dans les villes ? C'est que dans les champs il n'y a que le corps qui souffre ; à la ville c'est l'esprit. Le laboureur n'a pas le tems d'être mélancolique. Ce sont les oisifs qui se tuent ; ce sont ces gens si heureux aux yeux du peuple.

Je résumerai ici quelques suicides arrivés de mon tems, & dont quelques-uns ont déja été publiés dans d'autres volumes. Les morts peuvent être utiles aux vivans.

Précis de quelques suicides singuliers.

Philippe Mordant, cousin germain de ce fameux comte de *Peterboroug*, si connu dans toutes les cours de l'Europe, & qui se vantait d'être l'homme de l'univers qui a vu le plus de postillons & le plus de rois; *Philippe Mordant*, dis-je, était un jeune homme de vingt-sept ans, beau, bien fait, riche, né d'un sang illustre, pouvant prétendre à tout; & ce qui vaut encor mieux, passionnément aimé de sa maîtresse. Il prit à ce *Mordant* un dégoût de la vie; il paya ses dettes, écrivit à ses amis pour leur dire adieu, & même fit des vers dont voici les derniers traits en français:

> L'opium peut aider le sage;
> Mais, selon mon opinion,
> Il lui faut au-lieu d'opion
> Un pistolet & du courage.

Il se conduisit selon ses principes, & se dépêcha d'un coup de pistolet, sans en avoir donné d'autre raison, sinon que son ame était lasse de son corps, & que quand on est mécontent de sa maison, il faut en sortir. Il semblait qu'il eût voulu mourir, parce qu'il était dégoûté de son bonheur.

Richard Smith en 1726 donna un étrange spectacle au monde pour une cause fort différente. *Richard Smith* était dégoûté d'être réellement malheureux: il avait été riche, & il était pauvre; il avait eu de la santé, & il était infirme. Il avait une femme à laquelle il ne pouvait faire partager que sa misere : un enfant au berceau était le seul bien qui lui restât. *Richard Smith* & *Bridget Smith*, d'un commun consentement, après s'être tendrement embrassés, & avoir donné le dernier baiser à leur enfant, ont commencé par tuer cette pauvre créature, & ensuite se sont pendus aux colomnes de leur lit. Je ne connais nulle part aucune horreur de sang-froid qui soit de cette force; mais la lettre que ces infortunés ont écrite à Mr. *Brindley* leur cousin, avant leur mort, est aussi singulière que leur mort même. ,, Nous croyons, ,, disent-ils, que Dieu nous pardonnera, &c. ,, Nous avons quitté la vie, parce que nous ,, étions malheureux sans ressource ; & nous ,, avons rendu à notre fils unique le service ,, de le tuer, de peur qu'il ne devînt aussi mal- ,, heureux que nous, &c." Il est à remarquer, que ces gens, après avoir tué leur fils par tendresse paternelle, ont écrit à un ami pour leur recommander leur chat & leur chien. Ils ont crû, apparemment, qu'il était plus aisé de faire le bonheur d'un chat & d'un chien dans le monde, que celui d'un enfant, & ils ne voulaient pas être à charge à leur ami.

Mylord *Scarbourou* en 1727 a quitté la vie depuis peu avec le même sang-froid qu'il avait quitté sa place de grand-écuyer. On lui reprochait dans la chambre des pairs, qu'il prenait le parti du roi, parce qu'il avait

une belle charge à la cour. „ Messieurs, dit-
„ il, pour vous prouver que mon opinion ne
„ dépend pas de ma place, je m'en démets
„ dans l'instant. " Il se trouva depuis embarrassé entre une maîtresse qu'il aimait, mais à
qui il n'avait rien promis, & une femme qu'il
estimait, mais à qui il avait fait une promesse de
mariage. Il se tua pour se tirer d'embarras.

Toutes ces histoires tragiques, dont les
gazettes anglaises fourmillent, ont fait penser à l'Europe qu'on se tue plus volontiers
en Angleterre qu'ailleurs. Je ne sais pourtant, si à Paris il n'y a pas autant de fous
ou de héros qu'à Londres ; peut-être que
si nos gazettes tenaient un régistre exact de
ceux qui ont eu la démence de vouloir se tuer,
& le triste courage de le faire, nous pourions
sur ce point avoir le malheur de tenir tête aux
Anglais. Mais nos gazettes sont plus discrè-
tes : les avantures des particuliers ne sont jamais exposées à la médisance publique dans
ces journaux avoués par le gouvernement.

Tout ce que j'ose dire avec assurance, c'est
qu'il ne sera jamais à craindre, que cette folie de se tuer devienne une maladie épidé-
mique : la nature y a trop bien pourvu ; l'espérance, la crainte, sont les ressorts puissans
dont elle se sert pour arrêter très souvent la
main du malheureux prêt à se frapper.

On entendit un jour le cardinal *Dubois*

se dire à lui-même, Tue-toi donc ! tu n'oserais.

On dit qu'il y a eu des pays où un conseil était établi pour permettre aux citoyens de se tuer, quand ils en avaient des raisons valables. Je réponds, ou que cela n'est pas, ou que ces magistrats n'avaient pas une grande occupation.

Ce qui pourait nous étonner, & ce qui mérite, je crois, un sérieux examen, c'est que les anciens héros Romains se tuaient presque tous, quand ils avaient perdu une bataille dans les guerres civiles : & je ne vois point que ni du tems de la Ligue, ni de celui de la Fronde, ni dans les troubles d'Italie, ni dans ceux d'Angleterre, aucun chef ait pris le parti de mourir de sa propre main. Il est vrai que ces chefs étaient chrétiens, & qu'il y a bien de la différence entre les principes d'un guerrier chrétien & ceux d'un héros payen ; cependant pourquoi ces hommes, que le christianisme retenait quand ils voulaient se procurer la mort, n'ont-ils été retenus par rien, quand ils ont voulu empoisonner, assassiner, ou faire mourir leurs ennemis vaincus sur des échafauts, &c. ? La religion chrétienne ne défend-elle pas ces homicides-là, encor plus que l'homicide de soi-même, dont le nouveau Testament n'a jamais parlé ?

Les apôtres du suicide nous disent, qu'il est très permis de quitter sa maison quand on en est las. D'accord; mais la plûpart des hommes aiment mieux coucher dans une vilaine maison que de dormir à la belle étoile.

Je reçus un jour d'un Anglais une lettre circulaire, par laquelle il proposait un prix à celui qui prouverait le mieux qu'il faut se tuer dans l'occasion. Je ne lui répondis point: je n'avais rien à lui prouver: il n'avait qu'à examiner, s'il aimait mieux la mort que la vie.

Un autre Anglais nommé Mr. *Bacon Moris* vint me trouver à Paris en 1724; il était malade, & me promit qu'il se tuerait s'il n'était pas guéri au 20 Juillet. En conséquence il me donna son épitaphe conçue en ces mots: *Qui mare & terrâ pacem quæsivit, hic invenit.* Il me chargea aussi de vingt-cinq louis d'or pour lui dresser un petit monument au bout du fauxbourg St. Martin. Je lui rendis son argent le 20 Juillet, & je gardai son épitaphe.

De mon tems, le dernier prince de la maison de *Courtenai*, très vieux, & le dernier prince de la branche de *Lorraine-Harcourt*, très jeune, se sont donné la mort sans qu'on en ait presque parlé. Ces avantures font un fracas terrible le premier jour, & quand les biens du mort sont partagés on n'en parle plus.

De Caton et du suicide. 237

Voici le plus fort de tous les suicides. Il vient de s'exécuter à Lyon au mois de Juin 1770.

Un jeune homme très connu, beau, bien fait, aimable, plein de talens, est amoureux d'une jeune fille, que les parens ne veulent point lui donner. Jusqu'ici ce n'est que la première scène d'une comédie, mais l'étonnante tragédie va suivre.

L'amant se rompt une veine par un effort. Les chirurgiens lui disent qu'il n'y a point de remède ; sa maîtresse lui donne un rendez-vous avec deux pistolets & deux poignards, afin que si les pistolets manquent leur coup les deux poignards servent à leur percer le cœur en même tems. Ils s'embrassent pour la dernière fois ; les détentes des pistolets étaient attachées à des rubans couleur de rose ; l'amant tient le ruban du pistolet de sa maîtresse, elle tient le ruban du pistolet de son amant. Tout deux tirent à un signal donné, tout deux tombent au même instant.

La ville entière de Lyon en est témoin. *Arrie* & *Petus*, vous en aviez donné l'exemple ; mais vous étiez condamnés par un tyran ; & l'amour seul a immolé ces deux victimes. On leur a fait cette épitaphe :

> A votre sang mêlons nos pleurs :
> Attendrissons-nous d'âge en âge
> Sur vos amours & vos malheurs,
> Mais admirons votre courage.

Des loix contre le suicide.

Y a-t-il une loi civile ou religieuse qui ait prononcé défense de se tuer sous peine d'être pendu après sa mort, ou sous peine d'être damné ?

Il est vrai que Virgile a dit :

Proxima deinde tenent mœsti loca, qui sibi lethum
Insontes peperere manu, lucemque perosi
Projecere animas ; quam vellent æthere in alto
Nunc & pauperiem & duros perferre labores !
Fata obstant, tristique Palus innabilis unda
Adligat, & novies Styx interfusa coërcet.

Virg. Æneïd. Lib. VI. v. 434. & seqq.

Là sont ces insensés, qui d'un bras téméraire,
Ont cherché dans la mort un secours volontaire;
Qui n'ont pû supporter, faibles & furieux,
Le fardeau de la vie imposé par les Dieux.
Hélas ! ils voudraient tous se rendre à la lumière,
Recommencer cent fois leur pénible carrière :
Ils regrettent la vie, ils pleurent ; & le sort,
Le sort, pour les punir, les retient dans la mort ;
L'abîme du Cocyte & l'Acheron terrible,
Met entr'eux & la vie un obstacle invincible.

Telle était la religion de quelques payens ; & malgré l'ennui qu'on allait chercher dans l'autre monde, c'était un honneur de quitter celui-ci & de se tuer ; tant les mœurs des hommes sont contradictoires. Parmi nous le duel n'eſt-il pas encor malheureuſement honorable, quoique défendu par la raiſon, par la religion & par toutes les loix ? Si *Caton* & *Céſar*, *Antoine* & *Auguſte* ne ſe ſont pas battus en duel, ce n'eſt pas qu'ils ne fuſſent auſſi braves que nos Français. Si le duc de *Montmorency*, le maréchal de *Marillac*, de *Thou*, *Cinq-Mars* & tant d'autres, ont mieux aimé être traînés au dernier ſupplice dans une charrette, comme des voleurs de grand chemin, que de ſe tuer comme *Caton* & *Brutus* ; ce n'eſt pas qu'ils n'euſſent autant de courage que ces Romains, & qu'ils n'euſſent autant de ce qu'on appelle *honneur*. La véritable raiſon c'eſt, que la mode n'était pas alors à Paris de ſe tuer en pareil cas, & cette mode était établie à Rome.

Les femmes de la côte de Malabar ſe jettent toutes vives ſur le bucher de leurs maris : ont-elles plus de courage que *Cornélie ?* Non ; mais la coutume eſt dans ce pays-là, que les femmes ſe brûlent.

Coutume, opinion, reines de notre ſort,
Vous réglez des mortels & la vie & la mort.

Au Japon, la coutume eſt que quand un homme d'honneur a été outragé par un homme d'honneur, il s'ouvre le ventre en préſence de ſon ennemi, & lui dit, Fais-en autant ſi tu as du cœur. L'agreſſeur eſt deshonoré à jamais s'il ne se plonge pas incontinent un grand couteau dans le ventre.

La seule religion dans laquelle le suicide soit défendu par une loi claire & positive, est le mahométisme. Il est dit dans le sura IV, *Ne vous tuez pas vous-même, car* Dieu *est miséricordieux envers vous; & quiconque se tue par malice & méchamment, sera certainement rôti au feu d'enfer.*

Nous traduisons mot-à-mot. Le texte semble n'avoir pas le sens commun, ce qui n'est pas rare dans les textes. Que veut dire, *ne vous tuez point vous-même, car* Dieu *est miséricordieux?* Peut-être faut-il entendre, ne succombez pas à vos malheurs que Dieu peut adoucir; ne soyez pas assez fou pour vous donner la mort aujourd'hui, pouvant être heureux demain.

Et quiconque se tue par malice & méchamment? Cela est plus difficile à expliquer. Il n'est peut-être jamais arrivé dans l'antiquité qu'à la *Phèdre* d'Euripide, de se pendre exprès pour faire accroire à *Thésée* qu'*Hippolite* l'avait violée. De nos jours, un homme s'est tiré un coup de pistolet dans la tête, ayant tout arrangé pour faire jetter le soupçon sur un autre.

Dans la comédie de *George Dandin*, la coquine de femme qu'il a épousée, le menace de se tuer pour le faire pendre. Ces cas sont rares. Si *Mahomet* les a prévus, on peut dire qu'il voyait de loin.

DE CATON ET DU SUICIDE.

Le fameux *Duverger de Hauranne* abbé de St. Cyran, regardé comme le fondateur de Port-royal, écrivit vers l'an 1608 un traité sur le suicide *a*), qui est devenu un des livres les plus rares de l'Europe.

„ Le Décalogue, dit-il, ordonne de ne
„ point tuer. L'homicide de soi-même ne
„ semble pas moins compris dans ce précepte
„ que le meurtre du prochain. Or s'il est des
„ cas où il est permis de tuer son prochain,
„ il est aussi des cas où il est permis de se
„ tuer soi-même.

„ On ne doit attenter sur sa vie qu'a-
„ près avoir consulté la raison. L'autorité
„ publique qui tient la place de DIEU peut
„ disposer de notre vie. La raison de l'hom-
„ me peut aussi tenir lieu de la raison de
„ DIEU, c'est un rayon de la lumière éter-
„ nelle. "

St. Cyran étend beaucoup cet argument, qu'on peut prendre pour un pur sophisme. Mais quand il vient à l'explication & aux détails, il est plus difficile de lui répondre. „ On
„ peut, dit-il, se tuer pour le bien de son
„ prince, pour celui de sa patrie, pour ce-
„ lui de ses parens. "

---

a) Il fut imprimé *in-12* à Paris chez *Toussaints du Brai* en 1609, avec privilège du roi: il doit être dans la bibliothèque de S. M.

Troisième partie.

Nous ne voyons pas en effet qu'on puisse condamner les *Codrus* & les *Curtius*. Il n'y a point de souverain qui osât punir la famille d'un homme qui se serait dévoüé pour lui; que dis-je? il n'en est point qui osât ne la pas récompenser. *St. Thomas* avant *St. Cyran* avait dit la même chose. Mais on n'a besoin ni de *Thomas*, ni de *Bonaventure*, ni de *Verger de Hauranne*, pour savoir qu'un homme qui meurt pour sa patrie est digne de nos éloges.

L'abbé de *St. Cyran* conclut qu'il est permis de faire pour soi-même ce qu'il est beau de faire pour un autre. On sait assez tout ce qui est allégué dans *Plutarque*, dans *Sénèque*, dans *Montagne* & dans cent autres philosophes en faveur du suicide. C'est un lieu commun épuisé. Je ne prétends point ici faire l'apologie d'une action que les loix condamnent; mais ni l'ancien Testament, ni le nouveau n'ont jamais défendu à l'homme de sortir de la vie quand il ne peut plus la supporter. Aucune loi romaine n'a condamné le meurtre de soi-même. Au contraire, voici la loi de l'empereur *Marc-Antonin* qui ne fut jamais révoquée.

„ *b*) Si votre père ou votre frère, n'étant
„ prévenu d'aucun crime, se tue ou pour se

---

b) Ier. Cod. *De bonis eorum qui sibi mortem*. leg 3. ff. *eod.*

„ souſtraire aux douleurs ou par ennui de la
„ vie ou par déſeſpoir ou par démence, que
„ ſon teſtament ſoit valable, ou que ſes hé-
„ ritiers ſuccèdent par inteſtat. "

Malgré cette loi humaine de nos maîtres, nous trainons encor ſur la claye, nous traverſons d'un pieu le cadavre d'un homme qui eſt mort volontairement, nous rendons ſa mémoire infâme autant qu'on le peut. Nous deshonorons ſa famille autant qu'il eſt en nous. Nous puniſſons le fils d'avoir perdu ſon père, & la veuve d'être privée de ſon mari. On confiſque même le bien du mort; ce qui eſt en effet ravir le patrimoine des vivans auxquels il appartient. Cette coutume, comme pluſieurs autres, eſt dérivée de notre droit canon, qui prive de la ſépulture ceux qui meurent d'une mort volontaire. On conclut de-là qu'on ne peut hériter d'un homme qui eſt cenſé n'avoir point d'héritage au ciel. Le droit canon, au titre *de pœnitentiâ*, aſſure que *Judas* commit un plus grand péché en s'étranglant qu'en vendant notre Seigneur JESUS-CHRIST.

CAUSES FINALES.

Virgile dit :

Mens agitat molem & magno se corpore miscet.

L'esprit régit le monde ; il s'y mêle, il l'anime.

Virgile a bien dit ; & *Benoit Spinosa* qui n'a pas la clarté de *Virgile* & qui ne le vaut pas, est forcé de reconnaître une intelligence qui préside à tout. S'il me l'avait niée, je lui aurais dit, *Benoit*, tu es fou ; tu as une intelligence & tu la nies, & à qui la nies-tu ?

Il vient en 1770 un homme très supérieur à *Spinosa*, aussi éloquent que le juif Hollandais est sec ; non moins méthodique ; cent fois plus clair, aussi géomètre sans affecter la marche ridicule de la géométrie dans un sujet métaphysique & moral : c'est l'auteur du *Système de la nature* : il a pris le nom de *Mirabeau* secrétaire de l'académie française. Hélas ! notre bon *Mirabeau* n'était pas capable d'écrire une page du livre de notre redoutable adversaire. Vous tous, qui voulez vous servir de votre raison & vous instruire, lisez cet éloquent & dangereux passage du *Système de la nature*, chapitre V. pag. 153 & suivantes.

„ On prétend que les animaux nous fournis-
„ sent une preuve convaincante d'une cause
„ puissante de leur existence ; on nous dit que
„ l'accord admirable de leurs parties, que l'on
„ voit se prêter des secours mutuels afin de
„ remplir leurs fonctions & de maintenir leur
„ ensemble, nous annoncent un ouvrier qui
„ réunit la puissance à la sagesse. Nous ne pou-
„ vons douter de la puissance de la nature ; elle
„ produit tous les animaux à l'aide des combi-
„ naisons de la matière qui est dans une action
„ continuelle ; l'accord des parties de ces mê-
„ mes animaux est une suite des loix nécessai-
„ res de leur nature & de leur combinaison;
„ dès que cet accord cesse, l'animal se détruit
„ nécessairement. Que deviennent alors la sa-
„ gesse, l'intelligence *a*) ou la bonté de la cause
„ prétendue à qui l'on fesait honneur d'un ac-
„ cord si vanté ? ces animaux si merveilleux que
„ l'on dit être les ouvrages d'un Dieu immua-
„ ble, ne s'altèrent-ils point sans cesse & ne
„ finissent-ils pas toûjours par se détruire ?
„ Où est la sagesse, la bonté, la prévoyance,
„ l'immutabilité *b*) d'un ouvrier qui ne paraît
„ occupé qu'à déranger & briser les ressorts
„ des machines qu'on nous annonce comme
„ les chefs-d'œuvre de sa puissance & de

a) Y a-t-il moins d'intelligence parce que les générations se succèdent ?

b) Il y a immutabilité de dessein quand vous voyez immutabilité d'effets. Voyez Dieu.

„ son habileté ? si ce Dieu ne peut faire au-
„ trement, *c*) il n'est ni libre, ni tout-puissant.
„ S'il change de volonté, il n'est point immua-
„ ble. S'il permet que des machines qu'il a ren-
„ dues sensibles éprouvent de la douleur, il
„ manque de bonté. *d*) S'il n'a pu rendre ses
„ ouvrages plus solides, c'est qu'il a manqué
„ d'habileté. En voyant que les animaux,
„ ainsi que tous les autres ouvrages de la Di-
„ vinité, se détruisent, nous ne pouvons nous
„ empêcher d'en conclure ou que tout ce que
„ la nature fait est nécessaire & n'est qu'une
„ suite de ses loix, ou que l'ouvrier qui l'a
„ fait agir est dépourvu de plan, de puissance,
„ de constance, d'habileté, de bonté.

„ L'homme, qui se regarde lui-même com-
„ me le chef-d'œuvre de la Divinité, nous
„ fournirait plus que toute autre production
„ la preuve de l'incapacité ou de la malice *e*)
„ de son auteur prétendu. Dans cet être sensi-
„ ble, intelligent, pensant, qui se croit l'objet
„ constant de la prédilection divine, & qui
„ fait son Dieu d'après son propre modèle,
„ nous ne voyons qu'une machine plus mo-
„ bile, plus frêle, plus sujette à se déranger

c) Etre libre, c'est faire sa volonté. S'il l'opère, il est libre.

d) Voyez la *réponse* dans les articles *Dieu*.

e) S'il est malin, il n'est pas incapable ; & s'il est capable, ce qui comprend pouvoir & sagesse, il n'est pas malin.

„ par fa grande complication que celle des êtres
„ les plus groffiers. Les bêtes dépourvues de
„ nos connaiffances, les plantes qui végètent,
„ les pierres privées de fentiment, font à bien
„ des égards des êtres plus favorifés que l'hom-
„ me; ils font au moins exempts des peines
„ d'efprit, des tourmens de la penfée, des
„ chagrins dévorans, dont celui-ci eft fi fou-
„ vent la proie. Qui eft-ce qui ne voudrait
„ point être un animal ou une pierre toutes
„ les fois qu'il fe rappelle la perte irréparable
„ d'un objet aimé? Ne vaudrait-il pas mieux
„ être une maffe inanimée qu'un fuperftitieux
„ inquiet qui ne fait que trembler ici bas fous
„ le joug de fon DIEU, & qui prévoit encor
„ des tourmens infinis dans une vie future?
„ Les êtres privés de fentiment, de vie, de
„ mémoire & de penfée ne font point affligés
„ par l'idée du paffé, du préfent & de l'avenir;
„ ils ne fe croyent pas en danger de devenir
„ éternellement malheureux pour avoir mal
„ raifonné, comme tant d'etres favorifés, qui
„ prétendent que c'eft pour eux que l'archi-
„ tecte du monde a conftruit l'univers.

„ Que l'on ne nous dife point que nous ne
„ pouvons avoir l'idée d'un ouvrage, fans avoir
„ celle d'un ouvrier diftingué de fon ouvrage.
„ La nature n'eft point un ouvrage: elle a toû-
„ jours exifté par elle-même, *f*) c'eft dans fon

f) Vous fuppofez ce qui eft en queftion.

„ sein que tout se fait; elle est un attelier im-
„ mense pourvu de matériaux, & qui fait les
„ instrumens dont elle se sert pour agir : tous
„ ses ouvrages sont des effets de son énergie
„ & des agens ou causes qu'elle fait, qu'elle
„ renferme, qu'elle met en action. Des élémens
„ éternels, incréés, indestructibles, toûjours
„ en mouvement, en se combinant diverse-
„ ment, font éclore tous les êtres, & les phéno-
„ mènes que nous voyons, tous les effets bons
„ ou mauvais que nous sentons, l'ordre ou le
„ désordre, que nous ne distinguons jamais que
„ par les différentes façons dont nous sommes
„ affectés, en un mot toutes les merveilles sur
„ lesquelles nous méditons & raisonnons. Ces
„ élémens n'ont besoin pour cela que de leurs
„ propriétés, soit particulières, soit réunies,
„ & du mouvement qui leur est essentiel, sans
„ qu'il soit nécessaire de recourir à un ouvrier
„ inconnu pour les arranger, les façonner,
„ les combiner, les conserver & les dissoudre.

„ Mais en supposant pour un instant qu'il
„ soit impossible de concevoir l'univers sans un
„ ouvrier qui l'ait formé & qui veille à son ou-
„ vrage, où placerons-nous cet ouvrier? *g*) se-
„ ra-t-il dedans où hors de l'univers? est-il
„ matière ou mouvement? ou bien n'est-il que
„ l'espace, le néant ou le vuide? Dans tous

g) Est-ce à nous à lui trouver sa place ? C'est à lui de nous donner la nôtre. Voyez la *réponse*.

„ ces cas, ou il ne ferait rien, ou il ferait con-
„ tenu dans la nature & foumis à fes loix. S'il
„ eft dans la nature, je n'y penfe voir que de
„ la matière en mouvement, & je dois en con-
„ clure que l'agent qui la meut eft corporel &
„ matériel, & que par conféquent il eft fujet à
„ fe diffoudre. Si cet agent eft hors de la natu-
„ re, je n'ai plus aucune idée *h*) du lieu qu'il
„ occupe, ni d'un être immatériel, ni de la fa-
„ çon dont un efprit fans étendue peut agir fur
„ la matière dont il eft féparé. Ces efpaces
„ ignorés, que l'imagination a placés au de-là
„ du monde vifible, n'exiftent point pour un
„ être qui voit à peine à fes pieds *i*): la puiffan-
„ ce idéale qui les habite, ne peut fe peindre à
„ mon efprit que lorfque mon imagination
„ combinera au hazard les couleurs fantafti-
„ ques qu'elle eft toûjours forcée de prendre
„ dans le monde où je fuis ; dans ce cas je ne
„ ferai que reproduire en idée ce que mes fens
„ auront réellement apperçu : & ce DIEU,
„ que je m'efforce de diftinguer de la nature
„ & de placer hors de fon enceinte, y ren-
„ trera toûjours néceffairement & malgré moi.

„ L'on infiftera, & l'on dira que fi l'on por-
„ tait une ftatue ou une montre à un fauvage

h) Etes-vous fait pour avoir des idées de tout ?

i) Ou le monde eft infini, ou l'efpace eft infini. Choififfez.

„ qui n'en aurait jamais vu, il ne pourait
„ s'empêcher de reconnaître que ces choses
„ sont des ouvrages de quelque agent intelli-
„ gent, plus habile & plus industrieux que
„ lui-même : l'on conclura de là que nous
„ sommes pareillement forcés de reconnaître
„ que la machine de l'univers, que l'homme,
„ que les phénomènes de la nature sont des
„ ouvrages d'un agent dont l'intelligence & le
„ pouvoir surpassent de beaucoup les nôtres.

„ Je réponds en premier lieu, que nous ne
„ pouvons douter que la nature ne soit très
„ puissante & très industrieuse ; nous admi-
„ rons son industrie toutes les fois que nous
„ sommes surpris des effets étendus, variés &
„ compliqués que nous trouvons dans ceux de
„ ses ouvrages que nous prenons la peine de
„ méditer : cependant elle n'est ni plus ni
„ moins industrieuse dans l'un de ses ouvrages
„ que dans les autres. Nous ne comprenons pas
„ plus comment elle a pu produire une pierre
„ ou un métal qu'une tête organisée comme
„ celle de *Newton* : nous appellons *industrieux*
„ un homme qui peut faire des choses que
„ nous ne pouvons pas faire nous-mêmes. La
„ nature peut tout ; & dès qu'une chose existe,
„ c'est une preuve qu'elle a pu la faire. Ainsi
„ ce n'est jamais que rélativement à nous-
„ mêmes que nous jugeons la nature indus-
„ trieuse ; nous la comparons alors à nous-mê-

„ mes ; & comme nous jouissons d'une qualité
„ que nous nommons *intelligence*, à l'aide de
„ laquelle nous produisons des ouvrages où
„ nous montrons notre industrie, nous en
„ concluons que les ouvrages de la nature qui
„ nous étonnent le plus, ne lui appartiennent
„ point, mais sont dûs à un ouvrier intelligent
„ comme nous, dont nous proportionnons
„ l'intelligence à l'étonnement que ses œuvres
„ produisent en nous ; c'est-à-dire, à notre
„ faiblesse & à notre propre ignorance. *k*) "

Voyez la réponse à ces argumens aux articles *Athéïsme* & *Dieu*, & à l'article suivant, *Cause finale*, écrit longtems avant le *Système de la nature*.

CAUSE FINALE.

SECTION PREMIÈRE.

Si une horloge n'est pas faite pour montrer l'heure, j'avouerai alors que les causes finales sont des chimères ; & je trouverai fort bon qu'on m'appelle *cause finalier*, c'est-à-dire, un imbécille.

Toutes les pièces de la machine de ce monde semblent pourtant faites l'une pour l'autre. Quelques philosophes affectent de se moquer des causes finales rejettées par *Epicure* & par *Lucrèce*. C'est plutôt, ce me semble,

---

k) Si nous sommes si ignorans, comment oserons-nous affirmer que tout se fait sans DIEU ?

d'*Epicure* & de *Lucrèce* qu'il faudrait se moquer. Ils vous disent que l'œil n'est point fait pour voir; mais qu'on s'en est servi pour cet usage, quand on s'est apperçu que les yeux y pouvaient servir. Selon eux, la bouche n'est point faite pour parler, pour manger, l'estomac pour digérer, le cœur pour recevoir le sang des veines & l'envoyer dans les artères, les pieds pour marcher, les oreilles pour entendre. Ces gens-là cependant avouaient que les tailleurs leur fesaient des habits pour les vêtir, & les maçons des maisons pour les loger; & ils osaient nier à la nature, au grand Etre, à l'intelligence universelle ce qu'ils accordaient tous à leurs moindres ouvriers.

Il ne faut pas sans doute abuser des causes finales; nous avons remarqué qu'en vain Mr. *le Prieur*, dans le *Spectacle de la nature*, prétend que les marées sont données à l'Océan pour que les vaisseaux entrent plus aisément dans les ports, & pour empêcher que l'eau de la mer ne se corrompe. En vain dirait-il que les jambes sont faites pour être bottées, & les nez pour porter des lunettes.

Pour qu'on puisse s'assurer de la fin véritable pour laquelle une cause agit, il faut que cet effet soit de tous les tems & de tous les lieux. Il n'y a pas eu des vaisseaux en tout tems & sur toutes les mers; ainsi l'on ne peut pas dire que l'Océan ait été fait pour les vaisseaux. On sent combien il serait ridicule de prétendre que la nature eût travaillé de tout tems pour s'ajuster aux inventions de nos arts arbitraires, qui tous ont paru si tard ; mais il est bien évident que si les nez n'ont pas été faits pour les bésicles, ils l'ont été pour l'odorat, & qu'il y a des nez depuis qu'il y a des hommes. De même les mains n'ayant pas été données en faveur des gantiers, elles sont visiblement destinées à tous les usages que le métacarpe & les phalanges de nos doigts, & les mouvemens du muscle circulaire du poignet nous procurent.

Cicéron qui doutait de tout, ne doutait pas pourtant des causes finales.

Il paraît bien difficile surtout, que les organes de la génération ne soient pas destinées à perpétuer les espèces. Ce mécanisme est bien admirable, mais la sensation que la nature a jointe à ce mécanisme est plus admirable encore. *Epicure* devait avouer que le plaisir est divin, & que ce plaisir est une cause finale, par laquelle sont produits sans-cesse ces êtres sensibles qui n'ont pu se donner la sensation.

Cet *Epicure* était un grand-homme pour son tems ; il vit ce que *Descartes* a nié, ce que *Gassendi* a affirmé, ce que *Newton* a démontré, qu'il n'y a point de mouvement sans vuide. Il conçut la nécessité des atômes pour servir de parties conftituantes aux efpèces invariables. Ce font là des idées très philofophiques. Rien n'était furtout plus refpectable que la morale des vrais épicuriens ; elle confiftait dans l'éloignement des affaires publiques incompatibles avec la fageffe, & dans l'amitié, fans laquelle la vie eft un fardeau. Mais pour le refte de la phyfique d'*Epicure*, elle ne paraît pas plus admiffible que la matière cannelée de *Defcartes*. C'eft, ce me femble, fe boucher les yeux & l'entendement que de prétendre qu'il n'y a aucun deffein dans la nature; &, s'il y a du deffein, il y a un Dieu.

On nous objecte les irrégularités du globe, les volcans, les plaines de fables mouvans, quelques petites montagnes abimées & d'autres formées par des tremblemens de terre &c. Mais de ce que les moyeux des roues de votre carroffe auront pris feu, s'enfuit-il que votre carroffe n'ait pas été fait expreffément pour vous porter d'un lieu à un autre ?

Les chaînes des montagnes qui couronnent les deux hémifphères, & plus de fix cent fleuves qui coulent jufqu'aux mers du pied de ces rochers, toutes les rivières qui defcendent de ces mêmes réfervoirs, & qui groffiffent les fleuves après avoir fertilifé les campagnes ; des milliers de fontaines qui partent de la même fource, & qui abreuvent le genre animal & le végétal, tout cela ne paraît pas plus l'effet d'un cas fortuit & d'une déclinaison d'atômes, que la rétine qui reçoit les rayons de la lumière, le cristalin qui les réfracte, l'enclume, le marteau, l'étrier, le tambour de l'oreille qui reçoit les sons, les routes du sang dans nos veines, la sistole & la diastole du cœur, ce balancier de la machine qui fait la vie.

SECTION SECONDE.

Mais, dit-on, si Dieu a fait visiblement une chose à dessein, il a donc fait toutes choses à dessein. Il est ridicule d'admettre la providence dans un cas, & de la nier dans les autres. Tout ce qui est fait a été prévu, a été arrangé. Nul arrangement sans objet, nul effet sans cause; donc tout est également le résultat, le produit d'une cause finale; donc il est aussi vrai de dire que les nez ont été faits pour porter des lunettes, & les doigts pour être ornés de bagues, qu'il est vrai de dire que les oreilles ont été formées pour entendre les sons, & les yeux pour recevoir la lumière.

Il ne résulte de cette objection, rien autre, ce me semble, sinon que tout est l'effet prochain ou éloigné d'une cause finale générale; que tout est la suite des loix éternelles.

Les pierres en tout lieu & en tout tems, ne compoſent pas des bâtimens ; tous les nez ne portent pas des lunettes ; tous les doigts n'ont pas une bague; toutes les jambes ne ſont pas couvertes de bas de ſoye. Un ver à ſoye n'eſt donc pas fait pour couvrir mes jambes, préciſément comme votre bouche eſt faite pour manger, & votre derrière pour aller à la garderobe. Il y a donc des effet immédiats produits par les cauſes finales ; & des effets en très grand nombre qui ſont des produits éloignés de ces cauſes.

Tout ce qui appartient à la nature eſt uniforme, immuable, eſt l'ouvrage immédiat du maître ; c'eſt lui qui a créé les loix par leſquelles la lune entre pour les trois quarts dans la cauſe du flux & du reflux de l'Océan, & le ſoleil pour ſon quart : c'eſt lui qui a donné un mouvement de rotation au ſoleil, par lequel cet aſtre envoye en cinq minutes & demie des rayons de lumière dans les yeux des hommes, des crocodiles & des chats.

Mais, ſi après bien des ſiécles nous nous ſommes aviſés d'inventer des ciſeaux & des broches, de tondre avec les uns la laine des moutons, & de les faire cuire avec les autres pour les manger, que peut-on en inférer autre choſe, ſinon, que Dieu nous a faits de façon qu'un jour nous deviendrions
né-

nécessairement industrieux & carnassiers ?

Les moutons n'ont pas sans doute été faits absolument pour être cuits & mangés, puisque plusieurs nations s'abstiennent de cette horreur. Les hommes ne sont pas créés essentiellement pour se massacrer, puisque les brames & les quakers ne tuent personne : mais la pâte dont nous sommes paîtris produit souvent des massacres, comme elle produit des calomnies, des vanités, des persécutions & des impertinences. Ce n'est pas que la formation de l'homme soit précisément la cause finale de nos fureurs & de nos sotises ; car une cause finale est universelle & invariable en tout tems & en tout lieu. Mais les horreurs & les absurdités de l'espèce humaine n'en sont pas moins dans l'ordre éternel des choses. Quand nous battons notre bled, le fléau est la cause finale de la séparation du grain. Mais si ce fléau, en battant mon grain écrase mille insectes, ce n'est pas par ma volonté déterminée, ce n'est pas non plus par hazard ; c'est que ces insectes se sont trouvés cette fois sous mon fléau, & qu'ils devaient s'y trouver.

C'est une suite de la nature des choses, qu'un homme soit ambitieux, que cet homme enrégimente quelquefois d'autres hommes, qu'il soit vainqueur, ou qu'il soit battu ; mais jamais on ne pourra dire ; L'hom-

Troisieme partie. R

me a été créé de Dieu pour être tué à la guerre.

Les instrumens que nous a donnés la nature ne peuvent être toûjours des causes finales en mouvement. Les yeux donnés pour voir ne sont pas toûjours ouverts ; chaque sens a ses tems de repos. Il y a même des sens dont on ne fait jamais d'usage. Par exemple, une malheureuse imbécille enfermée dans un cloitre à quatorze ans, ferme pour jamais chez elle la porte dont devait sortir une génération nouvelle ; mais la cause finale n'en subsiste pas moins ; elle agira dès qu'elle sera libre.

CERÉMONIES, TITRES, PRÉÉMINENCE, &c.

Toutes ces choses qui seraient inutiles, & même fort impertinentes dans l'état de pure nature, sont fort utiles dans l'état de notre nature corrompue & ridicule.

Les Chinois sont de tous les peuples celui qui a poussé le plus loin l'usage des cérémonies : il est certain qu'elles servent à calmer l'esprit autant qu'à l'ennuier. Les porte-faix, les charretiers Chinois sont obligés au moindre embarras qu'ils causent dans les rues, de fe mettre à genoux l'un devant l'autre, & de fe demander mutuellement pardon felon la formule prefcrite. Cela prévient les injures, les coups, les meurtres; ils ont le tems de s'appaifer, après quoi ils s'aident mutuellement.

Plus un peuple eft libre, moins il a de cérémonies; moins de titres faftueux; moins de démonftration d'anéantiffement devant fon fupérieur. On difait à Scipion, *Scipion*; & à Céfar, *Céfar* : & dans la fuite des tems on dit aux empereurs, *Votre majefté*, *votre divinité*.

Les titres de *St. Pierre* & de *St. Paul* étaient *Pierre* & *Paul*. Leurs fucceffeurs fe donnèrent réciproquement le titre de *votre fainteté* que l'on ne voit jamais dans les *Actes des apôtres*, ni dans les écrits des difciples.

Nous lifons dans l'*Hiftoire d'Allemagne* que le dauphin de France qui fut depuis le roi *Charles V*, alla vers l'empereur *Charles IV* à Metz, & qu'il paffa après le cardinal de *Périgord*.

Il fut enfuite un tems où les chanceliers eurent la préféance fur les cardinaux, après quoi les cardinaux l'emportèrent fur les chanceliers.

Les pairs précédèrent en France les princes du fang, & ils marchèrent tous en ordre de pairie jufqu'au facre de *Henri III*.

La dignité de la pairie était avant ce tems si éminente, qu'à la cérémonie du facre d'*Elizabeth* époufe de *Charles IX*, en 1571, décrite par *Simon Bouquet* échevin de Paris, il eft dit que *les dames & damoifelles de la reine ayant baillé à la dame d'honneur le pain, le vin & le cierge avec l'argent pour l'offerte pour être préfentés à la reine par la dite dame d'honneur ; cette dite dame d'honneur, pour ce qu'elle était ducheffe, commanda aux dames d'aller porter elles-mêmes l'offerte aux princeffes,* &c. Cette dame d'honneur était la connétable de *Montmorency*.

Le fauteuil à bras, la chaife à dos, le tabouret, la main droite, & la main gauche, ont été pendant plufieurs fiécles d'importans objets de politique, & d'illuftres fujets de querelles. Je crois que l'ancienne étiquette concernant les fauteuils vient de ce que chez nos barbares de grands-pères, il n'y avait qu'un fauteuil tout au plus dans une maifon, & ce fauteuil même ne fervait que quand on était malade. Il y a encor des provinces d'Allemagne & d'Angleterre, où un fauteuil s'appelle *une chaife de doléance*.

Longtems après *Attila* & *Dagobert*, quand le luxe s'introduifit dans les cours, & que les grands de la terre eurent deux ou trois fauteuils dans leurs donjons, ce fut une belle diftinction de s'affeoir fur un de ces trônes ; & tel feigneur châtelain prenait acte, comment ayant été à demi-lieue de ses domaines faire sa cour à un comte, il avait été reçu dans un fauteuil à bras.

On voit par les mémoires de *Mademoiselle*, que cette auguste princesse passa un quart de sa vie dans les angoisses mortelles des disputes pour des chaises à dos. Devait-on s'asseoir dans une certaine chambre sur une chaise ou sur un tabouret, ou même ne point s'asseoir? Voilà ce qui intriguait toute une cour. Aujourd'hui les mœurs sont plus unies; les canapés & les chaises longues sont employées par les dames, sans causer d'embarras dans la société.

Lorsque le cardinal de *Richelieu* traita du mariage de *Henriette de France* & de *Charles I* avec les ambassadeurs d'Angleterre, l'affaire fut sur le point d'être rompue, pour deux ou trois pas de plus que les ambassadeurs exigeaient auprès d'une porte; & le cardinal se mit au lit pour trancher toute difficulté. L'histoire a soigneusement conservé cette précieuse circonstance. Je crois que si on avait proposé à *Scipion* de se mettre nud entre deux draps pour recevoir la visite d'*Annibal*, il aurait trouvé cette cérémonie fort plaisante.

La marche des carrosses, & ce qu'on appelle le *haut du pavé*, ont été encor des témoignages de grandeur, des sources de prétentions, de disputes & de combats pendant un siécle entier. On a regardé comme une signalée victoire de faire passer un carrosse devant un autre carrosse. Il semblait à voir les ambassadeurs se promener dans les rues, qu'ils disputassent le prix dans des cirques; & quand un ministre d'Espagne avait pu faire reculer un cocher Portugais, il envoyait un courier à Madrid informer le roi son maître de ce grand avantage.

Nos histoires nous réjouïssent par vingt combats à coups de poing pour la préséance, le parlement contre les clercs de l'évêque à la pompe funèbre de *Henri IV*, la chambre des comptes contre le parlement dans la cathédrale quand *Louïs XIII* donna la France à la Vierge, le duc d'*Epernon* dans l'église de St. Germain contre le garde des sceaux *Du Vair*. Les présidens des enquêtes gourmèrent dans Notre-Dame le doyen des conseillers de grand'chambre *Savare*, pour le faire sortir de sa place d'honneur; (tant l'honneur est l'ame des gouvernemens monarchiques) & on fut obligé de faire empoigner par quatre archers le président *Barillon* qui frappait comme un sourd sur ce pauvre doyen. Nous ne voyons point de telles contestations dans l'aréopage ni dans le sénat Romain.

CÉRÉMONIES.

A mesure que les pays sont barbares, ou que les cours sont faibles, le cérémonial est plus en vogue. La vraie puissance & la vraie politesse dédaignent la vanité.

Il est à croire qu'à la fin on se défera de cette coutume qu'ont encor quelquefois les ambassadeurs, de se ruiner pour aller en procession par les rues avec quelques carrosses de louage rétablis & redorés, précédés de quelques laquais à pied. Cela s'appelle *faire son entrée*; & il est assez plaisant de faire son entrée dans une ville sept ou huit mois après qu'on y est arrivé.

Cette importante affaire du *Punctilio*, qui constitue la grandeur des Romains modernes ; cette science du nombre des pas qu'on doit faire pour reconduire un *Monsignor*, d'ouvrir un rideau à moitié ou tout-à-fait, de se promener dans une chambre à droite ou à gauche ; ce grand art que les *Fabius* & les *Catons* n'auraient jamais deviné, commence à baisser : & les caudataires des cardinaux se plaignent que tout annonce la décadence.

Un colonel Français était dans Bruxelles un an après la prise de cette ville par le maréchal de *Saxe* ; & ne sachant que faire, il voulut aller à l'assemblée de la ville. Elle se tient chez une princesse, lui dit-on. Soit, répondit l'autre, que m'importe ? Mais il n'y a que des princes qui aillent là ; êtes-vous prince ? Va, va, dit le colonel, ce sont de bons princes ; j'en avais l'année passée une douzaine dans mon antichambre, quand nous eumes pris la ville, & ils étaient tous fort polis.

En relisant *Horace* j'ai remarqué ces vers dans une épitre à Mécène : *Te dulcis amice revisam.* J'irai vous voir, mon bon ami. Ce *Mécène* était la seconde personne de l'empire Romain, c'est-à-dire un homme plus considérable & plus puissant que ne l'est aujourd'hui le plus grand monarque de l'Europe.

En relisant *Corneille*, j'ai remarqué que dans une lettre au grand *Scuderi* gouverneur de Notre-Dame de la Garde, il s'exprime ainsi au sujet du cardinal de Richelieu, *Monsieur le cardinal votre maitre & le mien.* C'est peut-être la première fois qu'on a parlé ainsi d'un ministre, depuis qu'il y a dans le monde des ministres, des rois, & des flatteurs. Le même *Pierre Corneille*, auteur de *Cinna*, dédie humblement ce *Cinna* au Sr. de *Montauron* tréforier de l'épargne, qu'il compare fans façon à *Augufte.* Je fuis fâché qu'il n'ait pas appellé *Montauron* monfeigneur.

On conte qu'un vieil officier qui favait peu le protocole de la vanité, ayant écrit au marquis de Louvois, *Monfieur*, & n'ayant point eu de réponse, lui écrivit *Monseigneur*, & n'en obtint pas davantage, parce que le ministre avait encor le *Monsieur* sur le cœur. Enfin il lui écrivit, *à mon* Dieu, *mon* Dieu Louvois; & au commencement de la lettre il mit, *Mon* Dieu *mon* Createur. Tout cela ne prouve-t-il pas que les Romains du bon tems étaient grands & modestes, & que nous sommes petits & vains?

Comment vous portez-vous, mon cher ami? disait un duc & pair à un gentilhomme; A votre service, mon cher ami, répondit l'autre; & dès ce moment il eut son *cher ami* pour ennemi implacable. Un grand de Portugal parlait à un grand d'Espagne, & lui disait à tout moment, *Votre excellence.* Le Castillan lui répondait, Votre courtoisie, *Vuestra merced*; c'est le titre que l'on donne aux gens qui n'en ont pas. Le Portugais piqué appella l'Espagnol à son tour, *Votre courtoisie;* l'autre lui donna alors de l'*excellence.* A la fin le Portugais lassé lui dit, Pourquoi me donnez-vous toûjours de la courtoisie, quand je vous donne de l'excellence? & pourquoi m'appellez-vous, Votre excellence, quand je vous dis Votre courtoisie? C'est que tous les titres me sont égaux, répondit humblement le Castillan, pourvu qu'il n'y ait rien d'égal entre vous & moi.

La vanité des titres ne s'introduisit dans nos climats septentrionaux de l'Europe que quand les Romains eurent fait connaissance avec la sublimité asiatique. La plûpart des rois de l'Asie étaient, & sont encor cousins germains du soleil & de la lune : leurs sujets n'osent jamais prétendre à cette alliance ; & tel gouverneur de province qui s'intitule , *Muscade de consolation & Rose de plaisir* , serait empâlé, s'il se disait parent le moins du monde de la lune & du soleil.

Constantin fut, je pense, le premier empereur Romain, qui chargea l'humilité chrétienne d'une page de noms fastueux. Il est vrai qu'avant lui on donnait du *Dieu* aux empereurs. Mais ce mot *Dieu* ne signifiait rien d'approchant de ce que nous entendons. *Divus Augustus*, *Divus Trajanus*, voulaient dire, *St. Auguste*, *St. Trajan*. On croyait qu'il était de la dignité de l'empire Romain, que l'ame de son chef allât au ciel après sa mort ; & souvent même on accordait le titre de *Saint*, de *Divus*, à l'empereur, en avancement d'hoirie. C'est à-peu-près par cette raison, que les premiers patriarches de l'église chrétienne s'appellaient tous, *votre sainteté*. On les nommait ainsi pour les faire souvenir de ce qu'ils devaient être.

On se donne quelquefois à soi-même des titres fort humbles, pourvu qu'on en reçoive de fort honorables. Tel abbé qui s'intitule *frère*, se fait appeller *monseigneur* par ses moines. Le pape se nomme *serviteur des serviteurs* de DIEU. Un bon prêtre du Holstein écrivit un jour au pape Pie IV : *A Pie IV serviteur des serviteurs de* DIEU. Il alla ensuite à Rome solliciter son affaire, & l'inquisition le fit mettre en prison pour lui apprendre à écrire.

Il n'y avait autrefois que l'empereur qui eût le titre de *majesté*. Les autres rois s'appellaient *votre altesse*, *votre sérénité*, *votre grace*. Louis XI fut le premier en France qu'on appella communément *majesté*, titre non moins convenable en effet à la dignité d'un grand royaume héréditaire qu'à une principauté élective. Mais on se servait du terme d'*altesse* avec les rois de France longtems après lui; & on voit encor des lettres à *Henri III*, dans lesquelles on lui donne ce titre. Les états d'Orléans ne voulurent point que la reine *Catherine de Médicis* fût appellée *majesté*. Mais peu-à-peu cette dernière dénomination prévalut. Le nom est indifférent; il n'y a que le pouvoir qui ne le soit pas.

La chancellerie allemande, toûjours invariable dans ses nobles usages, a prétendu jusqu'à nos jours ne devoir traiter tous les rois que de *sérénité*. Dans le fameux traité de Vestphalie, où la France & la Suède donnèrent des loix au saint empire Romain, jamais les plénipotentiaires de l'empereur ne présentèrent de mémoires latins où *sa sacrée majesté impériale* ne traitât avec les *sérénissimes rois de France & de Suède*; mais de leur côté les Français & les Suédois ne manquaient pas d'assurer que leurs *sacrées majestés de France & de Suède* avaient beaucoup de griefs contre le *sérénissime empereur*. Enfin dans le traité tout fut égal de part & d'autre. Les grands souverains ont depuis ce tems passé dans l'opinion des peuples pour être tous égaux ; & celui qui a battu ses voisins a eu la prééminence dans l'opinion publique.

Philippe II fut la première *majesté* en Espagne ; car la *sérénité* de *Charles V* ne devint *majesté* qu'à cause de l'empire. Les enfans de *Philippe II* furent les premières *altesses*, & ensuite ils furent *altesses royales*. Le duc d'Orléans frère de *Louis XIII*, ne prit qu'en 1631 le titre d'*altesse royale*: alors le prince de *Condé* prit celui d'*altesse sérénissime*, que n'osèrent s'arroger les ducs de Vendôme. Le duc de Savoye fut alors *altesse royale*, & devint ensuite *majesté*. Le grand-duc de Florence en fit autant, à la *majesté* près ; & enfin le czar, qui n'était connu en Europe que sous le nom de grand-duc, s'est déclaré *empereur*, & a été reconnu pour tel.

Il n'y avait anciennement que deux marquis d'Allemagne, deux en France, deux en Italie. Le marquis de Brandebourg est devenu *roi*, & *grand roi* ; mais aujourd'hui nos marquis Italiens & Français sont d'une espèce un peu différente.

Qu'un bourgeois Italien ait l'honneur de donner à dîner au légat de sa province, & que le légat en buvant lui dise, *Monsieur le marquis, à votre santé*, le voilà marquis lui & ses enfans à tout jamais. Qu'un provincial en France, qui possédera pour tout bien dans son village la quatriéme partie d'une petite châtellenie ruinée, arrive à Paris, qu'il y fasse un peu de fortune, ou qu'il ait l'air de l'avoir faite, il s'intitule dans ses actes, *Haut & puissant seigneur, marquis & comte* ; & son fils sera chez son notaire, *Très haut & très puissant seigneur* ; & comme cette petite ambition ne nuit en rien au gouvernement ni à la société civile, on n'y prend pas garde. Quelques seigneurs Français se vantent d'avoir des *barons* Allemans dans leurs écuries : quelques seigneurs Allemans disent qu'ils ont des *marquis* Français dans leurs cuisines ; il n'y a pas longtems, qu'un étranger étant à Naples fit fon cocher *duc*. La coutume en cela eft plus forte que l'autorité royale. Soyez peu connu à Paris, vous y ferez *comte* ou *marquis*, tant qu'il vous plaira ; foyez homme de robe ou de finance, & que le roi vous donne un marquifat bien réel, vous ne ferez jamais pour cela *monfieur le marquis*. Le célèbre *Samuel Bernard* était plus *comte* que cinq cent *comtes* que nous voyons qui ne poffèdent pas quatre arpens de terre ; le roi avait érigé pour lui fa terre de Coubert en bonne comté. S'il fe fût fait annoncer dans une vifite, *le comte Bernard*, on aurait éclaté de rire. Il en va tout autrement en Angleterre. Si le roi donne à un négociant un titre de *comte* ou de *baron*, il reçoit fans difficulté de toute la nation le nom qui lui eft propre. Les gens de la plus haute naiffance, le roi lui-même, l'appellent *mylord*, monfeigneur. Il en eft de même en Italie : il y a le protocole des *monfignori*. Le pape lui-même leur donne ce titre. Son médecin eft *monfignor*, & perfonne n'y trouve à redire.

En France le *monfeigneur* eft une terrible affaire. Un évêque n'était avant le cardinal de *Richelieu* que mon *reverendiffime père en* Dieu.

Avant l'année 1635, non-feulement les évêques ne fe monfeigneurifaient pas, mais ils ne donnaient point du *monseigneur* aux cardinaux. Ces deux habitudes s'introduisirent par un évêque de Chartres, qui alla en camail & en rochet appeller *monseigneur* le cardinal de *Richelieu*; sur quoi *Louis XIII* dit, (si l'on en croit les mémoires de l'archeveque de Toulouse Montchal.) *Ce chartrain irait baiser le derrière du cardinal, & pousserait son nez dedans jusqu'à ce que l'autre lui dit, c'est assez.*

Ce n'est que depuis ce tems que les évêques se donnerent réciproquement du *monseigneur*.

Cette entreprise n'essuya aucune contradiction dans le public. Mais comme c'était un titre nouveau que les rois n'avaient pas donné aux évêques, on continua dans les édits, déclarations, ordonnances, & dans tout ce qui émane de la cour, à ne les appeller que *sieurs* : & messieurs du conseil n'écrivent jamais à un évêque que *monsieur*.

Les ducs & pairs ont eu plus de peine à se soumettre en possession du *monseigneur*. La grande noblesse, & ce qu'on appelle la *grande robe*, leur refusent tout net cette distinction. Le comble des succès de l'orgueil humain, est de recevoir des titres d'honneur de ceux qui croyent être vos égaux ; mais il est bien difficile d'arriver à ce point : on trouve partout l'orgueil qui combat l'orgueil.

Quand les ducs exigèrent que les pauvres gentilshommes leur écrivissent *monseigneur*, les présidens à mortier en demandèrent autant aux avocats & aux procureurs. On a connu un président, qui ne voulut pas se faire saigner, parce que son chirurgien lui avait dit, " Monsieur, de quel bras voulez-vous que je vous saigne ? " Il y eut un vieux conseiller de la grand'chambre qui en usa plus franchement. Un plaideur lui dit, *Monseigneur*, *monsieur votre secrétaire*.... Le conseiller l'arrêta tout court ; Vous avez dit trois sotises en trois paroles : je ne suis point *monseigneur*, mon secrétaire n'est point *monsieur*, c'est mon *clerc*.

Pour terminer ce grand procès de la vanité, il faudra un jour que tout le monde soit *monseigneur* dans la nation ; comme toutes les femmes, qui étaient autrefois *mademoiselle*, sont actuellement *madame*. Lorsqu'en Espagne un mendiant rencontre un autre gueux, il lui dit, " Seigneur, *votre courtoisie* a-t-elle pris son chocolat ? " Cette manière polie de s'exprimer élève l'ame, & conserve la dignité de l'espèce.

Nous avons dit ailleurs une grande partie de ces choses. Il est bon de les inculquer pour corriger au moins quelques coqs-d'Inde qui passent leur vie à faire la roue.

CERTAIN, CERTITUDE.

JE suis certain, j'ai des amis, ma fortune est sûre; mes parens ne m'abandonneront jamais; on me rendra justice; mon ouvrage est bon, il sera bien reçu; on me doit, on me payera; mon amant sera fidèle, il l'a juré; le ministre m'avancera, il l'a promis en passant: toutes paroles qu'un homme qui a un peu vécu raye de son dictionnaire.

Quand les juges condamnèrent *Danglade*, *le Brun*, *Calas*, *Sirven*, *Martin*, & tant d'autres, reconnus depuis pour innocens, ils étaient certains, ou ils devaient l'être, que tous ces infortunés étaient coupables; cependant ils se trompèrent.

Il y a deux manières de se tromper de mal juger, de s'aveugler; celle d'errer en homme d'esprit, & celle de décider comme un sot.

Les juges se trompèrent en gens d'esprit dans l'affaire de *Danglade*, ils s'aveuglèrent sur des apparences qui pouvaient éblouir; ils n'examinèrent point assez les apparences contraires, ils se servirent de leur esprit pour se croire certains que *Danglade* avait commis un vol, qu'il n'avait certainement pas commis: & sur cette pauvre certitude incertaine de l'efprit humain, un gentilhomme fut appliqué à la queftion ordinaire & extraordinaire. De là replongé fans fecours dans un cachot & condamné aux galères où il mourut ; fa femme renfermée dans un autre cachot avec fa fille âgée de fept ans, laquelle depuis époufa un confeiller au même parlement qui avait condamné le père aux galères & la mère au banniffement.

Il eft clair que les juges n'auraient pas prononcé cet arrêt s'ils n'avaient été *certains*. Cependant, dès le tems même de cet arrêt, plufieurs perfonnes favaient que le vol avait été commis par un prêtre nommé *Gagnat* affocié avec un voleur de grand chemin : & l'innocence de *Danglade* ne fut reconnue qu'après fa mort.

Ils étaient de même *certains*, lorfque par une fentence en première inftance, ils condamnèrent à la roue l'innocent *le Brun*, qui par appel fut brifé dans les tortures, & en mourut.

L'exemple des *Calas* & des *Sirven* eft affez connu ; celui de *Martin* l'eft moins. C'était un bon agriculteur d'auprès de Bar en Lorraine. Un fcélerat lui dérobe fon habit, & va, fous cet habit, affaffiner fur le grand chemin un voyageur qu'il favait chargé d'or, & dont il avait épié la marche. *Martin* eft accufé ; fon habit dépofe contre lui ; les juges regardent cet indice comme une certitude. Ni la conduite passée du prisonnier, ni une nombreuse famille qu'il élevait dans la vertu, ni le peu de monnoie trouvé chez lui, probabilité extrême qu'il n'avait point volé le mort; rien ne peut le sauver. Le juge subalterne se fait un mérite de sa rigueur. Il condamne l'innocent à être roué; &, par une fatalité malheureuse, la sentence est confirmée à la Tournelle. Le vieillard *Martin* est rompu vif en attestant DIEU de son innocence jusqu'au dernier soupir. Sa famille se disperse; son petit bien est confisqué. A peine ses membres rompus sont-ils exposés sur le grand chemin, que l'assassin qui avait commis le meurtre & le vol est mis en prison pour un autre crime; il avoue sur la roue à laquelle il est condamné à son tour, que c'est lui seul qui est coupable du crime pour lequel *Martin* a souffert la torture & la mort.

Ecartons ici la foule de ces avantures funestes qui font gémir sur la condition humaine. Mais gémissons du moins sur la *certitude* prétendue que les juges croyent avoir quand ils rendent des pareilles sentences.

Il n'y a nulle certitude, dès qu'il est physiquement & moralement possible que la chose soit autrement. Quoi! il faut une démonstration pour oser assurer que la surface d'une sphère est égale à quatre fois l'aire de son grand cercle, & il n'en faudra pas pour arracher la vie à un citoyen par un supplice affreux?

Si tel est le malheur de l'humanité qu'on soit obligé de se contenter d'extrêmes probabilités, il faut du moins consulter l'âge, le rang, la conduite de l'accusé, l'intérêt qu'il peut avoir eu à commettre le crime, l'intérêt de ses ennemis à le perdre : il faut que chaque juge se dise ; La postérité, l'Europe entière ne condamnera-t-elle pas ma sentence! dormirai-je tranquille les mains teintes du sang innocent?

Passons de cet horrible tableau à d'autres exemples d'une certitude qui conduit droit à l'erreur.

Pourquoi te charges-tu de chaînes, fanatique & malheureux Santon? Pourquoi as-tu mis à ta vilaine verge un gros anneau de fer? C'est que je suis certain d'être placé un jour dans le premier des paradis à côté du grand prophète. Hélas! mon ami, viens avec moi dans ton voisinage au mont Athos, & tu verras trois mille gueux qui sont certains que tu iras dans le gouffre qui est sous le pont aigu, & qu'ils iront tous dans le premier paradis.

Arrête, misérable veuve Malabare; ne crois point ce fou qui te persuade que tu seras

CERTAIN, CERTITUDE. 277

réunie à ton mari dans les délices d'un autre monde si tu te brûles sur son bucher. Non, je me brûlerai; je suis certaine de vivre dans les délices avec mon époux; mon brame me l'a dit.

Prenons des certitudes moins affreuses, & qui ayent un peu plus de vraisemblance.

Quel âge a votre ami *Chriſtophe* ? Vingt-huit ans; j'ai vû son contract de mariage, son extrait-batistaire, je le connais dès son enfance; il a vingt-huit ans, j'en ai la certitude, j'en suis certain.

A peine ai-je entendu la réponse de cet homme si sûr de ce qu'il dit, & de vingt autres qui confirment la même chose, que j'apprends qu'on a antidaté par des raisons secrettes, & par un manège singulier, l'extrait-batistaire de *Chriſtophe*. Ceux à qui j'avais parlé n'en savent encor rien; cependant, ils ont toûjours la certitude de ce qui n'est pas.

Si vous aviez demandé à la terre entière avant le tems de *Copernic*, Le soleil est-il levé ? s'est-il couché aujourd'hui ? tous les hommes vous auraient répondu, nous en avons une certitude entière; ils étaient certains, & ils étaient dans l'erreur.

Les sortilèges, les divinations, les obsessions, ont été longtems la chose du monde la plus certaine aux yeux de tous les peu-

S iij

ples. Quelle foule innombrable de gens qui ont vu toutes ces belles chofes, qui en ont été certains! aujourd'hui cette certitude eſt un peu tombée.

Un jeune homme qui commence à étudier la géométrie vient me trouver; il n'en eſt encor qu'à la définition des triangles: N'êtes-vous pas certain, lui dis-je, que les trois angles d'un triangle font égaux à deux droits? Il me répond que non-feulement il n'en eſt point certain, mais qu'il n'a pas même d'idée nette de cette propofition; je la lui démontre, il en devient alors tres certain, & il le fera pour toute fa vie.

Voilà une certitude bien différente des autres; elles n'étaient que des probabilités; & ces probabilités examinées font devenues des erreurs; mais la certitude mathématique eſt immuable & éternelle.

J'exiſte, je penfe, je fens de la douleur, tout cela eſt-il auſſi certain qu'une vérité géométrique? Oui; tout douteur que je fuis, je l'avoue. Pourquoi? C'eſt que ces vérités font prouvées par le même principe qu'une chofe ne peut être, & n'être pas en même tems. Je ne peux en même tems exiſter & n'exiſter pas, fentir, & ne fentir pas. Un triangle ne peut en même tems avoir cent quatre vingt degrés, qui font la fomme de deux angles droits, & ne les avoir pas.

CERTAIN, CERTITUDE.

La certitude physique de mon existence, de mon sentiment, & la certitude mathématique sont donc de même valeur, quoiqu'elles soient d'un genre différent.

Il n'en est pas de même de la certitude fondée sur les apparences, ou sur les rapports unanimes, que nous font les hommes.

Mais quoi, me dites-vous, n'êtes vous pas certain que Pekin existe? n'avez vous pas chez vous des étoffes de Pekin ? des gens de différens pays, de différentes opinions, & qui ont écrit violemment les uns contre les autres en prêchant tous la vérité à Pekin, ne vous ont-ils pas assuré de l'existence de cette ville ? Je réponds qu'il m'est extrèmement probable qu'il y avait alors une ville de Pekin ; mais je ne voudrais pas parier ma vie que cette ville existe; & je parierai quand on voudra ma vie, que les trois angles d'un triangle sont égaux à deux droits.

On a imprimé dans le Dictionnaire encyclopédique une chose fort plaisante ; on y soutient qu'un homme devrait être aussi sûr, aussi certain que le maréchal de *Saxe* est ressuscité, si tout Paris le lui disait, qu'il est sûr que le maréchal de *Saxe* a gagné la bataille de Fontenoy, quand tout Paris le lui dit. Voyez, je vous prie, combien ce raisonnement est admirable ; je crois tout Paris quand il me dit une chose moralement possible ; donc je dois croire tout Paris quand il me dit une chose moralement & physiquement impossible.

Apparemment que l'auteur de cet article voulait rire, & que l'autre auteur qui s'extasie à la fin de cet article, & écrit contre lui-même, voulait rire aussi. *a*)

Pour nous, qui n'avons entrepris ce petit Dictionnaire que pour faire des questions, nous sommes bien loin d'avoir de la *certitude*.

CÉSAR.

ON n'envisage point ici dans *César* le mari de tant de femmes & la femme de tant d'hommes, le vainqueur de *Pompée* & des *Scipions*, l'écrivain satyrique qui tourne *Caton* en ridicule, le voleur du tréfor public qui se servit de l'argent des Romains pour afservir les Romains, le triomphateur clément qui pardonnait aux vaincus, le savant qui réforma le calendrier, le tyran & le père de sa patrie, assaffiné par ses amis & par son bâtard. Ce n'est qu'en qualité de descendant des pauvres barbares, subjugués par lui, que je considère cet homme unique.

---

a) Voyez l'article *Certitude*, Dictionnaire encyclopédique.

Vous ne paſſez pas par une ſeule ville de France ou d'Eſpagne ou des bords du Rhin, ou du rivage d'Angleterre vers Calais, que vous ne trouviez de bonnes gens qui ſe vantent d'avoir eu *Céſar* chez eux. Des bourgeois de Douvre ſont perſuadés que *Céſar* a bâti leur château, & des bourgeois de Paris croyent que le grand Châtelet eſt un de ſes beaux ouvrages. Plus d'un ſeigneur de paroiſſe en France montre une vieille tour qui lui ſert de colombier, & dit que c'eſt *Céſar* qui a pourvu au logement de ſes pigeons. Chaque province diſpute à ſa voiſine l'honneur d'être la première en date à qui *Céſar* donna les étrivières ; c'eſt par ce chemin, non c'eſt par cet autre qu'il paſſa pour venir nous égorger, & pour careſſer nos femmes & nos filles, pour nous impoſer des loix par interprètes, & pour nous prendre le très peu d'argent que nous avions.

Les Indiens ſont plus ſages ; nous avons vu qu'ils ſavent confuſément qu'un grand brigand nommé *Alexandre* paſſa chez eux après d'autres brigands : & ils n'en parlent preſque jamais.

Un antiquaire Italien, en paſſant il y a quelques années par Vannes en Bretagne, fut tout émerveillé d'entendre les ſavans de Vannes s'enorgueillir du ſéjour de *Céſar* dans leur ville. Vous avez ſans doute, leur dit-il, quelques monumens de ce grand-homme ?

Oui, répondit le plus notable; nous vous montrerons l'endroit où ce héros fit pendre tout le fénat de notre province au nombre de fix cent.

Des ignorans qui trouvèrent dans le chenal de Kerantrait une centaine de poutres en 1755, avancèrent dans les journaux que c'étaient des reſtes d'un pont de *Céſar*; mais je leur ai prouvé dans ma differtation de 1756, que c'étaient les potences où ce héros avait fait attacher notre parlement. Où font les villes en Gaule qui puiſſent en dire autant? Nous avons le témoignage du grand *Céſar* lui-même; il dit dans fes commentaires, que *nous ſommes inconſtans, & que nous préférons la liberté à la ſervitude.* Il nous accuſe d'avoir été affez infolens pour prendre des ôtages des Romains à qui nous en avions donné, & de n'avoir pas voulu les rendre à moins qu'on ne nous remît les nôtres. Il nous apprit à vivre.

De bello gallico. lib. III.

Il fit fort bien, repliqua le virtuoſe, fon droit était inconteſtable. On le lui diſputait pourtant. Car lorſqu'il eut vaincu les Suiffes émigrans, au nombre de trois cent foixante & huit mille, & qu'il n'en reſta plus que cent dix mille, vous ſavez qu'il eut une conférence en Alzace avec *Arioviſte* roi Germain ou Allemand, & que cet *Arioviſte* lui dit; je viens piller les Gaules, & je ne fouffrirai pas qu'un autre que moi les pille. Après quoi ces bons Germains qui étaient venus pour dévaster le pays, mirent entre les mains de leurs sorcieres deux chevaliers Romains ambassadeurs de *César*; & ces sorcières allaient les brûler & les sacrifier à leurs Dieux, lorsque *César* vint les délivrer par une victoire. Avouons que le droit était égal des deux côtés ; & que *Tacite* a bien raison de donner tant d'éloges aux mœurs des anciens Allemans.

Cette conversation fit naître une dispute assez vive entre les savans de Vannes & l'antiquaire. Plusieurs Bretons ne concevaient pas quelle était la vertu des Romains d'avoir trompé toutes les nations des Gaules l'une après l'autre, de s'être servi d'elles tour-à-tour pour leur propre ruine, d'en avoir massacré un quart & d'avoir réduit les trois autres quarts en servitude.

Ah ! rien n'est plus beau, repliqua l'antiquaire ; j'ai dans ma poche une médaille à fleur de coin qui représente le triomphe de *César* au capitole. C'est une des mieux conservées ; il montra sa médaille. Un Breton un peu brusque la prit & la jetta dans la rivière. Que ne puis-je , dit-il, y noyer tous ceux qui se servent de leur puissance & de leur adresse pour opprimer les autres hommes ? Rome autrefois nous trompa, nous désunit, nous massacra, nous enchaina. Et Rome aujourd'hui dispose encor de plusieurs de nos bénéfices. Est-il possible que nous ayons été si longtems & en tant de façons pays d'obédience ?

Je n'ajouterai qu'un mot à la conversation de l'antiquaire Italien & du Breton ; c'est que Perrot d'Ablancourt, le traducteur des *Commentaires de César*, dans son épître dédicatoire au grand Condé, lui dit ces propres mots ; *Ne vous semble-t-il pas, monseigneur, que vous lisiez la vie d'un philosophe chrétien ?* Quel philosophe chrétien que *César !* je m'étonne qu'on n'en ait pas fait un saint. Les feseurs d'épîtres dédicatoires disent de belles choses, & fort à propos.

CHAINE DES ÊTRES CRÉÉS.

CEtte gradation d'êtres qui s'élèvent depuis le plus léger atôme jusqu'à l'Etre suprême ; cette échelle de l'infini frappe d'admiration. Mais quand on la regarde attentivement, ce grand fantôme s'évanouït, comme autrefois toutes les apparitions s'enfuyaient le matin au chant du coq.

L'imagination se complait d'abord à voir le passage imperceptible de la matière brute, à la matière organisée, des plantes aux zoophites, de ces zoophites aux animaux, de ceux-ci à l'homme, de l'homme aux génies, de ces génies revêtus d'un petit corps aérien à des substances immatérielles; & enfin mille ordres différens de ces substances, qui de beautés en perfections s'élèvent jusqu'à Dieu même. Cette hiérarchie plait beaucoup aux bonnes gens, qui croyent voir le pape & ses cardinaux suivis des archevêques, des évêques; après quoi viennent les curés, les vicaires, les simples prêtres, les diacres, les sous-diacres, puis paraissent les moines, & la marche est fermée par les capucins.

Mais il y a peut-être un peu plus de distance entre Dieu & ses plus parfaites créatures, qu'entre le saint père & le doyen du sacré collège : ce doyen peut devenir pape, mais le plus parfait des génies créés par l'Être suprême, peut-il devenir Dieu ? n'y a-t-il pas l'infini entre Dieu & lui ?

Cette chaîne, cette gradation prétendue n'existe pas plus dans les végétaux & dans les animaux; la preuve en est qu'il y a des espèces de plantes & d'animaux qui sont détruites. Nous n'avons plus de murex. Il était défendu aux Juifs de manger du griffon & de l'ixion; ces deux espèces ont probablement disparu de ce monde, quoi qu'en dise *Bochart* : où donc est la chaîne ?

Quand même nous n'aurions pas perdu quelques espèces, il est visible qu'on en peut détruire. Les lions, les rinoceros commencent à devenir fort rares. Si le reste du monde avait imité les Anglais, il n'y aurait plus de loups sur la terre.

Il est probable qu'il y a eu des races d'hommes qu'on ne retrouve plus; mais je veux qu'elles ayent toutes subsisté, ainsi que les blancs, les Nègres, les Cafres à qui la nature a donné un tablier de leur peau, pendant du ventre à la moitié des cuisses, & les Samoyèdes dont les femmes ont un mammelon d'un bel ébène, &c.

N'y a-t-il pas visiblement un vuide entre le singe & l'homme? n'est-il pas aisé d'imaginer un animal à deux pieds sans plumes, qui serait intelligent sans avoir ni l'usage de la parole, ni notre figure, que nous pourions apprivoiser, qui répondrait à nos signes & qui nous servirait? & entre cette nouvelle espèce & celle de l'homme, n'en pouraiton pas imaginer d'autres?

Par de-là l'homme, vous logez dans le ciel, divin *Platon*, une file de substances célestes; nous croyons nous autres à quelques-unes de ces substances, parce que la foi nous l'enseigne. Mais vous, quelle raison avez-vous d'y croire? vous n'avez pas parlé apparemment au génie de *Socrate*; & le bon homme *Heres* qui ressuscita exprès pour vous apprendre les secrets de l'autre monde, ne vous a rien appris de ces substances.

La prétendue chaîne n'est pas moins interrompue dans l'univers sensible.

Quelle gradation, je vous prie, entre vos planètes ! la Lune est quarante fois plus petite que notre globe Quand vous avez voyagé de la Lune dans le vuide, vous trouvez Vénus ; elle est environ aussi grosse que la Terre. De-là vous allez chez Mercure, il tourne dans une ellipse qui est fort différente du cercle que parcourt Vénus ; il est vingt-sept fois plus petit que nous, le Soleil un million de fois plus gros, Mars cinq fois plus petit ; celui-là fait son tour en deux ans, Jupiter son voisin en douze, Saturne en trente ; & encor Saturne, le plus éloigné de tous, n'est pas si gros que Jupiter. Où est la gradation prétendue ?

Et puis, comment voulez-vous que dans de grands espaces vuides il y ait une chaîne qui lie tout ? s'il y en a une, c'est certainement celle que *Newton* a découverte ; c'est elle qui fait graviter tous les globes du monde planétaire les uns vers les autres dans ce vuide immense.

O *Platon* tant admiré ! j'ai peur que vous ne nous ayez conté que des fables, & que vous n'ayez jamais parlé qu'en sophismes. O *Platon !* vous avez fait bien plus de mal que vous ne croyez. Comment cela ? me demandera-t-on ; je ne le dirai pas.

CHAINE, ou GÉNÉRATION DES ÉVÉNEMENS.

Le présent accouche, dit-on, de l'avenir. Les événemens sont enchaînés les uns aux autres, par une fatalité invincible ; c'est le destin qui, dans *Homère*, est supérieur à *Jupiter* même. Ce maître des Dieux & des hommes, déclare net, qu'il ne peut empêcher *Sarpédon* son fils de mourir dans le tems marqué. *Sarpédon* était né dans le moment qu'il falait qu'il nâquît, & ne pouvait pas naître dans un autre ; il ne pouvait mourir ailleurs que devant Troye ; il ne pouvait être enterré ailleurs qu'en Lycie ; son corps devait dans le tems marqué produire des légumes qui devaient se changer dans la substance de quelques Lyciens ; ses héritiers devaient établir un nouvel ordre dans ses états ; ce nouvel ordre devait influer sur les royaumes voisins ; il en résultait un nouvel arrangement de guerre & de paix avec les voisins des voisins de la Lycie : ainsi de proche en proche la destinée de toute la terre a dépendu de la mort de *Sarpédon*, laquelle dépendait de l'enlévement d'*Hélène* : & cet enlévement était nécessairement lié au mariage
d'*Hé-*

d'*Hécube*, qui en remontant à d'autres événemens était lié à l'origine des choses.

Si un seul de ces faits avait été arrangé différemment, il en aurait résulté un autre univers : or il n'était pas possible que l'univers actuel n'existât pas : donc il n'était pas possible à *Jupiter* de sauver la vie à son fils, tout *Jupiter* qu'il était.

Ce système de la nécessité & de la fatalité, a été inventé de nos jours par *Leibnitz*, à ce qu'on dit, sous le nom de *raison suffisante* ; il est pourtant fort ancien ; ce n'est pas d'aujourd'hui qu'il n'y a point d'effet sans cause, & que souvent la plus petite cause produit les plus grands effets.

Mylord *Bolingbroke* avoue que les petites querelles de Mad. *Marlboroug*, & de Mad. *Masham*, lui firent naître l'occasion de faire le traité particulier de la reine *Anne* avec *Louis XIV* : ce traité amena la paix d'Utrecht ; cette paix d'Utrecht affermit *Philippe V* sur le trône d'Espagne. *Philippe V* prit Naples & la Sicile sur la maison d'Autriche ; le prince Espagnol qui est aujourd'hui roi de Naples, doit évidemment son royaume à mylady *Masham* : & il ne l'aurait pas eu, il ne serait peut-être même pas né, si la duchesse de *Marlboroug* avait été plus complaisante envers la reine d'Angleterre. Son existence

Troisième partie.   T

à Naples dépendait d'une fotife de plus ou de moins à la cour de Londres.

Examinez les fituations de tous les peuples de l'univers, elles font ainfi établies fur une fuite de faits qui paraiffent ne tenir à rien, & qui tiennent à tout. Tout eft rouage, poulie, corde, reffort dans cette immenfe machine.

Il en eft de même dans l'ordre phyfique. Un vent qui fouffle du fond de l'Afrique & des mers auftrales, amène une partie de l'atmofphère africain, qui retombe en pluie dans les vallées des Alpes; ces pluies fécondent nos terres; notre vent du nord à fon tour envoye nos vapeurs chez les Nègres; nous fefons du bien à la Guinée, & la Guinée nous en fait. La chaîne s'étend d'un bout de l'univers à l'autre.

Mais il me femble qu'on abufe étrangement de la vérité de ce principe. On en conclut qu'il n'y a fi petit atôme dont le mouvement n'ait influé dans l'arrangement actuel du monde entier; qu'il n'y a fi petit accident, foit parmi les hommes, foit parmi les animaux, qui ne foit un chaînon effentiel de la grande chaîne du deftin.

Entendons-nous: tout effet a évidemment fa caufe, à remonter de caufe en caufe dans l'abîme de l'éternité; mais toute caufe n'a pas fon effet, à defcendre jufqu'à la fin des siécles. Tous les événemens font produits les uns par les autres, je l'avoue ; si le passé est accouché du présent, le présent accouche du futur ; tout a des pères, mais tout n'a pas toûjours des enfans. Il en est ici précisément comme d'un arbre généalogique ; chaque maison remonte, comme on sait, à *Adam*; mais dans la famille il y a bien des gens qui sont morts sans laisser de postérité.

Il y a un arbre généalogique des événemens de ce monde. Il est incontestable que les habitans des Gaules & de l'Espagne descendent de *Gomer* ; & les Russes de *Magog* son frère cadet : on trouve cette généalogie dans tant de gros livres ! sur ce pied-là, on ne peut nier que le grand Turc qui descend aussi de *Magog*, ne lui ait l'obligation d'avoir été bien battu en 1769 par l'impératrice de Russie *Catherine II*. Cette avanture tient évidemment à d'autres grandes avantures ; mais que *Magog* ait craché à droite ou à gauche, auprès du mont Caucase, & qu'il ait fait deux ronds dans un puits ou trois, qu'il ait dormi sur le côté gauche ou sur le côté droit ; je ne vois pas que cela ait influé beaucoup sur les affaires présentes.

Il faut songer que tout n'est pas plein dans la nature comme *Newton* l'a démontré ; & que tout mouvement ne se communique pas de proche en proche, jusqu'à faire le tour du monde comme il l'a démontré encore. Jettez dans l'eau un corps de pareille denſité, vous calculez aiſément qu'au bout de quelque tems le mouvement de ce corps, & celui qu'il a communiqué à l'eau, ſont anéantis; le mouvement ſe perd & ſe répare; donc le mouvement que put produire *Magog* en crachant dans un puits, ne peut avoir influé ſur ce qui ſe paſſe aujourd'hui en Moldavie & en Valachie. Donc, les événemens préſens ne ſont pas les enfans de tous les événemens paſſés; ils ont leurs lignes directes; mais mille petites lignes collatérales ne leur ſervent à rien. Encor une fois, tout être a ſon père, mais tout être n'a pas des enfans. *Voyez Deſtin.*

CHANGEMENS ARRIVÉS DANS LE GLOBE.

Quand on a vu de ſes yeux une montagne s'avancer dans une plaine, c'eſt-à-dire un immenſe rocher de cette montagne ſe détacher & couvrir des champs, un château tout entier enfoncé dans la terre, un fleuve englouti qui ſort enſuite de ſon abîme, des marques indubitables qu'un vaſte amas d'eaux inondait autrefois un pays habité aujourd'hui, & cent vestiges d'autres révolutions, on est alors plus disposé à croire les grands changemens qui ont altéré la face du monde, que ne l'est une dame de Paris qui sait seulement que la place où est bâtie sa maison était autrefois un champ labourable. Mais une dame de Naples, qui a vu sous terre les ruines d'Herculaneum, est encor moins asservie au préjugé qui nous fait croire que tout a toûjours été comme il est aujourd'hui.

Y a-t-il eu un grand embrasement du tems d'un *Phaëton?* Rien n'est plus vraisemblable; mais ce ne fut ni l'ambition de *Phaëton*, ni la colère de *Jupiter* foudroyant, qui causèrent cette catastrophe; de même qu'en 1755 ce ne furent point les feux allumés si souvent dans Lisbonne par l'inquisition qui ont attiré la vengeance divine; qui ont allumé les feux souterrains & qui ont détruit la moitié de la ville. Car Mequinès, Tétuan & des hordes considérables d'Arabes furent encor plus maltraitées que Lisbonne; & il n'y avait point d'inquisition dans ces contrées.

L'isle de St. Domingue, toute bouleversée depuis peu, n'avait pas plus déplû au Grand-Etre que l'isle de Corse. Tout est soumis aux loix physiques éternelles.

Le souphre, le bitume, le nitre, le fer renfermés dans la terre, ont par leurs mélanges & par leurs explosions renversé mille cités, ouvert & fermé mille gouffres, & nous sommes menacés tous les jours de ces accidens attachés à la manière dont ce monde est fabriqué, comme nous sommes menacés dans plusieurs contrées des loups & des tygres affamés pendant l'hyver.

Si le feu que *Démocrite* croyait le principe de tout, a bouleversé une partie de la terre, le premier principe de *Thales*, l'eau a causé d'aussi grands changemens.

La moitié de l'Amérique est encor inondée par les anciens débordemens du Maragnon, de Rio de la Plata, du fleuve St. Laurent, du Mississipi & de toutes les rivières perpétuellement augmentées par les neiges éternelles des montagnes les plus hautes de la terre, qui traversent ce continent d'un bout à l'autre. Ces déluges accumulés ont produit presque partout de vastes marais. Les terres voisines sont devenues inhabitables ; & la terre, que les mains des hommes auraient dû fertiliser, a produit des poisons.

La même chose était arrivée à la Chine & à l'Egypte ; il falut une multitude de siécles pour creuser des canaux & pour dessécher les terres. Joignez à ces longs désastres les irruptions de la mer, les terrains qu'elle a envahis, & qu'elle a désertés, les isles qu'elle a détachées du continent, vous trouverez qu'ela dévasté plus de quatre-vingt mille lieues quarrées d'orient en occident depuis le Japon jusqu'au mont Atlas.

L'engloutissement de l'isle Atlantide par l'Océan, peut être regardé avec autant de raison comme un point d'histoire, que comme une fable. Le peu de profondeur de la mer Atlantide jusqu'aux Canaries, pourait être une preuve de ce grand événement ; & les isles Canaries pouraient bien être des restes de l'Atlantide.

Platon prétend dans son *Timée*, que les prêtres d'Egypte, chez lesquels il a voyagé, conservaient d'anciens registres qui fesaient foi de la destruction de cette isle abimée dans la mer. Cette catastrophe, dit *Platon*, arriva neuf mille ans avant lui. Personne ne croira cette chronologie sur la foi seule de *Platon* ; mais aussi personne ne peut apporter contre elle aucune preuve physique, ni même aucun témoignage historique tiré des écrivains prophanes.

Pline, dans son livre III, dit, que de tout tems les peuples des côtes espagnoles méridionales ont cru que la mer s'était fait un passage entre Calpé & Abila : *Indigenæ columnas Herculis vocant, creduntque perfossas exclusa anteà admisisse maria & rerum naturæ mutasse faciem.*

Un voyageur attentif peut se convaincre par ses yeux que les Ciclades, les Sporades fefaient autrefois une partie du continent de la Grèce, & furtout que la Sicile était jointe à l'Appulie. Les deux volcans de l'Etna & du Véfuve qui ont les mêmes fondemens fous la mer, le petit gouffre de Caribde, feul endroit profond de cette mer ; la parfaite reffemblance des deux terrains, font des témoignages non recufables : les déluges de Deucalion & d'Ogigès font affez connus ; & les fables inventées d'après cette vérité font encor l'entretien de tout l'Occident.

Les anciens ont fait mention de plufieurs autres déluges en Afie. Celui dont parle *Bérofe* arriva, felon lui, en Caldée environ quatre mille trois ou quatre cent ans avant notre ère vulgaire ; & l'Afie fut inondée de fables au fujet de ce déluge, autant qu'elle le fut des débordemens du Tigre & de l'Euphrate, & de tous les fleuves qui tombent dans le Pont-Euxin. Voyez *Déluge*.

Il eft vrai que ces débordemens ne peuvent couvrir les campagnes que de quelques pieds d'eau ; mais la ftérilité qu'ils apportent, la deftruction des maifons & des ponts, la mort des beftiaux, font des pertes qui demandent près d'un fiécle pour être réparées. On fait ce qu'il en a coûté à la Hollande ; elle a perdu plus de la moitié d'elle-même depuis l'an 1050. Il faut encor qu'elle combatte tous les jours contre la mer qui la menace ;

& elle n'a jamais employé tant de foldats pour réfifter à fes ennemis, qu'elle employe de travailleurs à fe défendre continuellement des affauts d'une mer toûjours prête à l'engloutir.

Le chemin par terre d'Egypte en Phénicie, en côtoyant le lac Sirbon, était autrefois très praticable ; il ne l'eft plus depuis très longtems. Ce n'eft plus qu'un fable mouvant abreuvé d'une eau croupiffante. En un mot, une grande partie de la terre ne ferait qu'un vafte marais empoifonné & habité par des monftres, fans le travail affidu de la race humaine.

On ne parlera point ici du déluge univerfel de Noé. Il fuffit de lire la fainte Ecriture avec foumiffion. Le déluge de Noé eft un miracle incompréhenfible, opéré furnaturellement par la juftice & la bonté d'une providence ineffable, qui voulait détruire tout le genre-humain coupable, & former un nouveau genre-humain innocent. Si la race humaine nouvelle fut plus méchante que la première, & fi elle devint plus criminelle de fiécle en fiécle, & de réforme en réforme, c'eft encor un effet de cette providence, dont il eft impoffible de fonder les profondeurs, & dont nous adorons, comme nous le devons, les inconcevables myftères tranfmis aux peuples d'Occident depuis quelques fiécles, par la traduction latine des Septante. Nous n'entrons jamais dans ces sanctuaires redoutables; nous n'examinons dans nos questions que la simple nature.

CHANT, MUSIQUE, MÉLOPÉE, GESTICULATION, SALTATION.

QUESTIONS SUR CES OBJETS.

UN Turc poura t-il concevoir que nous ayons une espece de chant pour le premier de nos mystères, quand nous le célébrons en musique; une autre espèce que nous appellons *des motets* dans le même temple, une troisiéme espèce à l'opéra, une quatriéme à l'opéra comique?

De même pouvons-nous imaginer comment les anciens soufflaient dans leurs flûtes, récitaient sur leurs théâtres la tête couverte d'un énorme masque, & comment leur déclamation était notée?

On promulguait les loix dans Athènes à-peu-près comme on chante dans Paris un air du pont-neuf. Le crieur public chantait un édit en se fesant accompagner d'une lyre.

C'est ainsi qu'on crie dans Paris, *la ro-*

se & le bouton sur un ton, *vieux passemens d'argent à vendre* sur un autre ; mais dans les rues de Paris on se passe de lyre.

Après la victoire de Chéronée, *Philippe* père d'*Alexandre*, se mit à chanter le décret par lequel *Démosthène* lui avait fait déclarer la guerre, & battit du pied la mesure. Nous sommes fort loin de chanter dans nos carrefours nos édits sur les finances & sur les deux sous pour livre.

Il est très vraisemblable que la *mélopée*, regardée par *Aristote* dans sa *poëtique* comme une partie essentielle de la tragédie, était un chant uni & simple comme celui de ce qu'on nomme la *préface à la messe*, qui est, à mon avis, le chant grégorien, & non l'ambrosien, mais qui est une vraie mélopée.

Quand les Italiens firent revivre la tragédie au seizième siécle, le récit était une mélopée, mais qu'on ne pouvait noter ; car qui peut noter des inflexions de voix qui sont des huitièmes, des seizièmes de ton ? on les apprenait par cœur. Cet usage fut reçu en France quand les Français commencèrent à former un théâtre plus d'un siécle après les Italiens. La *Sophonisbe* de *Mairet* se chantait comme celle du *Trissin*, mais plus grossiérement ; car on avait alors le gozier un peu rude à Paris, ainſi que l'eſprit. Tous les rôles des acteurs, mais ſurtout des actrices, étaient notés de mémoire par tradition. Mlle. *Bauval* actrice du tems de *Corneille*, de *Racine* & de *Molière*, me récita il y a quelque ſoixante ans & plus, le commencement du rôle d'*Emilie* dans *Cinna*, tel qu'il avait été débité dans les premieres repréſentations par la *Beaupré*.

Cette mélopée reſſemblait à la déclamation d'aujourd'hui, beaucoup moins que notre récit moderne ne reſſemble à la manière dont on lit la gazette.

Je ne puis mieux comparer cette eſpèce de chant, cette mélopée, qu'à l'admirable récitatif de *Lulli* critiqué par les adorateurs des doubles croches, qui n'ont aucune connaiſſance du génie de notre langue, & qui veulent ignorer combien cette mélodie fournit de ſecours à un acteur ingénieux & ſenſible.

La mélopée théatrale périt avec la comédienne *Duclos*, qui n'ayant pour tout mérite qu'une belle voix, ſans eſprit & ſans ame, rendit enfin ridicule ce qui avait été admiré dans la *des Oeuillets* & dans la *Champmêlé*.

Aujourd'hui on joue la tragédie ſéchement; ſi on ne la réchauffait pas par le pathétique du ſpectacle & de l'action, elle ſerait très inſipide. Notre ſiécle recommandable par d'autres endroits, eſt le ſiécle de la ſéchereſſe,

Est-il vrai que chez les Romains un acteur récitait, & un autre fesait les gestes ?

Ce n'est pas par méprise que l'abbé *Dubos* imagina cette plaisante façon de déclamer. *Tite-Live* qui ne néglige jamais de nous instruire des mœurs & des usages des Romains, & qui en cela est plus utile que l'ingénieux & satyrique *Tacite*; Tite-Live, dis-je, nous Liv. VII. apprend qu'*Andronicus* s'étant enroué en chantant dans les intermèdes, obtint qu'un autre chantât pour lui tandis qu'il exécuterait la danse, & que de-là vint la coutume de partager les intermèdes entre les danseurs & les chanteurs. *Dicitur cantum egisse magis vigente motu cum nihil vocis usus impediebat.* Il exprima le chant par la danse. *Cantum egisse magis vigente motu* avec des mouvemens plus vigoureux.

Mais on ne partagea point le récit de la piéce entre un acteur qui n'eût fait que gesticuler, & un autre qui n'eût que déclamé. La chose aurait été aussi ridicule qu'impraticable.

L'art des pantomimes qui jouent sans parler, est tout différent, & nous en avons vu des exemples très frappans ; mais cet art ne peut plaire que lorsqu'on représente une action marquée, un événement théatral qui se dessine aisément dans l'imagination du spectateur. On peut représenter *Orosmane* tuant *Zaïre*, & se tuant lui-même ; *Sémiramis* se trainant blessée sur les marches du tombeau de *Ninus*, & tendant les bras à son fils. On n'a pas besoin de vers pour exprimer ces situations par des gestes, aux sons d'une simphonie lugubre & terrible. Mais comment deux pantomimes peindront-ils la dissertation de *Maxime* & de *Cinna* sur les gouvernemens monarchiques & populaires ?

A propos de l'exécution théatrale chez les Romains, l'abbé *Dubos* dit, que les danseurs dans les intermèdes étaient toûjours en robe. La danse exige un habit plus leste. On conserve précieusement dans le pays de Vaud, une grande salle de bains bâtie par les Romains, dont le pavé est en mosaïque. Cette mosaïque qui n'est point dégradée, représente des danseurs vêtus précisément comme les danseurs de l'opéra. On ne fait pas ces observations pour relever des erreurs dans *Dubos*; il n'y a nul mérite dans le hazard d'avoir vu ce monument antique qu'il n'avait point vu ; & on peut d'ailleurs être un esprit très solide & très juste, en se trompant sur un passage de *Tite-Live*.

CHARITÉ,

Maisons de Charité, de Bienfaisance, Hopitaux, Hotels-Dieu, &c.

Cicéron parle en plusieurs endroits de la charité universelle ; *charitas humani generis* ; mais on ne voit point que la police & la bienfaisance des Romains ayent établi de ces maisons de charité où les pauvres & les malades fussent soulagés aux dépends du public. Il y avait une maison pour les étrangers au port d'Ostia, qu'on appellait *Xenodokium*. St. Jérôme rend aux Romains cette justice. Les hôpitaux pour les pauvres semblent avoir été inconnus dans l'ancienne Rome. Elle avait un usage plus noble, celui de fournir des blés au peuple. Trois cent vingt-sept greniers immenses étaient établis à Rome. Avec cette libéralité continuelle, on n'avait pas besoin d'hôpital ; il n'y avait point de nécessiteux.

On ne pouvait fonder des maisons de charité pour les enfans trouvés ; personne n'exposait ses enfans ; les maîtres prenaient soin de ceux de leurs esclaves. Ce n'était point une honte à une fille du peuple d'accoucher. Les plus pauvres familles, nourries par la république, & ensuite par les empereurs, voyaient la subsistance de leurs enfans assurée.

Le mot de *maison de charité* suppose, chez nos nations modernes, une indigence que la forme de nos gouvernemens n'a pu prévenir.

Le mot d'*hôpital* qui rappelle celui d'*hospitalité*, fait souvenir d'une vertu célèbre chez les Grecs qui n'existe plus ; mais aussi il exprime une vertu bien supérieure. La différence est grande entre loger, nourrir, guérir tous les malheureux qui se présentent, & recevoir chez vous deux ou trois voyageurs chez qui vous aviez aussi le droit d'être reçu. L'hospitalité, après tout n'était qu'un échange. Les hôpitaux sont des monumens de bienfaisance.

Il est vrai que les Grecs connaissaient les hôpitaux sous le nom de *Xenodokia* pour les étrangers, *Nozocomeia* pour les malades, & de *Ptokia* pour les pauvres. On lit dans Diogène de Laerce concernant Bion ce passage ; *Il souffrit beaucoup par l'indigence de ceux qui étaient chargés du soin des malades.*

L'hospitalité entre particuliers s'appellait *Idioxenia*, & entre les étrangers *Proxenia*. De-là on appellait *Proxenos* celui qui recevait & entretenait chez lui les étrangers au nom de toute la ville ; mais cette institution paraît avoir été fort rare.

Il n'eſt guère aujourd'hui de ville en Europe ſans hôpitaux. Les Turcs en ont, & même pour les bêtes, ce qui ſemble outrer la charité. Il vaudrait mieux oublier les bêtes & ſonger davantage aux hommes.

Cette prodigieuſe multitude de maiſons de charité prouve évidemment une vérité à laquelle on ne fait pas aſſez d'attention, c'eſt que l'homme n'eſt pas ſi méchant qu'on le dit, & que malgré toutes ſes opinions, malgré les horreurs de la guerre qui le changent en bête féroce, on peut croire que cet animal eſt bon, & qu'il n'eſt méchant que quand il eſt effarouché, ainſi que les autres animaux.

Rome moderne a preſque autant de maiſons de charité que Rome antique avait d'arcs-de-triomphe & d'autres monumens de conquête. La plus conſidérable de ces maiſons eſt une banque qui prête ſur gages à deux pour cent, & qui vend les effets, ſi l'emprunteur ne les retire pas dans le tems marqué. On appelle cette maiſon l'*archihoſpedale*, l'archihôpital. Il eſt dit, qu'il y a preſque toûjours deux mille malades, ce qui ferait la cinquantiéme partie des habitans de Rome pour cette ſeule maiſon, ſans compter les enfans qu'on y élève, & les pélerins qu'on y héberge. De quels calculs ne faut-il pas rabattre !

Troiſiéme partie.   V

N'a-t-on pas imprimé dans Rome que l'hôpital de la Trinité avait couché & nourri pendant trois jours quatre cent quarante mille cinq cent pélerins, & vingt-cinq mille cinq cent pélerines au jubilé de l'an 1600? *Misson* lui-même, n'a-t-il pas dit que l'hôpital de l'Annonciade à Naples possède deux de nos millions de rente?

Peut-être enfin qu'une maison de charité fondée pour recevoir des pélerins qui sont d'ordinaire des vagabonds, est plutôt un encouragement à la fainéantise qu'un acte d'humanité. Mais ce qui est véritablement humain, c'est qu'il y a dans Rome cinquante maisons de charité de toutes les espèces. Ces maisons de charité, de bienfaisance, sont aussi utiles & aussi respectables que les richesses de quelques monastères & de quelques chapelles sont inutiles & ridicules.

Il est beau de donner du pain, des vétemens, des remèdes, des secours en tout genre à ses frères; mais quel besoin un saint a-t-il d'or & de diamans? quel bien revient-il aux hommes que Notre-Dame de Lorrette ait un plus beau trésor que le sultan des Turcs? Lorrette est une maison de vanité & non de charité.

Londres, en comptant les écoles de charité, a autant de maisons de bienfaisance que Rome.

Le plus beau monument de bienfaisance qu'on ait jamais élevé, est l'Hôtel des invalides fondé par *Louis XIV*.

De tous les hôpitaux, celui où l'on reçoit journellement le plus de pauvres malades, est l'Hôtel-Dieu de Paris. Il y en a eu souvent entre quatre à cinq mille à la fois. Dans ces cas, la multitude nuit à la charité même. C'est en même tems le receptacle de toutes les horribles misères humaines, & le temple de la vraie vertu qui consiste à les secourir.

Il faudrait avoir souvent dans l'esprit le contraste d'une fête de Versailles, d'un opéra de Paris, où tous les plaisirs & toutes les magnificences sont réunis avec tant d'art, & d'un Hôtel-Dieu où toutes les douleurs, tous les dégoûts & la mort sont entassés avec tant d'horreur. C'est ainsi que sont composées les grandes villes.

Par une police admirable, les voluptés même & le luxe servent la misère & la douleur. Les spectacles de Paris ont payé année commune un tribut de plus de cent mille écus à l'hôpital.

Dans ces établissemens de charité, les inconvéniens ont souvent surpassé les avantages. Une preuve des abus attachés à ces maisons, c'est que les malheureux qu'on y transporte craignent d'y être.

L'Hôtel-Dieu, par exemple, était très bien placé autrefois dans le milieu de la ville auprès de l'évêché. Il l'est très mal quand la ville est trop grande, quand quatre ou cinq malades sont entassés dans chaque lit, quand un malheureux donne le scorbut à son voisin dont il reçoit la vérole, & qu'un atmosphère empesté répand les maladies incurables & la mort, non-seulement dans cet hospice destiné pour rendre les hommes à la vie, mais dans une grande partie de la ville à la ronde.

L'inutilité, le danger même de la médecine en ce cas, sont démontrés. S'il est si difficile qu'un médecin connaisse & guérisse une maladie d'un citoyen bien soigné dans sa maison, que sera-ce de cette multitude de maux compliqués, accumulés les uns sur les autres dans un lieu pestiféré ?

En tout genre souvent plus le nombre est grand, plus mal on est.

Mr. de *Chamousset*, l'un des meilleurs citoyens & des plus attentifs au bien public, a calculé par des relevés fidèles, qu'il meurt un quart des malades à l'Hôtel-Dieu, un huitième à l'hôpital de la charité, un neuvième dans les hôpitaux de Londres, un trentième dans ceux de Versailles.

Dans le grand & célèbre hôpital de Lyon, qui a été longtems un des mieux administrés de l'Europe, il ne mourait qu'un quinziéme des malades, année commune.

On a proposé souvent de partager l'Hôtel-Dieu de Paris en plusieurs hospices mieux situés, plus aérés, plus salutaires; l'argent à manqué pour cette entreprise.

Curtæ nescio quid semper abest rei.

On en trouve toûjours quand il s'agit d'aller faire tuer des hommes sur la frontière; il n'y en a plus quand il faut les sauver. Cependant l'Hôtel-Dieu de Paris possède plus d'un million de revenu qui augmente chaque année; & les Parisiens l'ont doté à l'envi.

On ne peut s'empêcher de remarquer ici que *Germain Brice*, dans sa *Description de Paris*, en parlant de quelques legs faits par le premier-président de *Bellièvre* à la salle de l'Hôtel-Dieu, nommée *St. Charles*, dit, „ qu'il faut lire cette belle inscription gravée „ en lettres d'or dans une grande table de „ marbre de la composition d'*Olivier Patru* „ de l'académie Françaife, un des plus beaux „ esprits de son tems, dont on a des plai- „ doyers fort estimés. "

Qui que tu sois qui entres dans ce saint lieu, tu n'y verras presque partout que des fruits de la charité du grand Pomponne ; les brocards d'or & d'argent, & les beaux meubles qui paraient autrefois sa chambre, par une heu-

reuſe métamorphoſe, ſervent maintenant aux néceſſités des malades. Cet homme divin qui fut l'ornement & les délices de ſon ſiécle, dans le combat même de la mort, a penſé au ſoulagement des affligés. Le ſang de Bellièvre s'eſt montré dans toutes les actions de ſa vie. La gloire de ſes ambaſſades n'eſt que trop connue, &c.

L'utile *Chamouſſet* fit mieux que *Germain Brice & Olivier Patru* l'un de plus beaux eſprits du tems ; voici le plan dont il propoſa de ſe charger à ſes frais, avec une compagnie ſolvable.

Les adminiſtrateurs de l'Hôtel-Dieu portaient en compte la valeur de cinquante livres pour chaque malade, ou mort, ou guéri. Mr. de *Chamouſſet* & ſa compagnie offraient de gérer pour cinquante livres ſeulement par guériſon. Les morts allaient par-deſſus le marché, & étaient à ſa charge.

La propoſition était ſi belle, qu'elle ne fut point acceptée. On craignit qu'il ne pût la remplir. Tout abus qu'on veut réformer eſt le patrimoine de ceux qui ont plus de crédit que les réformateurs.

Une choſe non moins ſingulière, eſt que l'Hôtel-Dieu a ſeul le privilège de vendre la chair en carême à ſon profit ; & il y perd. Mr. de *Chamouſſet* offrit de faire un marché où l'Hôtel-Dieu gagnerait ; on le refuſa, &

on chaſſa le boucher qu'on ſoupçonna de lui avoir donné l'avis.

 Ainſi chez les humains, par un abus fatal,
 Le bien le plus parfait eſt la ſource du mal.

CHARLATAN.

L'Article *Charlatan* du Dictionnaire encyclopédique, eſt rempli de vérités utiles, agréablement énoncées. Mr. le chevalier de *Jaucourt* y a développé le charlataniſme de la médecine.

On prendra ici la liberté d'y ajouter quelques réflexions. Le ſéjour des médecins eſt dans les grandes villes; il n'y en a preſque point dans les campagnes. C'eſt dans les grandes villes que ſont les riches malades; la débauche, les excès de table, les paſſions cauſent leurs maladies. *Dumoulin*, non pas le juriſconſulte, mais le médecin, qui était auſſi bon praticien que l'autre, a dit en mourant, qu'il laiſſait deux grands médecins après lui, la diète & l'eau de la rivière.

En 1728, du tems de *Laſs* le plus fameux des charlatans de la première eſpèce; un autre, nommé *Villars*, confia à quelques amis que fon oncle qui avait vécu près de cent ans, & qui n'était mort que par accident, lui avait laiffé le fecret d'une eau qui pouvait aifément prolonger la vie jufqu'à cent cinquante années, pourvu qu'on fût fobre. Lorfqu'il voyait paffer un enterrement, il levait les épaules de pitié; fi le défunt, difait-il, avait bu de mon eau, il ne ferait pas où il eft. Ses amis, auxquels il en donna généreufement, & qui obfervèrent un peu le régime prefcrit, s'en trouvèrent bien, & le prônèrent. Alors il vendit la bouteille fix francs; le débit en fut prodigieux. C'était de l'eau de Seine avec un peu de nitre. Ceux qui en prirent & qui s'aftreignirent à un peu de régime, furtout qui étaient nés avec un bon tempéramment, recouvrèrent en peu de jours une fanté parfaite. Il difait aux autres, c'eft votre faute fi vous n'êtes pas entiérement guéris. Vous avez été intempérans & incontinens : corrigez-vous de ces deux vices, & vous vivrez cent cinquante ans pour le moins. Quelques-uns fe corrigèrent; la fortune de ce bon charlatan s'augmenta comme fa réputation. L'abbé de *Pons* l'entoufiafte, le mettait fort au deffus du maréchal de *Villars* : il fait tuer des hommes, lui dit-il, & vous les faites vivre.

On fut enfin que l'eau de *Villars* n'était que de l'eau de rivière; on n'en voulut plus: & on alla à d'autres charlatans.

Charlatan.

Il est certain qu'il avait fait du bien, & qu'on ne pouvait lui reprocher que d'avoir vendu l'eau de la Seine un peu trop cher. Il portait les hommes à la tempérance, & par-là il était supérieur à l'apoticaire *Arnoud* qui a farci l'Europe de ses sachets contre l'apoplexie, sans recommander aucune vertu.

J'ai connu un médecin de Londres nommé *Broun*, qui pratiquait aux Barbades. Il avait une sucrerie & des nègres; on lui vola une somme considérable; il assemble ses nègres: Mes amis, leur dit-il, le grand serpent m'a apparu pendant la nuit, il m'a dit que le voleur aurait dans ce moment une plume de perroquet sur le bout du nez. Le coupable, sur le champ porte la main à son nez. C'est toi qui m'as volé, dit le maître; le grand serpent vient de m'en instruire; & il reprit son argent. On ne peut guères condamner une telle charlatanerie; mais il falait avoir à faire à des nègres.

Scipion le premier Africain, ce grand *Scipion* fort différent d'ailleurs du médecin *Broun*, fesait croire volontiers à ses soldats qu'il était inspiré par les Dieux. Cette grande charlatanerie était en usage dès longtems. Peut-on blâmer *Scipion* de s'en être servi ? il fut peut-être l'homme qui fit le plus d'honneur à la république Romaine ; mais pourquoi les Dieux lui infpirèrent-ils de ne point rendre fes comptes ?

Numa fit mieux ; il falait policer des brigands & un fénat qui était la portion de ces brigands la plus difficile à gouverner. S'il avait propofé fes loix aux tribus affemblées, les affaffins de fon prédéceffeur lui auraient fait mille difficultés. Il s'adreffe à la déeffe *Egerie* qui lui donne des pandectes de la part de *Jupiter* ; il eft obéi fans contradiction, & il régne heureux. Ses inftitutions font bonnes, fon charlatanifme fait du bien ; mais fi quelque ennemi fecret avait découvert la fourberie, fi on avait dit, Exterminons un fourbe qui proftitue le nom des Dieux pour tromper les hommes, il courait rifque d'être envoyé au ciel avec *Romulus*.

Il eft probable que *Numa* prit très bien fes mefures, & qu'il trompa les Romains pour leur profit avec une habileté convenable au tems, aux lieux, à l'efprit des premiers Romains.

Mahomet fut vingt fois fur le point d'échouer ; mais enfin il réuffit avec les Arabes de Médine, & on le crut intime ami de l'ange *Gabriel*. Si quelqu'un venait aujourd'hui annoncer dans Conftantinople qu'il eft le favori de l'ange *Raphaël* très fupérieur à *Gabriel* en dignité, & que c'eſt à lui ſeul qu'il faut croire, il ſerait empâlé en place publique. C'eſt aux charlatans à bien prendre leur tems.

N'y avait-il pas un peu de charlataniſme dans *Socrate* avec ſon démon familier, & la déclaration préciſe d'*Apollon* qui le proclama le plus ſage de tous les hommes ? Comment *Rollin*, dans ſon hiſtoire, peut-il raiſonner d'après cet oracle ? comment ne fait-il pas connaître à la jeuneſſe que c'était une pure charlatanerie ? *Socrate* prit mal ſon tems. Peut-être cent ans plus tôt il aurait gouverné Athènes.

Tout chef de ſecte en philoſophie a été un peu charlatan ; mais les plus grands de tous ont été ceux qui ont aſpiré à la domination. *Cromwell* fut le plus terrible de tous nos charlatans. Il parut préciſément dans le ſeul tems où il pouvait réuſſir : ſous *Elizabeth* il aurait été pendu : ſous *Charles II* il n'eût été que ridicule. Il vint heureuſement dans le tems où l'on était dégoûté des rois ; & ſon fils, dans le tems où l'on était las d'un protecteur.

DE LA CHARLATANERIE DES SCIENCES ET DE LA LITTÉRATURE.

Les ſciences ne pouvaient guères être ſans charlatanerie. On veut faire recevoir ſes opinions; le docteur subtil veut éclipser le docteur angelique; le docteur profond veut régner seul. Chacun batit son système de physique, de métaphysique, de théologie scolastique; c'est à qui fera valoir sa marchandise. Vous avez des courtiers qui la vantent, des sots qui vous croyent, des protecteurs qui vous appuient.

Y a-t-il une charlatanerie plus grande que de mettre les mots à la place des choses, & de vouloir que les autres croyent ce que vous ne croyez pas vous-mêmes?

L'un établit des tourbillons de matière subtile rameuse, globuleuse, striée, cannelée; l'autre des élémens de matière qui ne sont point matière, & une harmonie préétablie qui fait que l'horloge du corps sonne l'heure quand l'horloge de l'ame la montre par son éguille. Ces chimères trouvent des partisans pendant quelques années. Quand ces drogues sont passées de mode, de nouveaux énergumènes montent sur le théâtre ambulant; ils bannissent les germes du monde, ils disent que la mer a produit les montagnes, & que les hommes ont été autrefois poissons.

Combien a-t-on mis de charlatanerie dans l'histoire, soit en étonnant le lecteur par des prodiges, soit en chatouillant la malignité humaine par des satyres, soit en

CHARLATAN. 317

flattant des familles de tyrans par d'infames éloges ?

La malheureuſe eſpèce qui écrit pour vivre, eſt charlatane d'une autre manière. Un pauvre homme qui n'a point de métier, qui a eu le malheur d'aller au collège & qui croit ſavoir écrire, va faire ſa cour à un marchand libraire, & lui demande à travailler. Le marchand libraire ſait que la plûpart des gens domiciliés veulent avoir de petites bibliothèques, qu'il leur faut des abrégés & des titres nouveaux ; il ordonne à l'écrivain un abrégé de l'*Hiſtoire de Rapin Toiras*, un abrégé de l'*Hiſtoire de l'égliſe*, un *Recueil de bons mots* tiré de *Ménagiana*, un *Dictionnaire des grands-hommes*, où l'on place un pédant inconnu à côté de Cicéron, & un *ſonnettiero d'Italie* auprès de Virgile.

Un autre marchand libraire commande des romans, ou des traductions de romans. Si vous n'avez pas d'imagination, dit-il à ſon ouvrier, vous prendrez quelques avantures dans *Cyrus*, dans *Guſman d'Alfarache*, dans les *Mémoires ſecrets* d'un homme de qualité ou d'une femme de qualité ; & du total vous ferez un volume de quatre cent pages à vingt ſous la feuille.

Un autre marchand libraire donne les gazettes & les almanachs de dix années à un homme de génie. Vous me ferez un extrait de tout cela, & vous me le rapporterez dans trois mois sous le nom d'*Histoire fidéle du tems*, par Mr. le chevalier de trois étoiles lieutenant de vaisseau, employé dans les affaires étangères.

De ces sortes de livres il y en a environ cinquante mille en Europe, & tout cela passe comme le secret de blanchir la peau, de noircir les cheveux & la panacée universelle.

CHARLES IX.

Charles IX roi de France, était, dit-on, un bon poëte. Il est sûr que ses vers étaient admirables de son vivant. *Brantôme* ne dit pas à la vérité que ce roi fût le meilleur poëte de l'Europe, mais il assure qu'*il fesait surtout fort gentiment des quatrains impromptu sans songer, (comme il en a vu plusieurs) & quand il fesait mauvais tems ou pluie, ou d'un extrême chaud, il envoyait querir messieurs les poëtes en son cabinet, & là passait son tems avec eux.*

S'il avait toûjours passé son tems ainsi, & surtout s'il avait fait de bons vers, nous n'aurions pas eu la St. Barthelemi ; il n'aurait pas tiré de fa fenêtre avec une carabine fur fes propres fujets comme fur des perdreaux. Ne croyez-vous pas qu'il eft impoffible qu'un bon poëte foit un barbare ? pour moi j'en fuis perfuadé.

On lui attribue ces vers, faits en fon nom pour *Ronfard.*

> Ta lyre qui ravit par de fi doux accords,
> Te foumet les efprits dont je n'ai que les corps ;
> Le maître elle t'en rend, & te fait introduire
> Où le plus fier tyran ne peut avoir d'empire.

Ces vers font bons, mais font-ils de lui ? ne font-ils pas de fon précepteur ? en voici de fon imagination royale qui font un peu différens.

> Il faut fuivre ton roi qui t'aime par fus tous,
> Pour les vers qui de toi coulent braves & doux ;
> Et crois, fi tu ne viens me trouver à Pontoife,
> Qu'entre nous adviendra une très grande noife.

L'auteur de la St. Barthelemi pourait bien avoir fait ceux-là. Une application conftante aux arts aimables adoucit les mœurs.

Emollit mores nec finit effe feros.

Au refte, la langue françaife ne commença à fe dérouiller un peu, que longtems après *Charles IX.* Voyez les lettres qu'on nous a conservées de François I. *Tout est perdu fors l'honneur*, est d'un digne chevalier ; mais en voici une qui n'est ni de Cicéron, ni de César.

Tout a fleure ynsi que je me volois mettre o lit est arrivé Laval qui m'a aporté la serteneté du lévement du siége.

Nous avons quelques lettres de la main de *Louis XIII*, qui ne sont pas mieux écrites. On n'exige pas qu'un roi écrive des lettres comme *Pline*, ni qu'il fasse des vers comme *Virgile* ; mais personne n'est dispensé de bien parler sa langue. Tout prince qui écrit comme une femme de chambre, a été fort mal élevé.

CHEMINS.

IL n'y a pas longtems que les nouvelles nations de l'Europe ont commencé à rendre les chemins praticables, & à leur donner quelque beauté. C'est un des grands soins des empereurs Mogols & de ceux de la Chine. Mais ces princes n'ont pas approché des Romains. La voye Appienne, l'Aurélienne, la Flaminienne, l'Emilienne, la Trajane subsistent encor. Les seuls Romains pouvaient faire de tels chemins, & seuls pouvaient les réparer.

Bergier, qui d'ailleurs a fait un livre utile, insiste beaucoup sur ce que *Salomon* employa trente mille Juifs pour couper du bois sur le Liban, quatre-vingt mille pour maçonner son temple, soixante & dix mille pour les charrois; & trois mille six cent pour présider aux travaux. Soit: mais il ne s'agissait pas là de grands chemins.

Pline dit, qu'on employa trois cent mille hommes pendant vingt ans pour bâtir une pyramide en Egypte: je le veux croire; mais voilà trois cent mille hommes bien mal employés. Ceux qui travaillèrent aux canaux de l'Egypte, à la grande muraille, aux canaux & aux chemins de la Chine; ceux qui construisirent les voyes de l'empire Romain, furent plus avantageusement occupés que les trois cent mille misérables qui bâtirent des tombeaux en pointe pour faire reposer le cadavre d'un superstitieux Egyptien.

On connaît assez les prodigieux ouvrages des Romains; les lacs creusés ou détournés, les collines applanies; la montagne percée par *Vespasien* dans la voye Flaminienne l'espace de mille piés de longueur, & dont l'inscription subsiste encor. Le Pausilipe n'en approche pas.

Troisiéme partie.

Il s'en faut beaucoup que les fondations de la plûpart de nos maifons foient auffi folides que l'étaient les grands chemins dans le voifinage de Rome ; & ces voyes publiques s'étendirent dans tout l'empire, mais non pas avec la même folidité. Ni l'argent, ni les hommes n'auraient pû y fuffire.

Prefque toutes les chauffées d'Italie étaient relevées fur quatre piés de fondation. Lorfqu'on trouvait un marais fur le chemin, on le comblait. Si on rencontrait un endroit montagneux, on le joignait au chemin par une pente douce. On foutenait en plufieurs lieux ces chemins par des murailles.

Sur les quatre piés de maçonnerie étaient pofées de larges pierres de taille, des marbres épais de près d'un pié, & fouvent larges de dix ; ils étaient piqués au cifeau, afin que les chevaux ne gliffaffent pas. On ne favait ce qu'on devait admirer davantage ou l'utilité ou la magnificence.

Prefque toutes ces étonnantes conftructions fe firent aux dépends du tréfor public. *Céfar* répara & prolongea la voye Appienne de fon propre argent ; mais fon argent n'était que celui de la république.

Quels hommes employait-on à ces travaux ? les efclaves, les peuples domptés, les provinciaux, qui n'étaient point citoyens

Romains. On travaillait par corvées, comme on fait en France & ailleurs, mais on leur donnait une petite rétribution.

Auguste fut le premier qui joignit les légions au peuple pour travailler aux grands chemins dans les Gaules, en Espagne, en Asie. Il perça les Alpes à la vallée qui porta son nom, & que les Piémontais & les Français appellent par corruption la *vallée d'Aoste*. Il falut d'abord soumettre tous les sauvages qui habitaient ces cantons. On voit encor entre le grand & le petit St. Bernard l'arc de triomphe que le sénat lui érigea après cette expédition. Il perça encor les Alpes par un autre côté qui conduit à Lyon, & de là dans toute la Gaule. Les vaincus n'ont jamais fait pour eux-mêmes ce que firent les vainqueurs.

La chute de l'empire Romain fut celle de tous les ouvrages publics, comme de toute police, de tout art, de toute industrie. Les grands chemins disparurent dans les Gaules, excepté quelques chaussées que la malheureuse reine *Brunehaut* fit réparer pour un peu de tems. A peine pouvait-on aller à cheval sur les anciennes voyes qui n'étaient plus que des abîmes de bourbe entremêlées de pierres. Il falait passer par les champs labourables; les charrettes fesaient à peine en un mois le chemin qu'elles font aujourd'hui dans une semaine. Le peu de commerce qui subsista fut borné à quelques draps, quelques toiles, un peu de mauvaise quincaillerie qu'on portait à dos de mulet dans des prisons à creneaux & à machicoulis, qu'on appellait *châteaux*, situés dans des marais, ou sur la cîme des montagnes couvertes de neige.

Pour peu qu'on voyageât pendant les mauvaises saisons si longues & si rebutantes dans les climats septentrionaux, il falait ou enfoncer dans la fange ou gravir sur des rocs. Telles furent l'Allemagne & la France entière jusqu'au milieu du dix-septiéme siécle. Tout le monde était en bottes : on allait dans les rues sur des échasses dans plusieurs villes d'Allemagne.

Enfin sous *Louis XIV*, on commença les grands chemins que les autres nations ont imités. On en a fixé la largeur à soixante piés en 1720. Ils sont bordés d'arbres en plusieurs endroits jusqu'à trente lieues de la capitale ; cet aspect forme un coup d'œil admirable. Les voyes militaires romaines n'étaient larges que de seize piés ; mais elles étaient infiniment plus solides. On n'était pas obligé de les réparer tous les ans comme les nôtres. Elles étaient embellies de monumens, de colonnes milliaires, & même de tombeaux superbes. Car ni en Grèce ni en Italie il n'était permis de faire servir les villes de sépultures ; encor moins les temples : c'eût été un sacrilège. Il n'en était pas comme dans nos églises, où une vanité de barbares fait ensevelir à prix d'argent des bourgeois riches qui infectent le lieu même où l'on vient adorer Dieu, & où l'encens ne semble brûler que pour déguiser les odeurs des cadavres, tandis que les pauvres pourissent dans le cimetière attenant, & que les uns & les autres répandent les maladies contagieuses parmi les vivans.

Les empereurs furent presque les seuls dont les cendres reposèrent dans des monumens érigés à Rome.

Les grands chemins de soixante piés de large occupent trop de terrain. C'est environ quarante piés de trop. La France a près de deux cent lieues ou environ de l'embouchure du Rhône au fond de la Bretagne, autant de Perpignan à Dunkerke, en comptant la lieue à deux mille cinq cent toises. Cela fait cent vingt millions de piés quarrés pour deux seuls grands chemins, perdus pour l'agriculture. Cette perte est très considérable dans un pays où les récoltes ne sont pas toûjours abondantes.

On essaya de paver le grand chemin d'Orléans qui n'était pas de cette largeur ; mais on s'apperçut depuis que rien n'était plus mal imaginé pour une route couverte continuellement de gros charrois. De ces pavés posés tout simplement sur la terre, les uns se baissent, les autres s'élèvent; le chemin devient raboteux, & bientôt impraticable; il a falu y renoncer.

Les chemins recouverts de gravier & de sable exigent un nouveau travail toutes les années. Ce travail nuit à la culture des terres, & ruine l'agriculteur.

Mr. *Turgot*, fils du prévôt des marchands, dont le nom est en bénédiction à Paris, & l'un des plus éclairés magistrats du royaume & des plus zélés pour le bien public, a remédié autant qu'il a pu à ce fatal inconvénient dans la généralité de Limoges, & a été imité.

On a prétendu qu'on devait, à l'exemple d'*Auguste* & de *Trajan*, employer les troupes à la confection des chemins; mais alors il faudrait augmenter la paye du soldat; & un royaume qui n'était qu'une province de l'empire Romain, & qui est souvent obéré, peut rarement entreprendre ce que l'empire Romain fesait sans peine.

C'est une coutume assez sage dans les Pays-Bas d'exiger de toutes les voitures un péage modique pour l'entretien des voyes publiques. Ce fardeau n'est point pesant. Le paysan est à l'abri des vexations. Les chemins y sont une promenade continue très agréable.

CHIEN.

IL semble que la nature ait donné le chien à l'homme pour sa défense & pour son plaisir. C'est de tous les animaux le plus fidèle: c'est le meilleur ami que puisse avoir l'homme.

Il paraît qu'il y en a plusieurs espèces absolument différentes. Comment imaginer qu'un levrier vienne originairement d'un barbet ? il n'en a ni le poil, ni les jambes, ni le corsage, ni la tête, ni les oreilles, ni la voix, ni l'odorat, ni l'instinct. Un homme qui n'aurait vu en fait de chiens que des barbets ou des épagneuls, & qui verrait un levrier pour la première fois, le prendrait plutôt pour un petit cheval nain que pour un animal de la race épagneule. Il est bien vraisemblable que chaque race fut toûjours ce qu'elle est, sauf le mélange de quelques-unes en petit nombre.

Il est étonnant que le chien ait été déclaré immonde dans la loi juive, comme l'ixion, le griffon, le liévre, le porc, l'anguille; il faut qu'il y ait quelque raison physique ou morale que nous n'ayons pu encor découvrir.

Ce qu'on raconte de la sagacité, de l'obéissance, de l'amitié, du courage des chiens est prodigieux, & est vrai. Le philosophe mili-

Voyage d'Ulloa au Pérou, liv. VI.

taire *Ulloa*, nous assure que dans le Pérou les chiens espagnols reconnaissent les hommes de race indienne, les poursuivent & les déchirent ; que les chiens péruviens en font autant des espagnols. Ce fait semble prouver que l'une & l'autre espèce de chiens retient encor la haine que lui fut inspirée du tems de la découverte ; & que chaque race combat toûjours pour ses maîtres avec le même attachement & la même valeur.

Pourquoi donc le mot de *chien* est-il devenu une injure ? On dit par tendresse, *mon moineau*, *ma colombe*, *ma poule* ; on dit même *mon chat* ; quoique cet animal soit traître. Et quand on est fâché, on appelle les gens *chiens !* Les Turcs mêmes, sans être en colère, disent par une horreur mêlée au mépris, les *chiens de chrétiens*. La populace Anglaise, en voyant passer un homme qui par son maintien, son habit & sa perruque, a l'air d'être né vers les bords de la Seine ou de la Loire, l'appelle communément *French dog*, chien de Français. Cette figure de rhétorique n'est pas polie & paraît injuste.

Le délicat *Homère* introduit d'abord le divin *Achille* disant au divin *Agamemnon*, *qu'il est impudent comme un chien*. Cela pourait justifier la populace Anglaise.

Les plus zélés partisans du chien doivent confesser que cet animal a de l'audace dans les yeux, que plusieurs sont hargneux, qu'ils mordent quelquefois des inconnus en les prenant pour des ennemis de leurs maîtres ; comme des sentinelles tirent sur les passans qui approchent trop de la contrescarpe. Ce sont là probablement les raisons qui ont rendu l'épithète de *chien* une injure ; mais nous n'osons décider.

Pourquoi le chien a-t-il été adoré ou révéré (comme on voudra) chez les Egyptiens? C'est, dit-on, que le chien avertit l'homme. *Plutarque* nous apprend qu'après que *Cambyse* eut tué leur bœuf *Apis* & l'eut fait mettre à la broche, aucun animal n'osa manger les restes des convives, tant était profond le respect pour *Apis* ; mais le chien ne fut pas si scrupuleux, il avala du Dieu. Les Egyptiens furent scandalisés comme on le peut croire, & *Anubis* perdit beaucoup de son crédit. *Plutarque ch. ip. d'Isis & d'Osiris.*

Le chien conserva pourtant l'honneur d'être toûjours dans le ciel sous le nom du *grand* & du *petit chien*. Nous eumes constamment les jours caniculaires.

Mais de tous les chiens, *Cerbère* fut celui qui eut le plus de réputation ; il avait trois gueules. Nous avons remarqué que tout allait par trois. *Isis*, *Osiris* & *Orus* les trois premières divinités égyptiaques ; les trois frères Dieux du monde grec, *Jupiter*, *Neptune* & *Pluton* ; les trois parques ; les trois furies ; les trois juges d'enfer ; les trois gueules du chien de là-bas.

Nous nous appercevons ici avec douleur que nous avons omis l'article des *chats* ; mais nous nous confolons en renvoyant à leur hiftoire. Nous remarquerons feulement qu'il n'y a point de chats dans les cieux, comme il y a des chèvres, des écreviffes, des taureaux, des beliers, des aigles, des lions, des poiffons, des liévres & des chiens. Mais en récompenfe, le chat fut confacré ou révéré, ou adoré du culte de dulie dans quelques villes, & peut-être de latrie par quelques femmes.

DE LA CHINE.

Nous avons affez remarqué ailleurs combien il eft téméraire & mal-adroit de difputer à une nation telle que la Chinoife fes titres autentiques. Nous n'avons aucune maifon en Europe dont l'antiquité foit auffi bien prouvée que celle de l'empire de la Chine. Figurons-nous un favant maronite du mont Athos qui contefterait la nobleffe des *Morozini*, des *Tiepolo* & des autres anciennes maifons de Venife, des princes d'Allemagne, des *Montmorency*, des *Châtillons*, des *Talerandes* de France, sous prétexte qu'il n'en est parlé ni dans *St. Thomas*, ni dans *St. Bonaventure*. Ce maronite passerait-il pour un homme de bon sens ou de bonne foi ?

Je ne sais quels lettrés de nos climats se sont effrayés de l'antiquité de la nation Chinoise. Mais ce n'est point ici une affaire de scolastique. Laissez tous les lettrés, tous les mandarins, tous les empereurs reconnaître *Fohi* pour un des premiers qui donnèrent des loix à la Chine environ deux mille cinq ou six cent ans avant notre ère vulgaire. Convenez qu'il faut qu'il y ait des peuples avant qu'il y ait des rois. Convenez qu'il faut un tems prodigieux avant qu'un peuple nombreux, ayant inventé les arts nécessaires, se soit réuni pour se choisir un maître. Si vous n'en convenez pas, il ne nous importe. Nous croirons toujours sans vous que deux & deux font quatre.

Dans une province d'Occident, nommée autrefois *la Celtique*, on a poussé le goût de la singularité & du paradoxe jusqu'à dire que les Chinois n'étaient qu'une colonie d'Egypte, ou bien, si l'on veut, de Phénicie. On a cru prouver, comme on prouve tant d'autres choses, qu'un roi d'Egypte appellé *Menes* par les Grecs, était le roi de la

Chine *Yu*, & qu'*Atoes* était *Ki*, en changeant seulement quelques lettres; & voici de plus comme on a raisonné.

Les Egyptiens allumaient des flambeaux quelquefois pendant la nuit, les Chinois allument des lanternes; donc les Chinois sont évidemment une colonie d'Egypte. Le jésuite *Parennin* qui avait déja vécu vingt-cinq ans à la Chine, & qui possédait également la langue & les sciences des Chinois, a réfuté toutes ces imaginations avec autant de politesse que de mépris. Tous les missionnaires, tous les Chinois à qui l'on conta qu'au bout de l'Occident on fesait la réforme de l'empire de la Chine, ne firent qu'en rire. Le père *Parennin* répondit un peu plus sérieusement. Vos Egyptiens, disait-il, passèrent apparemment par l'Inde pour aller peupler la Chine. L'Inde alors était-elle peuplée ou non? si elle l'était, aurait-elle laissé passer une armée étrangère? si elle ne l'était pas, les Egyptiens ne seraient-ils pas restés dans l'Inde? auraient-ils pénétré par des déserts & des montagnes impraticables jusqu'à la Chine, pour y aller fonder des colonies, tandis qu'ils pouvaient si aisément en établir sur les rivages fertiles de l'Inde & du Gange.

Les compilateurs d'une histoire universelle imprimée en Angleterre, ont voulu aussi dépouiller les Chinois de leur antiquité, parse que les jésuites étaient les premiers qui avaient bien fait connaître la Chine. C'est-là sans doute une bonne raison pour dire à toute une nation : *vous en avez menti.*

Il y a, ce me semble, une réflexion bien importante à faire sur les témoignages que *Confutzé*, nommé parmi nous *Confucius*, rend à l'antiquité de sa nation ; c'est que *Contfutzé* n'avait nul intérêt de mentir ; il ne fesait point le prophète, il ne se disait point inspiré, il n'enseignait point une religion nouvelle, il ne recourait point aux prestiges ; il ne flatte point l'empereur sous lequel il vivait, il n'en parle seulement pas. C'est enfin le seul des instituteurs du monde qui ne se soit point fait suivre par des femmes.

J'ai connu un philosophe qui n'avait que le portrait de *Confucius* dans son arrière-cabinet ; il mit au bas ces quatre vers :

De la seule raison salutaire interprête,
Sans éblouir le monde éclairant les esprits,
Il ne parla qu'en sage, & jamais en prophète ;
Cependant on le crut, & même en son pays.

J'ai lu ses livres avec attention, j'en ai fait des extraits ; je n'y ai trouvé que la morale la plus pure, sans aucune teinture de charlatanisme. Il vivait six cent ans avant notre ère vulgaire. Ses ouvrages furent commentés par les plus savans hommes de la nation. S'il avait menti, s'il avait fait une fausse chronologie, s'il avait parlé d'empereurs qui n'eussent point existé, ne se serait-il trouvé personne dans une nation savante qui eût réformé la chronologie de *Confutzé*? Un seul Chinois a voulu le contredire, & il a été universellement bafoué.

Ce n'est pas ici la peine d'opposer le monument de la grande muraille de la Chine aux monumens des autres nations qui n'en ont jamais approché, ni de redire que les pyramides d'Egypte ne sont que des masses inutiles & puériles en comparaison de ce grand ouvrage, ni de parler de trente-deux éclipses calculées dans l'ancienne chronique de la Chine, dont vingt-huit ont été vérifiées par les mathématiciens d'Europe, ni de faire voir combien le respect des Chinois pour leurs ancêtres assure l'existence de ces mêmes ancêtres, ni de répéter au long combien ce même respect a nui chez eux au progrès de la physique, de la géométrie & de l'astronomie.

On sait assez qu'ils sont encor aujourd'hui ce que nous étions tous il y a environ trois cent ans, des raisonneurs très ignorans. Le plus savant Chinois ressemble à un de nos savans du quinziéme siécle qui possédait son Aristote. Mais on peut être un fort mauvais physicien & un excellent moraliste. Aussi c'est dans la morale & dans l'économie politique, dans l'agriculture, dans les arts nécessaires que les Chinois se sont perfectionnés. Nous leur avons enseigné tout le reste ; mais dans cette partie nous devions être leurs disciples.

DE L'EXPULSION DES MISSIONNAIRES DE LA CHINE.

Humainement parlant, & indépendamment des services que les jésuites pouvaient rendre à la religion chrétienne, n'étaient-ils pas bien malheureux d'être venus de si loin porter la discorde & le trouble dans le plus vaste royaume & le mieux policé de la terre ? Et n'était-ce pas abuser horriblement de l'indulgence & de la bonté des peuples orientaux, surtout après les torrens de sang versés à leur occasion au Japon ? scène affreuse dont cet empire n'a cru pouvoir prévenir les suites qu'en fermant ses ports à tous les étrangers.

Ils avaient obtenu de l'empereur de la Chine *Cambi* la permission d'enseigner le catholicisme ; ils s'en servirent pour faire croire à la petite portion du peuple dirigé par eux, qu'on ne pouvait servir d'autre maître que celui qui tenait la place de DIEU sur la terre, & qui résidait en Italie sur le bord d'une petite rivière nommée *le Tibre*; que toute autre opinion religieuse, tout autre culte était abominable aux yeux de Dieu, & qu'il punirait éternellement quiconque ne croirait pas aux jésuites; que l'empereur *Camhi* leur bienfaiteur, qui ne pouvait pas prononcer Christ parce que les Chinois n'ont point la lettre R, serait damné à tout jamais ; que l'empereur *Yontchin* son fils le ferait sans miséricorde ; que tous les ancêtres des Chinois & des Tartares l'étaient, que leurs descendans le seraient ainsi que tout le reste de la terre ; & que les révérends pères jésuites avaient une compassion vraiment paternelle de la damnation de tant d'ames.

Ils vinrent à bout de persuader trois princes du sang Tartare. Cependant l'empereur *Camhi* mourut à la fin de 1722. Il laissa l'empire à son quatriéme fils *Yontchin*, qui a été si célèbre dans le monde entier par la justice & par la sagesse de son gouvernement, par l'amour de ses sujets & par l'expulsion des jésuites.

Ils commencèrent par batiser les trois princes & plusieurs personnes de leur maison : ces néophites eurent le malheur de désobéir à l'empereur en quelques points qui ne regardaient que le service militaire. Pendant ce tems-là même l'indignation de tout l'eml'empire éclata contre les missionnaires ; tous les gouverneurs des provinces, tous les colao présentèrent contre eux des mémoires. Les accusations furent portées si loin qu'on mit aux fers les trois princes disciples des jésuites.

Il est évident que ce n'était pas pour avoir été batisés qu'on les traita si durement, puisque les jésuites eux-mêmes avouent dans leurs lettres, que pour eux ils n'essuièrent aucune violence, & que même ils furent admis à une audience de l'empereur qui les honora de quelques présens. Il est donc prouvé que l'empereur *Yontchin* n'était nullement persécuteur. Et si les princes furent renfermés dans une prison vers la Tartarie, tandis qu'on traitait si bien leurs convertisseurs, c'est une preuve indubitable qu'ils étaient prisonniers d'état & non pas martyrs.

L'empereur céda bientôt après aux cris de la Chine entière ; on demandait le renvoi des jésuites, comme depuis en France & dans d'autres pays on a demandé leur abolition. Tous les tribunaux de la Chine voulaient qu'on les fît partir sur le champ pour Macao qui est regardé comme une place séparée de l'empire, & dont on a laissé toûjours la possession aux Portugais avec garnison Chinoise.

Troisième partie. Y

Yontchin eut la bonté de consulter les tribunaux & les gouverneurs, pour savoir s'il y aurait quelque danger à faire conduire tous les jésuites dans la province de Kanton. En attendant la réponse il fit venir trois jésuites en sa présence, & leur dit ces propres paroles que le père *Parennin* rapporte avec beaucoup de bonne foi : „ Vos Européans dans la pro-
„ vince de Fo-Kien voulaient anéantir nos
„ loix *a*) & troublaient nos peuples ; les
„ tribunaux me les ont déférés ; j'ai dû pour-
„ voir à ces désordres, il y va de l'intérêt de
„ l'empire.... Que diriez-vous si j'envoyais
„ dans votre pays une troupe de bonzes &
„ de lamas prêcher leur loi ? comment les re-
„ cevriez-vous ?.... Si vous avez sû trom-
„ per mon père, n'espérez pas me tromper de
„ même.... Vous voulez que les Chinois se
„ fassent chrétiens, votre loi le demande, je
„ le sais bien ; mais alors que deviendrons-
„ nous ? les sujets de vos rois ! Les chré-
„ tiens ne croyent que vous ; dans un tems
„ de trouble ils n'écouteraient d'autre voix
„ que la vôtre. Je sais bien qu'actuellement
„ il n'y a rien à craindre ; mais quand les
„ vaisseaux viendront par mille & dix mil-
„ le, alors il pourait y avoir du désordre.

„ La Chine au nord touche le royaume
„ des Russes qui n'est pas méprisable ; elle a

---

a) Le pape y avait déja nommé un évêque.

„ au fud les Européans & leurs royaumes
„ qui font encor plus confidérables ; & à
„ l'ouest les princes de Tartarie qui nous
„ font la guerre depuis huit ans...... *Lau-*
„ *rent Lange* compagnon du prince *Ifmaelof*
„ ambaffadeur du czar, demandait qu'on
„ accordât aux Ruffes la permiffion d'avoir
„ dans toutes les provinces une factorerie ;
„ on ne le leur permit qu'à Pekin & fur les
„ limites de Kalkas. Je vous permets de de-
„ meurer de même ici & à Kanton, tant que
„ vous ne donnerez aucun fujet de plainte ;
„ & fi vous en donnez, je ne vous laifferai
„ ni ici ni à Kanton. "

On abattit leurs maifons & leurs églifes dans toutes les autres provinces. Enfin les plaintes contre eux redoublèrent. Ce qu'on leur reprochait le plus, c'était d'affaiblir dans les enfans le refpect pour leurs pères en ne rendant point les honneurs dûs aux ancêtres, d'affembler indécemment les jeunes gens & les filles dans les lieux écartés qu'ils appellaient *églifes*, de faire agenouiller les filles entre leurs jambes & de leur parler bas en cette pofture. Rien ne paraiffait plus monftrueux à la délicateffe chinoife. L'empereur *Yontchin* daigna même en avertir les jéfuites, après quoi il renvoya la plûpart des miffionnaires à Macao, mais avec des politeffes & des attentions dont les feuls Chinois peut-être font capables.

Il retint à Pekin quelques jésuites mathématiciens, & entre autres ce même *Parennin* dont nous avons déja parlé, & qui possédant parfaitement le chinois & le tartare, avait souvent servi d'interprète. Plusieurs jésuites se cachèrent dans des provinces éloignées, d'autres dans Kanton même; & on ferma les yeux.

Enfin, l'empereur *Yontchin* étant mort, son fils & son successeur *Kun-long* acheva de contenter la nation en fesant partir pour Macao tous les missionnaires déguisés qu'on put trouver dans l'empire. Un édit solemnel leur en interdit à jamais l'entrée. S'il en vient quelques-uns, on les prie civilement d'aller exercer leurs talens ailleurs. Point de traitement dur, point de persécution. On m'a assuré qu'en 1760 un jésuite de Rome étant allé à Kanton, & ayant été déféré par un facteur des Hollandais, le colao gouverneur de Kanton le renvoya avec un présent d'une piéce de soye, des provisions & de l'argent.

Du prétendu athéisme de la Chine.

On a examiné plusieurs fois cette accusation d'athéisme, intentée par nos théologaux d'Occident contre le gouvernement chinois *b*) à

---

b) Voyez le *Siécle de Louis XIV*, dans l'*Essai sur l'esprit & les mœurs des nations*, & ailleurs.

l'autre bout du monde, c'est assurément le dernier excès de nos folies & de nos contradictions pédantesques. Tantôt on prétendait dans une de nos facultés que les tribunaux ou parlemens de la Chine étaient idolâtres, tantôt qu'ils ne reconnaissaient point de divinité; & ces raisonneurs poussaient quelquefois leur fureur de raisonner jusqu'à soutenir que les Chinois étaient à la fois athées & idolatres.

Au mois d'Octobre 1700, la Sorbonne déclara hérétiques toutes les propositions qui soutenaient que l'empereur & les colao croyaient en DIEU. On fesait de gros livres dans lesquels on démontrait, selon la façon théologique de démontrer, que les Chinois n'adoraient que le ciel matériel.

Nil præter nubes & cœli numen adorant.

Mais s'ils adoraient ce ciel matériel, c'était donc là leur Dieu. Ils ressemblaient aux Perses qu'on dit avoir adoré le soleil; ils ressemblaient aux anciens Arabes qui adoraient les étoiles: ils n'étaient donc ni fabricateurs d'idoles, ni athées. Mais un docteur n'y regarde pas de si près, quand il s'agit dans son tripot de déclarer une proposition hérétique & malsonnante.

Ces pauvres gens qui fesaient tant de fracas en 1700 sur le ciel matériel des Chinois, ne savaient pas qu'en 1689 les Chinois ayant fait la paix avec les Russes à Niptchou qui est la limite des deux empires, ils érigèrent la même année, le 8 Septembre, un monument de marbre, sur lequel l'on grava en langue chinoise & en latin ces paroles mémorables.

Si quelqu'un a jamais la pensée de rallumer le feu de la guerre, nous prions le Seigneur souverain de toutes choses, qui connait les cœurs, de punir ces perfides, &c. c)

Il suffisait de savoir un peu de l'histoire moderne pour mettre fin à ces disputes ridicules ; mais les gens qui croyent que le devoir de l'homme consiste à commenter *St. Thomas & Scot*, ne s'abaissent pas à s'informer de ce qui se passe entre les plus grands empires de la terre.

CHRONOLOGIE.

ON dispute depuis longtems sur l'ancienne chronologie, mais y en a-t-il une ?

Il faudrait que chaque peuplade considérable eût possédé & conservé des régistres autentiques bien attestés. Mais combien peu de

c) Voyez l'*Histoire de la Russie*, écrite sur les mémoires envoyés par l'impératrice *Elizabeth*.

peuplades favaient écrire ? & dans le petit nombre d'hommes qui cultivèrent cet art fi rare, s'en eft-il trouvé qui priffent la peine de marquer deux dates avec exactitude ?

Nous avons à la vérité dans des tems très récens les obfervations céleftes des Chinois & des Caldéens. Elles ne remontent qu'environ deux mille ans plus ou moins avant notre ère vulgaire. Mais quand les premières annales fe bornent à nous inftruire qu'il y eut une éclipfe fous un tel prince, c'eft nous apprendre que ce prince exiftait, & non pas ce qu'il a fait.

De plus, les Chinois comptent l'année de la mort d'un empereur toute entière, fût-il mort le premier jour de l'an ; & fon fucceffeur date l'année fuivante du nom de fon prédéceffeur. On ne peut montrer plus de refpect pour fes ancêtres ; mais on ne peut fupputer les tems d'une manière plus fautive en comparaifon de nos nations modernes.

Ajoutez que les Chinois ne commencent leur cicle fexagenaire, dans lequel ils ont mis de l'ordre, qu'à l'empereur *Iao*, deux mille trois cent cinquante-fept ans avant notre ère vulgaire. Tout le tems qui précéde cette époque eft d'une obfcurité profonde.

Les hommes fe font toûjours contentés de l'à-peu-près en tout genre. Par exemple, avant les horloges on ne favait qu'à-peu-près les heures du jour & de la nuit. Si on bâtiſſait, les pierres n'étaient qu'à-peu-près taillées, les bois à-peu-près équaris, les membres des ſtatues à-peu-près dégroſſis, on ne connaiſſait qu'à-peu-près ſes plus proches voiſins ; & malgré la perfection où nous avons tout porté, c'eſt ainſi qu'on en uſe encor dans la plus grande partie de la terre.

Ne nous étonnons donc pas s'il n'y a nulle part de vraie chronologie ancienne. Ce que nous avons des Chinois eſt beaucoup, ſi vous le comparez aux autres nations.

Nous n'avons rien des Indiens ni des Perſes, preſque rien des anciens Egyptiens. Tous nos ſyſtèmes inventés ſur l'hiſtoire de ces peuples, ſe contrediſent autant que nos ſyſtèmes métaphyſiques.

Les olimpiades des Grecs ne commencent que ſept cent vingt-huit ans avant notre manière de compter. On voit ſeulement vers ce tems-là quelques flambeaux dans la nuit, comme l'ère de *Nabonaſſar*, la guerre de Lacédémone & de Meſſène ; encor diſpute-t-on ſur ces époques.

Tite-Live n'a garde de dire en quelle année *Romulus* commença ſon prétendu règne. Les Romains, qui ſavaient combien cette époque eſt incertaine, ſe feraient moqués de lui s'il eût voulu la fixer.

Il eſt prouvé que les deux cent quarante

ans qu'on attribue au sept premiers rois de Rome, sont le calcul le plus faux.

Les quatre premiers siécles de Rome sont absolument dénués de chronologie.

Si quatre siécles de l'empire le plus mémorable de la terre, ne forment qu'un amas indigeste d'événemens mêlés de fables, sans presque aucune date, que sera-ce des petites nations resserrées dans un coin de terre, qui n'ont jamais fait aucune figure dans le monde, malgré tous leurs efforts pour remplacer en charlataneries & en prodiges, ce qui leur manquait en puissance & en culture des arts?

DE LA VANITÉ DES SYSTÊMES, SURTOUT EN CHRONOLOGIE.

Mr. l'abbé de *Condillac* rendit un très grand service à l'esprit humain, quand il fit voir le faux de tous les systèmes. Si on peut espérer de rencontrer un jour un chemin vers la vérité, ce n'est qu'après avoir bien reconnu tous ceux qui mènent à l'erreur. C'est du moins une consolation d'être tranquille, & de ne plus chercher, quand on voit que tant de savans ont cherché en vain.

La chronologie est un amas de vessies remplies de vent. Tous ceux qui ont cru y marcher sur un terrain solide, sont tombés.

Nous avons aujourd'hui quatre-vingt syftêmes, dont il n'y en a pas un de vrai.

Les Babiloniens difaient, nous comptons quatre cent foixante & treize mille années d'obfervations célestes. Vient un Parifien qui leur dit, votre compte est juste; vos années étaient d'un jour folaire; elles reviennent à douze cent quatre-vingt-dix-fept des nôtres, depuis *Atlas* roi d'Afrique grand aftronome, jufqu'à l'arrivée d'*Alexandre* à Babilone.

Mais jamais, quoi qu'en dife notre Parifien, aucun peuple n'a pris un jour pour un an; & le peuple de Babilone encor moins que perfonne. Il falait feulement que ce nouveau venu de Paris dît aux Caldéens, vous êtes des exagérateurs, & nos ancêtres des ignorans; les nations font fujettes à trop de révolutions pour conferver des quatre mille fept cent trente-fix fiécles de calculs aftronomiques. Et quant au roi des Maures *Atlas*, perfonne ne fait en quel tems il a vécu. *Pythagore* avait autant de raifon de prétendre avoir été coq, que vous de vous vanter de tant d'obfervations.

Le grand ridicule de toutes ces chronologies fantaftiques, eft d'arranger toutes les époques de la vie d'un homme, fans favoir fi cet homme a exifté.

Langlet répète après quelques autres, dans fa *Compilation chronologique de l'Hiftoire uni-*

verselle, que précisément dans le tems d'*A-braham*, six ans après la mort de *Sara*, très peu connue des Grecs, *Jupiter* âgé de soixante & deux ans commença à régner en Thessalie, que son règne fut de soixante ans, qu'il épousa sa sœur *Junon*, qu'il fut obligé de céder les côtes maritimes à son frère *Neptune*, que les titans lui firent la guerre. Mais y a-t-il eu un *Jupiter ?* C'était par-là qu'il falait commencer.

CIEL MATÉRIEL.

LEs loix de l'optique fondées sur la nature des choses, ont ordonné que de notre petit globe nous verrons toûjours le ciel matériel, comme si nous en étions le centre, quoi que nous soyons bien loin d'être centre.

Que nous le verrons toûjours comme une voûte surbaissée, quoi qu'il n'y ait d'autre voûte que celle de notre atmosphère, laquelle n'est point surbaissée.

Que nous verrons toûjours les astres roulans sur cette voûte, & comme dans un même cercle, quoi qu'il n'y ait que cinq planètes principales & dix lunes, & un anneau, qui marchent ainsi que nous dans l'espace.

Que notre foleil & notre lune nous paraîtront toûjours d'un tiers plus grands à l'horifon qu'au zénith, quoi qu'ils foient plus près de l'obfervateur au zénith qu'à l'horifon; & que les étoiles nous paraîtront toûjours plus rapprochées à l'horifon qu'au zénith. Voici l'effet que font néceffairement les aftres fur nos yeux.

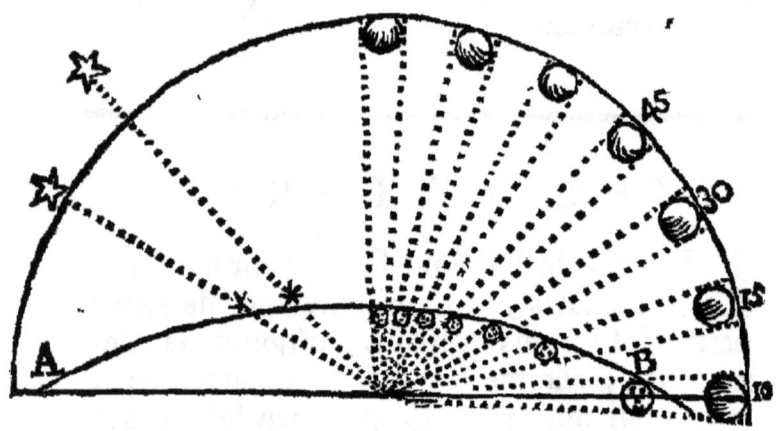

Cette figure repréfente à-peu-près en quelle proportion le foleil & la lune doivent être apperçus dans la courbe A B, & comment les aftres doivent paraître plus raprochés les uns des autres dans la même courbe.

1°. Telles font les loix de l'optique, telle eft la nature de vos yeux, que premiérement le ciel matériel, les nuages, la lune, le foleil qui eft fi loin de vous, les planètes qui dans leur apogée en font encor plus loin, tous les aftres placés à des diftances encor plus immenses, comètes, météores, tout doit vous paraître dans cette voûte surbaissée composée de votre atmosphère.

2°. Pour moins compliquer cette vérité, observons seulement ici le soleil qui semble parcourir le cercle A B.

Il doit vous paraître au zénith plus petit qu'à quinze degrés au-dessous, à trente degrés encor plus gros, & enfin à l'horison encor davantage; tellement que ses dimensions dans le ciel inférieur décroissent en raison de ses hauteurs dans la progression suivante;

A l'horison - - - - - 100.
A quinze degrés - - - - 68.
A trente degrés - - - - 50.
A quarante-cinq degrés - - 40.

Ses grandeurs apparentes dans la voûte surbaissée, sont comme ses hauteurs apparentes; & il en est de même de la lune & d'une comète. (Voyez *Robert Shmith.*)

3°. Ce n'est point l'habitude, ce n'est point l'interposition des terres, ce n'est point la réfraction de l'atmosphère qui causent cet effet. *Mallebranche* & *Regis* ont disputé l'un contre l'autre; mais *Robert Shmith* a calculé.

4°. Observez les deux étoiles qui étant à une prodigieuse distance l'une de l'autre, & à des profondeurs très différentes dans l'immensité de l'espace, sont considérées ici comme placées dans le cercle que le soleil semble parcourir. Vous les voyez distantes l'une de l'autre dans le grand cercle ; se rapprochant dans le petit par les mêmes loix.

C'est ainsi que vous voyez le ciel matériel. C'est par ces règles invariables de l'optique que vous voyez les planètes tantôt rétrogrades, tantôt stationnaires ; elles ne sont rien de tout cela. Si vous étiez dans le soleil, vous verriez toutes les planètes & les comètes rouler réguliérement autour de lui dans les ellipses que DIEU leur assigne. Mais vous êtes sur la planète de la Terre, dans un coin où vous ne pouvez jouir de tout le spectacle.

N'accusons donc point les erreurs de nos sens avec *Mallebranche* ; des loix constantes de la nature, émanées de la volonté immuable du Tout-puissant, & proportionnées à la constitution de nos organes, ne peuvent être des erreurs.

Nous ne pouvons voir que les apparences des choses, & non les choses mêmes. Nous ne sommes pas plus trompés quand le soleil, ouvrage de DIEU, cet astre un million de fois aussi gros que notre terre, nous parait plat & large de deux pieds, que lorsque dans un miroir convexe, ouvrage de nos mains, nous voyons un homme sous la dimension de quelques pouces.

CIEL MATÉRIEL.

Si les mages Caldéens furent les premiers qui fe fervirent de l'intelligence que Dieu leur donna pour mefurer & mettre à leur place les globes céleftes, d'autres peuples plus groffiers ne les imitèrent pas.

Ces peuples enfans & fauvages imaginèrent la terre plate, foutenue dans l'air je ne fais comment par fon propre poids ; le foleil, la lune & les étoiles marchant continuellement fur un ceintre folide qu'on appella *plaque firmament* ; ce ceintre portant des eaux & ayant des portes d'efpace en efpace, les eaux fortant par ces portes pour humecter la terre.

Mais comment le foleil, la lune & tous les aftres, reparaiffaient-ils après s'être couchés ? on n'en favait rien. Le ciel touchait à la terre plate ; il n'y avait pas moyen que le foleil, la lune & les étoiles tournaffent fous la terre & allaffent fe lever à l'orient après s'être couchés à l'occident. Il eft vrai qu'ils avaient raifon par hazard, en ne concevant pas que le foleil & les étoiles fixes tournaffent autour de la terre. Mais ils étaient bien loin de foupçonner le foleil immobile, & la terre avec fon fatellite tournant autour de lui dans l'efpace avec les autres planètes. Il y avait plus loin de leurs fables au vrai fyftème du monde que des ténèbres à la lumière.

Ils croyaient que le soleil & les étoiles revenaient par des chemins inconnus, après s'être délassés de leur course dans la mer Méditerranée, on ne sait pas précisément dans quel endroit. Il n'y avait pas d'autre astronomie du tems même d'*Homère* qui est si nouveau. Car les Caldéens tenaient leur science secrète pour se faire plus respecter des peuples. *Homère* dit plus d'une fois, que le soleil se plonge dans l'Océan ; (& encor cet océan c'est le Nil) c'est-là qu'il répare par la fraîcheur des eaux, pendant la nuit, l'épuisement du jour ; après quoi il va se rendre au lieu de son lever par des routes inconnues aux mortels. On a comparé cette idée à celle du baron de *Feneste*, qui dit, que si on ne voit pas le soleil quand il revient, *c'est qu'il revient de nuit*.

Comme alors la plûpart des peuples de Syrie & les Grecs, connaissaient un peu l'Asie & une petite partie de l'Europe, & qu'ils n'avaient aucune notion de tout ce qui est au nord du Pont-Euxin & au midi du Nil, ils établirent d'abord que la terre était plus longue que large d'un grand tiers ; par conséquent le ciel qui touchait à la terre & qui l'embrassait, était aussi plus long que large. De-là nous vinrent les degrés de longitude & de latitude, dont nous avons toûjours conservé
les

les noms, quoique nous ayons réformé la chose.

Le livre de *Job*, composé par un ancien Arabe, qui avait quelque connaissance de l'astronomie puisqu'il parle des constellations, s'exprime pourtant ainsi. „ Où étiez-vous „ quand je jettais les fondemens de la terre ? „ qui en a pris les dimensions ? sur quoi ses „ bases portent-elles ? qui a posé sa pierre „ angulaire ? "

Le moindre écolier lui répondrait aujourd'hui, La terre n'a ni pierre angulaire, ni base, ni fondement; & à l'égard de ses dimensions nous les connaissons très bien, puisque depuis *Magellan* jusqu'à Mr. de *Bougainville*, plus d'un navigateur en a fait le tour.

Le même écolier fermerait la bouche au déclamateur *Lactance* & à tous ceux qui ont dit avant & après lui que la terre est fondée sur l'eau, & que le ciel ne peut être au dessous de la terre; & que par conséquent il est ridicule & impie de soupçonner qu'il y ait des antipodes.

C'est une chose curieuse de voir avec quel dédain, avec quelle pitié *Lactance* regarde tous les philosophes qui depuis quatre cent ans commençaient à connaître le cours apparent du soleil & des planètes, la rondeur de la terre, la liquidité, la non-résistance des cieux, à travers desquels les planètes couraient

Troisième partie. Z

Lactance dans leurs orbites &c. Il recherche *par quels*
liv III. *degrés les philosophes sont parvenus à cet excès*
ch. XXIV. *de folie de faire de la terre une boule, & d'en-*
tourer cette boule du ciel.

Ces raisonnemens sont dignes de tous ceux qu'il fait sur les sibylles.

Notre écolier dirait à tous ces docteurs; Apprenez qu'il n'y a point de cieux solides placés les uns sur les autres, comme on vous l'a dit; qu'il n'y a point de cercles réels dans lesquels les astres courent sur une prétendue plaque.

Que le soleil est le centre de notre monde planétaire.

Que la terre & les planètes roulent autour de lui, dans l'espace, non pas en traçant des cercles, mais des ellipses.

Apprenez qu'il n'y a ni dessus ni dessous; mais que les planètes, les comètes tendent toutes vers le soleil, leur centre, & que le soleil tend vers elles, par une gravitation éternelle.

Lactance & les autres babillards seraient bien étonnés en voyant le système du monde tel qu'il est.

Cette petite planche représente, quoi qu'im-
parfaitement, comment notre soleil, notre
monde planétaire, nos comètes sont perdus
dans l'immensité de l'espace peuplé de tant
d'autres univers, & à quel point cette expres-
sion commune le ciel & la terre *est impropre,*
quoique nécessaire à notre faiblesse.

LE CIEL DES ANCIENS.

SI un ver à foye donnait le nom de *ciel* au petit duvet qui entoure fa coque, il raifonnerait auffi-bien que firent tous les anciens, en donnant le nom de *ciel* à l'atmofphère, qui eft, comme dit très-bien Mr. de *Fontenelle* dans fes *mondes*, le duvet de notre coque.

Les apeurs qui fortent de nos mers & de notre terre, & qui forment les nuages, les météores & les tonnerres, furent pris d'abord pour la demeure des Dieux. Les Dieux defcendent toûjours dans des nuages d'or chez *Homère* ; c'eft de là que les peintres les peignent encor aujourd'hui affis fur une nuée. Comment eft-on affis fur l'eau ? Il était bien jufte que le maître des Dieux fût plus à fon aife que les autres : on lui donna un aigle pour le porter, parce que l'aigle vole plus haut que les autres oifeaux.

Les anciens Grecs voyant que les maîtres des villes demeuraient dans des citadelles, au haut de quelque montagne, jugèrent que les Dieux pouvaient avoir une citadelle auffi, & la placèrent en Theffalie fur le mont Olimpe, dont le fommet eft quelquefois caché dans les nués ; de forte que leur palais était de plain-pied à leur ciel.

Les étoiles & des planètes qui femblent attachées à la voûte bleüe de notre atmofphère, devinrent enfuite les demeures des Dieux ; fept d'entr'eux eurent chacun leur planète, les autres logèrent où ils purent ; le confeil général des Dieux fe tenait dans une grande falle, à laquelle on allait par la voye lactée ; car il falait bien que les Dieux euffent une falle en l'air, puis que les hommes avaient des hôtels-de-ville fur la terre.

Quand les Titans, efpèce d'animaux entre les Dieux & les hommes, déclarèrent une guerre affez jufte à ces Dieux-là, pour réclamer une partie de leur héritage du côté paternel, étant fils du ciel & de la terre, ils ne mirent que deux ou trois montagnes les unes fur les autres, comptant que c'en était bien affez pour fe rendre maître du ciel, & du château de l'Olimpe.

Neve foret terris fecurior arduus æther ;
Affectaffe ferunt regnum cœlefte gigantes,
Altaque congeftos ftruxiffe ad fidera montes.

On attaqua le ciel auffi bien que la terre ;
Les géants, chez les Dieux ofant porter la guerre,
Entaffèrent des monts jufqu'aux aftres des nuits.

Il y a pourtant des fix cent millions de lieues de ces aftres là, & beaucoup plus loin encor de plufieurs étoiles au mont Olimpe.

Virgile ne fait point de difficulté de dire

Sub pedibufque videt nubis & fydera Daphnis.

Daphnis voit fous fes pieds les aftres & les nües.

Mais où donc était Daphnis ?

Cette phyfique d'enfans & de vieilles, était prodigieufement ancienne ; cependant on croit que les Caldéens avaient des idées prefqu'auffi faines que nous de ce qu'on appelle *le ciel* ; ils plaçaient le foleil au centre de notre monde planétaire, à-peu-près à la diftance de notre globe que nous avons reconnue ; ils fefaient tourner la terre, & quelques planètes autour de cet aftre ; c'eft ce que nous apprend *Ariftarque* de Samos : c'eft à-peu-près le fyftème du monde que *Copernic* a perfectionné depuis ; mais les philofophes gardaient le fecret pour eux, afin d'être plus refpectés des rois & du peuple, ou plutôt pour n'être pas perfécutés.

Le langage de l'erreur eft fi familier aux hommes, que nous appellons encor nos vapeurs, & l'efpace de la terre à la lune, du nom de *ciel* ; nous difons, monter au ciel, comme nous difons que le foleil tourne, quoiqu'on fache bien qu'il ne tourne pas. Nous fommes probablement le ciel pour les habitans de la lune, & chaque planète place fon ciel dans la planète voifine.

Si on avait demandé à *Homère* dans quel ciel était allée l'ame de *Sarpédon*, & où était celle d'*Hercule*, Homère eût été bien embarraffé ; il eût répondu par des vers harmonieux.

Quelle sûreté avait-on que l'ame aërienne d'*Hercule* se fût trouvée plus à son aise dans Vénus, dans Saturne, que sur notre globe ? Aurait-elle été dans le soleil ? la place ne parait pas tenable dans cette fournaise. Enfin, qu'entendaient les anciens par le ciel ? ils n'en savaient rien, ils criaient toûjours *le ciel & la terre*; c'est comme si on criait l'infini & un atôme. Il n'y a point, à proprement parler, de ciel, il y a une quantité prodigieuse de globes qui roulent dans l'espace vuide ; & notre globe roule comme les autres.

Les anciens croyaient qu'aller dans les cieux c'était monter ; mais on ne monte point d'un globe à un autre ; les globes célestes sont tantôt au-dessus de notre horison, tantôt au-dessous. Ainsi, supposons que *Vénus* étant venue à Paphos, retournât dans sa planète quand cette planète était couchée, la déesse *Vénus* ne montait point alors par rapport à notre horison ; elle descendait, & on devait dire en ce cas *descendre au ciel*. Mais les anciens n'y entendaient pas tant de finesse ; ils avaient des notions vagues, incertaines, contradictoires sur tout ce qui tenait à la physique. On a fait des volumes immenses pour savoir ce qu'ils pensaient sur bien des questions de cette sorte. Quatre mots auraient suffi ; *ils ne pensaient pas.*

Fin de la troisième Partie.

TABLE
DES ARTICLES
contenus dans cette troisiéme partie.

BABEL.	pag. 1.
BACCHUS.	10.
BACON (*de*) & *de l'attraction*.	16.
BADAUT.	24.
BAISER.	25.
BANNISSEMENT.	33.
BANQUEROUTE.	35.
BAPTÊME.	38.
Du baptême des morts.	41.
Du baptême d'aspersion.	42.
BARAC ET DÉBORA, & *par occasion des chars de guerre.*	47.
BARBE.	50.
BATAILLON. *Ordonnance militaire.*	54.
Addition.	57.

BATARD. . . . . pag. 59.
BAYLE. . . . . ibid.
BEAU. . . . . 63.
BÉKER, *ou* du monde enchanté, &
   du diable. . . . . 69.
BETHSAMÈS, *ou* BETHSHEMESH. 77.
BIBLIOTHÈQUE. . . . 82.
BIEN. (*Souverain*) . . . 86.
BIENS D'EGLISE. Section première. 88.
   Section seconde. . . . 91.
   De la pluralité des bénéfices & des ab-
   baïes en commande. Section troisiéme. 93.
   Des biens de l'église. Section quatrié-
   me. . . . . . 97.
BIEN. (*Tout est*) . . . 101.
BLASPHÊME. . . . 117.
BLED, *ou* BLÉ. Section première.
   Origine du mot, & de la chose. . 125.
   Section seconde. *Richesse du blé.* . 128.
   Section troisiéme. *Histoire du blé en*
   France. . . . . 138.
   Section quatriéme. *Des blés d'Angle-*
   terre. . . . . 132.
   Section cinquiéme. *Mémoire court sur*
   les autres pays. . . . . 141.

DES ARTICLES. 363

Blé, grammaire morale. Section seconde. . . . . pag. 143.
BOEUF APIS. . . . 145.
BOIRE A LA SANTÉ. . . 148.
BORNES DE L'ESPRIT HUMAIN. 151.
BOUC. . . . . 155.
BOUFON, BURLESQUE, BAS COMIQUE. . . . 161.
BOULEVARD, ou BOULEVART. 174.
BOURGES. . . . 175.
BOURREAU. . . . 176.
BRACMANES, BRAMES. . 178.
 De la métempsichose des bracmanes. . 182.
BULGARES, ou BOULGARES. . 189.
BULLE. . . . . 194.
 Bulles de la croisade & de la composition. . . . . 202.
 Bulle Unigénitus. . . . 204.
CALEBASSE. . . . 207.
CARACTÈRE. . . . 209.
CARÊME. . . . . 213.
CARTÉSIANISME. . . 218.
CATON (de) & du suicide. . 226.
CAUSES FINALES. . . 244.

CÉRÉMONIES, TITRES, PRÉÉ-
MINENCE, &c. . . pag. 258.
CERTAIN, CERTITUDE. . 273.
CÉSAR. . . . . 280.
CHAINE DES ÊTRES CRÉÉS. 284.
CHAINE, ou GÉNÉRATION
DES ÉVÉNEMENS. . 288.
CHANGEMENS ARRIVÉS DANS
LE GLOBE. . . . 292.
CHANT, MUSIQUE, MÉLOPÉE,
GESTICULATION, SALTA-
TION. *Questions sur ces objets.*
. . . . . . 298.
CHARITÉ, MAISONS DE CHA-
RITÉ, DE BIENFAISANCE,
HOPITAUX, HOTELS-DIEU,
&c. . . . . . 303.
CHARLATAN. . . . 311.
CHARLES IX. . . . 318.
CHEMINS. . . . 320.
CHIEN. . . . . 327.
CHINE. (*de la*) . . . 330.
De l'expulsion des missionnaires de la
Chine. . . . . 335.
Du prétendu athéïsme de la Chine. . 340.

CHRONOLOGIE. . . pag. 342.
De la vanité des systêmes, surtout en chronologie. . . . 345.
CIEL MATÉRIEL. . . . 347.
CIEL (*le*) DES ANCIENS . 357.

ERRATA

du troisiéme volume.

Page 18. *ligne antepénult.* L'or & le plomb, *corrigez*, On voit l'or & le plomb.

page 28. *lig.* 10. aucune baiſer, *corr.* aucun baiſer.

page 32. *lig.* 22. caquis, *corr.* exquis.

page 80. *lig.* 3. quingenta, *corr.* quinquagenta.

page 102. *lig.* 9. coné, *corr.* cône.

page 144. *lig.* 6. Montelar, *corr.* Montclar.

ibid. *lig.* 7. Pati, *corr.* Du Paty.

page 149. *lig.* 12. Sicci man, corr. *Siccimane.*

page 153. *lig.* 18. Duſay, *corr. Dufay.*

page 182. *lig. dernière.* un atmoſphère brûlant, *corr.* une atmoſphère brûlante.

page 256. *lig.* 21. en cinq, *corr.* en ſept.

page 271. *lig.* 23. à ſe ſoumettre, *corr.* à ſe mettre.

page 275. *lig.* 26. des pareilles, *corr.* de pareilles.

page 290. *lig.* 12. Africain, *corr.* Africaine.

page 308. *lig.* 7. qu'un, *corr.* qu'une.

www.ingramcontent.com/pod-product-compliance
Lightning Source LLC
Chambersburg PA
CBHW050301170426
43202CB00011B/1775